Jahr, Deutsches Internationales Konkursrecht

Günther Jahr

Deutsches Internationales Konkursrecht

1973

Walter de Gruyter · Berlin · New York

Sonderausgabe der Kommentierung der §§ 237, 238 innerhalb des Großkommentars
Jaeger, Konkursordnung 8. Auflage

ISBN 3 11 0043920

Satz und Druck: Walter de Gruyter, Berlin.

Vorwort

Die folgenden Darlegungen sind als Anmerkungen zu §§ 237,238 KO im Rahmen der 8. Auflage des Jaegerschen Kommentars zur Konkursordnung verfaßt worden, gehen jedoch in dem Versuch einer umfassenden Erörterung der Probleme des internationalen Konkursrechts Deutschlands inhaltlich weit über diese Vorschriften hinaus. Dieser Inhalt prägt die Form der Darstellung und läßt es gerechtfertigt erscheinen, die Anmerkungen als Sonderausgabe vorzulegen.

Die Arbeit ist Ende April 1972 abgeschlossen worden. An ihr haben meine Mitarbeiter Herr Professor Dr. Jürgen Schmidt, Frau Assistenzprofessor Dr. Jutta Minas-v. Savigny, Herr Dr. Robert Wieschemann, Herr Eckehard Gerke und Fräulein Astrid Burkhardt durch Rat und Tat mitgeholfen. Herr Professor Dr. Jürgen Schmidt hat darüber hinaus durch seine Schrift „System des deutschen internationalen Konkursrechts" für manche Erörterungen Grund gelegt. Fräulein Astrid Burkhardt hat weiter wesentlich bei der Erstellung der Register mitgewirkt. Ihnen allen sei auch an dieser Stelle herzlich gedankt.

Saarbrücken, im Juni 1972 Günther Jahr

§ 237

III. Besitzt ein Schuldner, über dessen Vermögen im Auslande ein Konkursverfahren eröffnet worden ist, Vermögensgegenstände im Inlande, so ist die Zwangsvollstreckung in das inländische Vermögen zulässig.

Ausnahmen von dieser Bestimmung können unter Zustimmung des *Bundesrates* durch Anordnung des *Reichskanzlers* getroffen werden.

§ 238

Das Konkursverfahren umfaßt nur das im Inlande befindliche Vermögen, wenn der Schuldner im *Deutschen Reiche* eine gewerbliche Niederlassung, aber keinen allgemeinen Gerichtsstand hat.

Hat ein Schuldner im *Deutschen Reiche* weder eine gewerbliche Niederlassung noch einen allgemeinen Gerichtsstand, so findet ein Konkursverfahren über das im Inlande befindliche Vermögen des Schuldners statt, wenn er im Inlande ein mit Wohn- und Wirtschaftsgebäuden versehenes Gut als Eigentümer, Nutznießer oder Pächter bewirtschaftet. Für das Verfahren ist das Amtsgericht ausschließlich zuständig, in dessen Bezirke sich das Gut befindet.

Ist im Auslande ein Konkursverfahren eröffnet, so bedarf es nicht des Nachweises der Zahlungsunfähigkeit zur Eröffnung des inländischen Verfahrens.

Änderung durch die Novelle v. 17. 5. 1898.

Gesamtübersicht

Einzelübersicht

Schrifttum

(soweit abgekürzt zitiert)

Bley-Mohrbutter	Vergleichsordnung[3] (1970).
Böhle-Stamschräder	Konkursordnung[10] (1971).
Dölle	Internationales Privatrecht, 1968.
Frankenstein (I—IV)	Internationales Privatrecht, 4 Bde (1932).
Jaeger	Konkursordnung[6]/[7] II (1936).
Jaeger-Lent	Konkursordnung[8] I (1958).
Jaeger-Weber	Konkursordnung[8] II (1958—1972).
Jahr	Internationalprivatrechtliche Beiträge zur allgemeinen Zivilrechtswissenschaft, Rechtsvergleichung und Rechtsvereinheitlichung — Festschr. z. 50jährigen Bestehen d. Inst. f. ausl. u. intern. Priv.- u. Wirtschaftsrecht d. Univ. Heidelberg (1967), S. 179ff.
Kegel	Internationales Privatrecht[3] (1971).
Kisch	Grundriß des deutschen Konkursrechts (1935).
Materialien	Die gesamten Materialien zu den Reichs-Justizgesetzen, auf Veranlassung des Kaiserlichen Reichs-Justizamtes herausgegeben von C. Hahn, IV. Band, 1898.
Meili	Lehrbuch des internationalen Konkursrechts (1909).
Melchior	Die Grundlagen des Deutschen Internationalen Privatrechts (1932).
Mentzel-Kuhn	Konkursordnung[7] (1962).
Müller-Freienfels	Auslandskonkurs und Inlandsfolgen, Festschrift f. H. Dölle (1964) II S. 359ff.
Neuhaus	Die Grundbegriffe des Internationalen Privatrechts (1962).
Nußbaum	Deutsches Internationales Privatrecht (1932).
Raape	Internationales Privatrecht[5] (1961).
Jürgen Schmidt	System des deutschen internationalen Konkursrechts (1972).
Soergel-Kegel	Bürgerliches Gesetzbuch mit Einführungsgesetz und Nebengesetzen, Band 7: Einführungsgesetz bearb. von G. Kegel[10] (1970).

VE	Vorentwurf eines Übereinkommens über den Konkurs, Vergleiche und ähnliche Verfahren, herausgegeben von der Kommission der Europäischen Gemeinschaften, Generaldirektion und Rechtsangleichung (1970).
VE-P	Bericht über das Übereinkommen über den Konkurs, Vergleiche und ähnliche Verfahren, herausgegeben von der Kommission der Europäischen Gemeinschaften, Generaldirektion und Rechtsangleichung (1970).
Martin Wolff	Das Internationale Privatrecht Deutschlands[3] (1954).
Wolff	(Th.) Die Konkursordnung mit Einführungsgesetz und Ergänzungen[2] (1921).

I. Einleitung

1 Die §§ 237, 238 bilden den III. Abschnitt[1]) des Achten Titels („Besondere Bestimmungen") des Zweiten Buches („Konkursverfahren"), der einzelne Bestimmungen zu Fragen des internationalen Konkursrechts enthält. § 237 trifft eine Einzelregelung hinsichtlich von Rechtsfolgen, die im Inland (Deutschland; genauer: Geltungsbereich der Konkursordnung) einem im Ausland (: außerhalb des Geltungsbereichs der Konkursordnung) eröffneten Konkurs (Auslandskonkurs) zukommen; § 238 ermöglicht in besonderen Fällen mit Auslandsbeziehungen die Eröffnung eines auf das inländische Vermögen beschränkten Konkurses im Inland (beschränkter Inlandskonkurs).

2 Die Regelungen der §§ 237, 238 erschöpfen die Materie des internationalen Konkursrechts auch nicht annähernd: § 237 läßt zahlreiche Fragen der Wirkung eines Auslandskonkurses auf Inlandsbeziehungen offen, deren Regelung nur vereinzelt anderen gesetzlichen Bestimmungen entnommen werden kann; Fragen der Wirkung eines Inlandskonkurses, der nicht nach § 238 auf das inländische Vermögen beschränkt ist, auf Auslandsbeziehungen sind im Gesetz an anderer Stelle durchweg ohne besondere Hervorhebung geregelt. Völkerrechtliche Verträge über Fragen des internationalen Konkursrechts Deutschlands bestehen nicht [Anm. 66].

3 Diese Gesetzeslage zwingt dazu, im Interesse einer zusammenfassenden Erörterung der Fragen des internationalen Konkursrechts über die Kommentierung des Textes der §§ 237, 238 hinauszugehen und dabei auch Fragen einzuschließen, zu denen schon an anderer Stelle dieses Kommentars Stellung genommen worden ist[2]).

4 Die zusammenfassende Erörterung der Fragen des internationalen Konkursrechts begegnet erheblichen Schwierigkeiten, denn dieses Gebiet gehört immer noch „zu den dunkelsten und bestrittensten des heutigen Konkursrechts"[3]). Die Gesetzeslage läßt nicht nur Inhalt und Zusammenhang der die Fragen des internationalen Konkursrechts regelnden „Kollisionsnormen" [Anm. 34], sondern auch die innerhalb der Sachnormen [Anm. 34] bestehenden rechtssystematischen Zusammenhänge und Unterschiede, die im Kollisionsrecht Ausdruck entscheidungswesentlicher Differenzierungen hinsichtlich Grund und Geltungsbereich von Rechtssätzen[4]) sind (ist eine Regelung konkursrechtlich oder ist sie schuldvertragsrechtlich, sachenrechtlich, erbrechtlich o. ä.?), im unklaren und Rechtsprechung und Literatur haben es bislang nicht vermocht, diesen Mangel[5]) zu überwinden. Dazu kommt, daß Rechtsprechung und Literatur häufig versuchen, die Lösung konkreter

[1]) Daher das „III." vor dem Text von § 237 I (wie das „I." vor dem Text von § 207 I und das „II." vor dem Text von § 214).
[2]) § 1 Anm. 71, § 5 Anm. 1—8, § 9 Anm. 17, § 10 Anm. 38, § 11 Anm. 18, § 14 Anm. 35, § 17 Anm. 65, § 25 Anm. 28, § 29 Anm. 41—46, § 44 Anm. 33, § 47 Anm. 31, § 53 Anm. 35, § 57 Anm. 19, § 61 Anm. 40, § 63 Anm. 14, § 65 Anm. 9, § 146 Anm. 48, § 164 Anm. 13—14, § 193 Anm. 22, § 212 Anm. 21.
[3]) Dernburg, Lehrbuch des Preußischen Privatrechts[5] (1897), S. 290 FN 16.
[4]) Jahr, S. 185ff.
[5]) Zum Fehlen moderner umfassender systematischer Arbeiten vgl. Jürgen Schmidt, S. 10ff.

nach der Gesetzeslage offener Einzelprobleme des internationalen Konkursrechts aus konstruierten allgemeinen Prinzipien in einer Weise abzuleiten, die fatal an Fehlleistungen überholter Begriffsjurisprudenz, wenn nicht gar an Schlimmeres erinnert[1]). Die Stellungnahme zu diesen Fragen kann sich daher nur in wenigen Fällen auf die Wiedergabe gesicherter, d. h. methodisch einwandfrei begründeter Problemlösungen beschränken.

II. Der Gegenstand des internationalen Konkursrechts

A. Vorbemerkungen

1. Allgemeines

Die Probleme des internationalen Konkursrechts werden gemeinhin[2]) auf die zentrale Fragestellung zurückgeführt, ob sich „die Wirksamkeit des Konkurses auf das Staatsgebiet des Konkursgerichts beschränkt (Territorialität) oder ob sie sich auch auf das Ausland erstreckt (Universalität des Konkureses)". 5

Diese Fragestellung ist zunächst insoweit bedenklich, als undifferenziert nach der „Wirksamkeit des Konkurses" gefragt wird. Bedenklich einmal, weil diese Fragestellung es nahelegt, alle Rechtsfolgen, die an die Konkurseröffnung oder andere konkurstypische Sachverhalte [Anm. 9] geknüpft werden, gleichgewichtig in die Betrachtung einzuführen, obwohl sie für das internationale Konkursrecht von ganz unterschiedlicher Bedeutung sein können; bedenklich zum anderen, weil bei dieser Fragestellung offen bleibt, worauf die „Wirksamkeit des Konkurses" beruht. Wenn ein Ausländer in Deutschland in Konkurs fällt und deshalb nach dem Recht des Staates, dem er und sein Neffe angehören, unfähig ist, Vormund seines Neffen zu werden, so knüpft diese auch in Deutschland anerkannte Rechtsfolge an den Konkurs in Deutschland an, aber diese Rechtsfolge tritt nicht kraft deutschen Konkursrechts, sondern kraft des ausländischen Vormundschaftsrechts ein [im einzelnen s. Anm. 17]; sie gilt in Deutschland nicht kraft des internationalen Konkursrechts Deutschlands (oder irgendeines anderes Staates), sondern kraft des internationalen Vormundschaftsrechts Deutschlands. Wenn eine österreichische Aktiengesellschaft, weil der Konkurs über ihr Vermögen in Österreich mangels Masse abgelehnt worden ist, nach österreichischem Recht aufgelöst und diese Rechtsfolge in Deutschland anerkannt wird, so tritt diese Rechtsfolge kraft österreichischen Gesellschaftsrecht ein [im einzelnen s. Anm. 21—24]; sie gilt in Deutschland kraft des internationalen Gesellschaftsrechts Deutschlands. Wenn der ausländische Gemeinschuldner eines Inlandskonkurses nicht die Fähigkeit verliert, vor Gerichten seines Heimatstaates als Schöffe oder Geschworener zu fungieren, so nicht deshalb, weil die dem Inlandskonkurs zukommenden Rechtsfolgen nach dem internationalen Konkursrecht des anderen Staates außerhalb Deutschlands nicht wirksam wären, sondern weil § 32 Nr. 3 und § 84 GVG sich nur auf Schöffen und Geschworene an deutschen Gerichten beziehen [s. auch Anm. 20 und 50]. 6

Die Bestimmung des Gegenstands des internationalen Konkursrechts bedingt daher eine Klarstellung, 7

- welche (ausländischen) Verfahren als Konkurs anzusehen sind [Anm. 8—9],
- welche Sachverhalte es im einzelnen sind, bei deren Verwirklichung die Rechtsfolgen „des Konkurses" eintreten [Anm. 10], und
- welche Unterscheidungen
  - in Bezug auf die Rechtsfolgen, die bei Verwirklichung dieser Sachverhalte eintreten [Anm. 11—25], und
  - demgemäß hinsichtlich der den Eintritt dieser Rechtsfolgen begründenden Normen [Anm. 26—28] geboten sind.

2. Der internationalrechtliche Begriff des Konkurses

Die Frage, welche (ausländischen) Verfahren als Konkurs anzusehen sind, ist die Frage nach dem internationalrechtlichen Begriff des Konkurses. Dieser Begriff kann nicht einseitig nach dem des inländischen Rechts bestimmt werden, da der 8

---

[1]) Treffend die Kritik dieser „Prinzipiendogmatik" bei Müller-Freienfels, S. 366ff.; Jürgen Schmidt, S. 48ff. [s. Anm. 54].

[2]) Vgl. Jaeger, § 237 Anm. 1.

Begriff des Konkurses nach deutschem Recht mehr Merkmale haben (auf weniger Sachverhalte passen) kann als der Begriff des Konkurses nach ausländischem Recht; ein internationalrechtlicher Begriff, der für das Kollisionsrecht und die Rechtsvergleichung[1]), ebenso aber auch für die Rechtsgeschichte und die allgemeine Rechtslehre[2]) brauchbar sein soll, muß daher umfassender sein, also nur die allgemein als erheblich („wesentlich“) angesehenen Merkmale umfassen. So ist für die Behandlung eines ausländischen staatlichen Verfahrens als Konkurs unerheblich, ob das Verfahren primär die Zwangsliquidation des Schuldnervermögens zum Ziel hat, einen „Zwangsvergleich“[3]) also als Ausnahmefall behandelt, oder ob es primär der Schuldnersanierung dient. Auch das „Vergleichsverfahren“ fällt also unter den internationalrechtlichen Begriff des Konkurses[4]). Es ist nicht einmal entscheidend, ob das ausländische Verfahren ausdrücklich Insolvenz oder Überschuldung des Schuldners voraussetzt (was etwa in England und der Schweiz nicht der Fall ist[5]), wenn nur Vorsorge dafür getroffen ist, daß bei Unzulänglichkeit des Schuldnervermögens alle Gläubiger gleicher Forderungen gleichmäßig befriedigt werden (die *par condicio creditorum* unterscheidet wesentlich den Nachlaßkonkurs von der Nachlaßverwaltung, den Konkurs juristischer Personen von sonstigen Verfahren der Liquidation). Trotz einiger Unschärfen ist daher das Richtige getroffen, wenn der Konkurs von Müller-Freienfels[6]) unter Berufung auf Friedrich Weber[6]) als „eine unter gerichtlicher Aufsicht stattfindende Liquidation (?) des Vermögens Zahlungsunfähiger (?) in der Sphäre des Privatrechts im Rahmen eines staatlichen Gesamtvollstreckungsverfahrens“ oder von Dölle[6]) als ein „selbständiges, das gesamte Vermögen (?) des insolvent gewordenen (?) Schuldners ergreifendes Zwangsverfahren zum Zwecke der gleichmäßigen Befriedigung aller seiner Gläubiger“ definiert wird oder wenn es in dem Bericht zum VE heißt [S. 19], das Übereinkommen gelte für „alle Verfahren, die nach den einzelnen Rechtsordnungen auf Zahlungseinstellung, Zahlungsunfähigkeit oder Kreditunwürdigkeit des Schuldners eine gerichtliche Maßnahme folgen lassen, die sowohl zu einer kollektiven zwangsweisen Liquidierung des Vermögens oder auch nur zu einer Kontrolle der Betätigung des Schuldners führen“. In Anlehnung an die Formulierung Dölles ließe sich der internationalrechtliche Begriff des Konkurses etwa wie folgt bestimmen:

9 „Konkurs ist jedes staatliche Verfahren der Verwaltung eines Inbegriffs von Vermögensgegenständen mit dem Ziel, alle Gläubiger, denen diese zur vollen Befriedigung voraussichtlich unzureichenden Vermögensgegenstände haften, gleichmäßig zu befriedigen.“

3. Konkurstypische Sachverhalte

10 Wenn von „Wirksamkeit des Konkurses“ gesprochen wird, ist gemeinhin nur an Rechtsfolgen der Konkurseröffnung gedacht, obwohl auch an andere Sachverhalte, die dem Konkursverfahren eigentümlich sind (konkurstypische Sachverhalte), Rechtsfolgen geknüpft werden, die eine Betrachtung der „Wirksamkeit des Konkurses“ nicht vernachlässigen dürfte. Zu diesen Sachverhalten gehören die Ablehnung der Eröffnung eines Konkurses mangels Masse, Einstellung oder Aufhebung des Konkurses, Anmeldung und Feststellung einer Forderung zur Konkurstabelle sowie der Zwangsvergleich. Dazu kommt bei Sachverhalten von Auslandskonkursen die Notwendigkeit, auch sie internationalrechtlich zu begreifen [Anm. 8]:

---

[1]) Vgl. etwa Dölle, RVgl. HWB V, S. 72, Art. Konkurs; Müller-Freienfels, S. 365; Friedrich Weber, KTS 16, S. 102ff.; Lukes bei Jaeger-Lent, L. LXVIff.: Länderberichte Schweiz und Italien; Jahr, ebd.: Länderberichte Frankreich, England, Sowjetunion; Jahr bei Jaeger-Weber, Zusätze Fremde Rechte.
[2]) Jahr, AcP 1968, S. 25f.
[3]) Jahr bei Jaeger-Weber, § 173 Anm. 20.
[4]) So behandelt auch — nach dem Vorbild mehrerer zweiseitiger Abkommen — Art. 1 I und II VE Vergleichsverfahren u. ä. unter der Bezeichnung „Konkurs“; in der Sache ebenso Bley-Mohrbutter, § 2 Anm. 61—63.
[5]) Jahr bei Jaeger-Weber, § 102 Anm. 10.
[6]) S. Anm. 8[1].

„Zwangsvergleich im Ausland" meint eine Vielzahl nur funktional vergleichbarer Sachverhalte[1]) und „Konkurseröffnung" ist in manchen Auslandsrechten nicht eindeutig, weil dort zwei verschiedene „Eröffnungen" zu unterscheiden sind: die Einleitung des Verfahrens und die Überführung des Verfahrens in das Liquidationsstadium (so vor allem *receiving order* und *adjudication of bankruptcy* des englischen Rechts[2])). Wenn im folgenden von „Rechtsfolgen des Konkurses" (oder unter Aufgreifen des Sprachgebrauchs anderer von „Wirksamkeit des Konkurses") gesprochen wird, sind damit im Zweifel Rechtsfolgen gemeint, die an irgendeinen „konkurstypischen Sachverhalt" geknüpft sind.

4. Konkurstypische Rechtsfolgen

Konkurstypische Sachverhalte können Tatbestandsmerkmale einer Vielzahl von Rechtssätzen verwirklichen, die Rechtsfolgen ganz verschiedenen Inhalts anordnen, auf ganz verschiedenen Gründen beruhen und deshalb auch ganz verschiedene sachliche, räumliche und persönliche Geltungsbereiche haben [Anm. 4]. 11

Diese Rechtsfolgen sind nur zum Teil spezifische Rechtsfolgen des Konkurses, d. h. entscheidend von dem Zweck jedes Konkurses bestimmt, die Gläubiger eines Haftungssubjekts aus einem zur vollen Befriedigung unzureichenden Vermögen gleichmäßig zu befriedigen [Anm. 8—9]. Zu diesen „konkurstypischen Rechtsfolgen" gehören als von der Zweckbestimmung des Konkurses notwendig geforderte Rechtsfolgen etwa die Beschränkungen der Gläubiger in der individuellen Verfolgung ihrer Forderungsrechte (§§ 12 und 14 I; Art. 21f. VE) und Beschränkungen der Verwaltungsbefugnisse des Gemeinschuldners (§§ 6—8; Art. 20 VE), als sonstige Rechtsfolgen etwa die konkursrechtliche Unwirksamkeit bestimmter, vor Konkurseröffnung vorgenommener Rechtshandlungen (§§ 29—41; Art. 26 und 35 VE). 12

5. Nicht konkurstypische Rechtsfolgen

a) Allgemeines

Andere Rechtsfolgen sind dem Konkurs nicht spezifisch, wie allein daraus erhellt, daß in Bezug auf sie bei internationaler und historischer Vergleichung der Konkursrechte die unterschiedlichsten Feststellungen getroffen werden können, daß sie regelmäßig auch an andere als konkurstypische Sachverhalte geknüpft werden (besonders deutlich die Rechtsfolgen einer Ablehnung der Konkurseröffnung mangels Masse, die mit Sicherheit nicht vom Zweck des — gar nicht stattfindenden — Konkursverfahrens bestimmt sind) und daß für sie die Grenzen des „Konkursbeschlags" (Ausschluß unpfändbarer Gegenstände und — jedenfalls überwiegend — des Neuerwerbs) keine Bedeutung haben. Zu diesen „nicht konkurstypischen Rechtsfolgen" gehören etwa: die Auflösung einer juristischen Person[3]), das Ausscheiden des Gesellschafters oder die Auflösung der Gesellschaft im Falle des Konkurses über das Vermögen des (persönlich haftenden) Gesellschafters einer Gesellschaft des bürgerlichen Rechts, einer OHG oder KG [Anm. 25], der Verlust familienrechtlicher [Anm. 14—18] oder öffentlich-rechtlicher Befugnisse[4]) [Anm. 19—20]. 13

b) Familienrechte

Die Eröffnung des Konkurses über das Vermögen des Ehemannes war nach früherem deutschen Recht Tatbestand der Beendigung des gesetzlichen Güter- 14

[1]) Jahr bei Jaeger-Weber, § 173 Anm. 20.
[2]) Jahr bei Jaeger-Lent, S. LXXV.
[3]) Von Kuhn (MDR 1960, S. 579; Mentzel-Kuhn, § 237 Anm. 1) als „allgemeine Rechtswirkung" gegenüber der „Zugriffswirkung des Konkurses" abgegrenzt; ähnlich („allgemeine Rechtsfolgen") Böhle-Stamschräder, § 237 Anm. 1; Soergel-Kegel, Vorbem. 424 vor Art. 7, unterscheidet „Zugriffswirkung" und „allgemeine, auch für das zugriffsfreie Vermögen geltende Wirkungen". Vgl. auch RGZ 153, 205; BGH AWD 1962, 81 (mit zust. Anm. Hofstetter) = BGH WM 1962, 266. Zum Problem s. Anm. 21—24.
[4]) Daß solche Rechtsfolgen nicht dem Konkursrecht zuzuordnen sind, wird in internationalen Konkursabkommen klar erkannt; kennzeichnend — wenn auch zu eng — Art. 47 VE: „Das Recht eines jeden Vertragsstaates bestimmt, ob und inwieweit die in den anderen Vertragsstaaten ergangenen Entscheidungen über die Konkurseröffnung die Unfähigkeit zur Bekleidung eines Amts sowie Verlust und Beschränkungen in Bezug auf die Ausübung eines Amtes, eines Berufes oder staatsbürgerlicher Rechte zur Folge haben, die sich aus den in seinem eigenen Hoheitsgebiet eröffneten Konkursen ergeben."

standes (§ 1419 BGB a. F.) und der Auflösung der Errungenschaftsgemeinschaft (§§ 1543, 1547 BGB a. F.). Beide Regelungen sind ersatzlos weggefallen, so daß nach heutigem deutschen Güterrecht die Konkurseröffnung keine Wirkungen auf den Güterstand hat. Es bleibt jedoch die Frage, was im Inland gilt, wenn der Güterstand sich nach einem ausländischen Recht beurteilt, wenn also ein ausländisches Recht „Güterstatut" (Art. 15 EGBGB) ist, das eine dem früheren deutschen Recht entsprechende Regelung kennt, und Vermögen der Ehegatten im Inland belegen ist. Ähnliche Fragen stellen sich, wenn ein ausländisches Recht im Falle des Konkurses als Ehewirkungsstatut (Art. 14 EGBGB) eine Änderung von Befugnissen eines Ehegatten oder als Gewaltstatut (Art. 19 S. 1 EGBGB) eine Beschränkung der elterlichen Gewalt anordnet, wie das deutsche Recht die Vermögensverwaltung entzieht (§ 1670 I BGB). Nach vielen ausländischen Rechten hat der Konkurs schließlich wie nach geltendem deutschen Recht die Untauglichkeit des Gemeinschuldners zum Vormund (§ 1781 Nr. 3, § 1886 BGB), Gegenvormund (§§ 1792 IV, 1895 BGB), Pfleger (§ 1915 I BGB) oder Mitglied des Familienrates (§ 1866 Nr. 2, § 1878 I BGB) zur Folge[1]).

15 Für Deutschland wird dazu bei Jaeger-Lent [§ 25 Anm. 28] unter der Geltung des früheren Familienrechts ausgeführt: „Der Auslandskonkurs bringt auch Familienrechte des Gemeinschuldners (z. B. eine ehemännliche oder elterliche Nutznießung an inländischem Vermögen) nicht mit Wirksamkeit für das Inland zum Erlöschen". Die Begründung wird darin erblickt, daß „der vollstreckungsrechtliche Akt der Konkurseröffnung durch ein ausländisches Gericht grundsätzlich im Inlande weder formelle noch materielle Rechtswirkungen auslöst", also — wie schon die Formulierungen erkennen lassen und wie durch Verweisung [auf Jaeger, § 237 Anm. 1] klargestellt wird — in der Relevanz des sog. „Territorialitätsprinzips", d. h. des angeblich für das internationale Konkursrecht maßgebenden Grundsatzes: „Hoheitsakte wirken nicht über den Machtbereich" (gemeint ist: das Staatsgebiet) „der tätig werdenden Staatsgewalt hinaus" [Anm. 42—45].

16 Diese Ausführungen sind schon im Ansatz bedenklich. Ob der Konkurs, genauer: ob irgendein konkurstypischer Sachverhalt [Anm. 10] Rechtsfolgen in Bezug auf familienrechtliche Befugnisse hat, ist zunächst von dem für die betroffenen familienrechtlichen Befugnisse zuständigen Recht zu beurteilen [Anm. 14]. Dabei ist zwischen dem Konkurs im Gebiet dieses Rechts und dem Konkurs außerhalb des Gebiets dieses Rechts zu unterscheiden. So ist, wenn deutsches Recht Vormundschaftsstatut oder Pflegschaftsstatut ist (: wenn ein Deutscher der Vormundschaft oder Pflegschaft bedarf[2]), im Falle des Auslandskonkurses (der Inlandskonkurs wirft unter der genannten Prämisse keine Probleme auf) zu prüfen, ob die Unfähigkeit zur Vormundschaft gemäß § 1781 Nr. 3 BGB auch bei Auslandskonkurs eintritt, d. h.: ob der Tatbestand des § 1781 Nr. 3 BGB („wer in Konkurs geraten ist") auch bei Auslandskonkurs verwirklicht ist. Diese Auslegungsfrage hat weder mit dem „Territorialitätsprinzip" noch mit dem internationalen Konkursrecht überhaupt irgendetwas zu schaffen. Wird sie bejaht, so nicht, weil nach dem internationalen Konkursrecht Deutschlands dem Auslandskonkurs „extraterritoriale Wirkung" zukäme, sondern weil auch der Auslandskonkurs die Vermutung der Unfähigkeit zur ordnungsgemäßen Vermögensverwaltung begründet. Wird sie verneint, so nicht, weil das internationale Konkursrecht Deutschlands (angeblich) dem „Territorialitätsprinzip" folgt [Anm. 42—44, 170—212], sondern weil § 1781 BGB auch sonst (§ 1781 Nr. 1, 2. Alternative, und Nr. 2) auf deutsches Recht abstellt. In jedem Falle sagt die Antwort etwas über das materielle deutsche Familienrecht aus (nämlich darüber, ob internationale Sachverhalte den Tatbestand einer Norm des materiellen deutschen Familienrechts verwirklichen[3]) und nichts, aber auch gar nichts über das internationale Konkursrecht und die dieses bestimmenden Prinzipien.

---

[1]) Vgl. zu alledem Jaeger-Lent, § 25 Anm. 11—13.
[2]) Arg. Art. 23 EGBGB (vgl. Soergel-Kegel, Art. 23 Anm. 1 und 5 mit weit. Nachw.).
[3]) Was etwas anderes ist als eine Aussage über den internationalen Geltungsbereich des materiellen deutschen Familienrechts [s. Anm. 35].

Ist ein ausländisches Recht Vormundschafts-, Pflegschafts-, Gewalt-, Ehewirkungs- oder Güterstatut [Anm. 14], so ist im Falle des Inlandskonkurses mit Sicherheit kein Problem der „extraterritorialen Wirkung" inländischen Konkursrechts aufgeworfen (Welcher Satz dieses Rechts mit angeblich universalem Geltungsanspruch sollte denn in Betracht kommen? § 25 verweist ja gerade auf „das bürgerliche Recht"[1]). Es ist vielmehr nach dem einschlägigen ausländischen Vormundschaftsrecht, Pflegschaftsrecht usw. zu entscheiden, ob die Tatbestände dieser ausländischen Rechtssätze auch durch konkurstypische Sachverhalte [Anm. 10] eines Konkurses in Deutschland verwirklicht werden (also genau umgekehrt zu verfahren wie bei dem in Anm. 16 a.E. behandelten Falle). Die Frage kann verneint werden, ohne daß damit irgend etwas über eine „territoriale Beschränkung" der Geltung des deutschen Konkursrechts gesagt wäre. Sie kann bejaht werden, ohne daß damit dem deutschen Konkursrecht eine „extraterritoriale Wirkung" beigelegt würde. Das deutsche Konkursrecht hat mit den „nicht konkurstypischen Rechtsfolgen", die ein ausländisches Recht an konkurstypische Sachverhalte eines Konkurses in Deutschland knüpft, nichts zu schaffen. Die vom ausländischen Vormundschaftsrecht o. ä. angeordnete Rechtsfolge wird nicht deswegen zu einer Rechtsfolge des deutschen Konkursrechts, weil ein konkurstypischer Sachverhalt eines Konkurses in Deutschland den Tatbestand einer ausländischen vormundschaftsrechtlichen Norm verwirklicht. 17

Schwieriger ist der Fall des Auslandskonkurses zu beurteilen, wenn ein ausländisches Recht Vormundschaftsstatut o. ä. [Anm. 14 und 17] ist. Auf diesen Fall beziehen sich wohl in erster Linie die oben [Anm. 15] zitierten Ausführungen von Jaeger-Lent, die aufgrund des „Territorialitätsprinzips" jegliche Inlandswirkung leugnen. Insoweit aber erweist sich gerade die Bedenklichkeit solcher „Prinzipiendogmatik" [Anm. 4 und 54]. Soll damit gesagt sein, daß ehemännliche oder väterliche Befugnisse in Bezug auf inländisches Vermögen der Ehefrau oder des Kindes auch dann fortbestehen, wenn für diese Befugnisse international-privatrechtlich ein ausländisches Recht als Ehewirkungs-, Güter- oder Gewaltstatut maßgebend ist und wenn der Ehemann oder Vater im Gebiet dieses Rechts in Konkurs gefallen ist? Soll es darauf ankommen, ob der Tatbestand einer Änderung solcher Befugnisse im Ausland durch sonstige Sachverhalte (dann mit Sicherheit: Anerkennung) oder durch einen „vollstreckungsrechtlichen Akt" (dann Nichtanerkennung?) verwirklicht worden ist? Diese Frage muß verneint werden, wenn die Kollisionsnorm des internationalen Privatrechts Deutschlands, die auf ein ausländisches Recht als Vormundschafts-, Pflegschafts-, Ehewirkungs-, Güter- oder Gewaltstatut verweist, nicht ihren Sinn verlieren soll. 18

c) Staats-, Verwaltungs- und Gerichtsverfassungsrecht

An den Konkurs werden in vielen Rechten wie auch nach deutschem Recht Rechtsfolgen in Bezug auf öffentlich-rechtliche Befugnisse des Gemeinschuldners geknüpft (Verlust von Wahlrechten, Verlust der Fähigkeit zur Bekleidung bestimmter öffentlicher Ämter u. ä.[2]). Dazu heißt es bei Jaeger-Lent [§ 25 Anm. 28] im Anschluß an die oben [Anm. 15] zitierten Ausführungen zu der Wirkung des Konkurses auf familienrechtliche Befugnisse: „Ebensowenig entzieht der Auslandskonkurs dem Gemeinschuldner mit Wirksamkeit für das Inland politische Wahlrechte und andere öffentlich-rechtliche Befähigungen (z. B. zu inländischen Richterämtern oder zum Besuch deutscher Börsen)". 19

Auch diese Ausführungen sind schon im Ansatz bedenklich. Politische Wahlrechte im Inland bestimmen sich nach inländischem Staatsrecht. Es ist Sache des inländischen Staatsrechts, darüber zu entscheiden, ob solche Befugnisse eines Inländers von einem Auslandskonkurs berührt werden[3]). Wird diese Frage für Deutschland verneint, so wird etwas zum Staatsrecht Deutschlands ausgesagt und 20

---

[1]) **Freilich ohne Klarstellung, daß dies möglicherweise ein ausländisches Recht ist.**
[2]) „Öffentlich-rechtliche *capitis deminutio*"; vgl. Jaeger-Lent, § 25 Anm. 28.
[3]) Vgl. auch Art. 47 VE [Anm. 13[4]].

nichts, aber auch gar nichts zum internationalen Konkursrecht Deutschlands oder zur Relevanz des „Territorialitätsprinzips“[1]). Von einer „Entziehung“ solcher Befugnisse durch den Auslandskonkurs, deren Anerkennung im Inland problematisch ist, könnte nur die Rede sein, wenn das ausländische Konkursrecht dem Gemeinschuldner die nach deutschem Staatsrecht begründeten Befugnisse entziehen wollte. Das ist jedoch, soviel zu sehen, nirgends der Fall und wäre auch ein vergebliches Bemühen. Wie der Verlust der Fähigkeit, in einem deutschen Gericht als Schöffe (§ 32 Nr. 3 GVG) oder Geschworener (§ 84 GVG) zu fungieren, den der Gemeinschuldner eines in Deutschland eröffneten Konkurses erleidet, nichts über die Fähigkeit dieses Gemeinschuldners besagt, in Gerichten eines ausländischen Staates Schöffe oder Geschworener zu sein [Anm. 6], so gilt auch umgekehrt, daß entsprechende Rechtsfolgen ausländischen Rechts auf Normen des ausländischen Staats-, Verwaltungs- oder Gerichtsverfassungsrechts beruhen, auf Normen also, die im Zweifel keinerlei Wirkung in Deutschland anstreben (und denen, wenn sie es doch täten, nach deutschem Staats-, Verwaltungs- oder Gerichtsverfassungsrecht, nicht nach dem internationalen Konkursrecht Deutschlands, jegliche Wirkung in Deutschland abzusprechen wäre).

d) Gesellschaftsrecht

21 Die Eröffnung des Konkurses über das Vermögen einer juristischen Person oder einer konkursfähigen, aber nicht als juristische Person betrachteten organisierten Gesellschaft ist regelmäßig wie eine Vielzahl anderer Sachverhalte Tatbestand der Auflösung der juristischen Person oder Gesellschaft (: Versetzung in das Stadium der Liquidation). Über die Auflösung entscheidet (: die Auflösungstatbestände und ihre Folgen bestimmt) internationalprivatrechtlich die Rechtsordnung, die auch für Entstehung, Rechtsfähigkeit, Organisation, Rechtsverhältnisse zu den Mitgliedern usw. maßgebend ist (sog. „Personalstatut“ der juristischen Person oder Gesellschaft; nach deutscher Auffassung das Recht des Sitzes[2]). Hat die Konkurseröffnung nach diesem Recht die Auflösung der juristischen Person oder Gesellschaft zur Folge (was regelmäßig, aber nicht notwendig voraussetzt, daß der Konkurs im Gebiet des Personalstatuts eröffnet wird), so fragt sich, ob diese Folge überall ebenso hinzunehmen ist, wie die Auflösung aufgrund anderer Tatbestände des Personalstatuts (Zeitablauf, Auflösungsbeschluß, Fusion u. ä.), oder ob die Auflösung durch Konkurseröffnung den konkurstypischen Rechtsfolgen gleichzusetzen und wie diese eventuell nur beschränkt anzuerkennen ist [Anm. 24]. Dabei geht es insbesondere darum, wer außerhalb des Gebiets des Personalstatuts als Vertreter der aufgelösten juristischen Person oder Gesellschaft anzusehen ist: der Konkursverwalter, die nach dem Personalstatut berufenen Liquidatoren oder die vor der Auflösung amtierenden Organe. Innerhalb dieser Fragestellung ist wiederum zwischen der Vertretung hinsichtlich von Vermögen, das zur Zeit der Konkurseröffnung außerhalb des Gebiets des Personalstatuts lag, und der Vertretung im übrigen zu unterscheiden [Anm. 24].

22 Die Vorschriften der KO über den Konkurs der rechtsfähigen oder gleichgestellten Gesellschaften des Handelsrechts (§§ 207—211) gehen davon aus, daß deutsches Recht Personalstatut [Anm. 21] der juristischen Person oder Gesellschaft ist[3]), was voraussetzt, daß sie in Deutschland im Sinne des internationalen Privatrechts ihren Sitz hat, d. h.: daß der „Ort, an dem die Verwaltung geführt wird“, in Deutschland liegt[4]). Dieser Ort ist aber auch der Ort der gewerblichen Hauptniederlassung[5]) im Sinne von § 71 I. Die genannte Voraussetzung ist daher immer dann erfüllt, wenn der Konkurs nach § 71 I und nicht nach § 238 I oder § 238

[1]) An das wohl Jaeger-Lent denken, wie der Zusammenhang [Anm. 15] und die Worte „mit Wirksamkeit für das Inland“ [Anm. 19] nahelegen.
[2]) Soergel-Kegel, Anm. 146—151 vor Art. 7.
[3]) Besonders deutlich § 211 II: die Regelung, daß der Zwangsvergleich im Konkurs einer OHG, einer KG oder einer KGaA im Zweifel auch die persönliche Haftung der Gesellschafter begrenzt, enthält — zumindest auch — eine Norm des deutschen Gesellschaftsrechts [vgl. dazu Anm. 435—436].
[4]) Vgl. Soergel-Kegel, Anm. 150—151 vor Art. 7.
[5]) Jaeger-Weber, § 71 Anm. 3.

II 1 eröffnet werden kann. Eine juristische Person oder Gesellschaft, über die nach § 71 I Konkurs eröffnet werden kann, ist also immer nach deutschem Recht zu beurteilen; d. h. im Sinne des internationalen Privatrechts: eine deutsche Gesellschaft (daß auch für juristische Personen und für konkursfähige Gesellschaften hinsichtlich der örtlichen Zuständigkeit die gewerbliche Hauptniederlassung dem allgemeinen Gerichtsstand vorgeht[1]), ist daher nur für die örtliche Zuständigkeit innerhalb des Inlandes von Bedeutung).

Über „ausländische juristische Personen“ oder „ausländische Gesell- **23**
schaften“ (: juristische Personen oder Gesellschaften, deren Personalstatut ein ausländisches Recht ist), kann daher nur nach § 238 I oder § 238 II 1 Konkurs im Inland eröffnet werden (Vereine, die nach der obsoluten Vorschrift des § 23 BGB Rechtsfähigkeit erlangt haben, sind juristische Personen des deutschen Rechts; Art. 10 EGBGB ist durch das Vereinsgesetz aufgehoben worden). Damit aber wird wenigstens für diese Fälle fraglich, ob §§ 207—213 nur Konkursrecht oder nicht auch Gesellschaftsrecht enthalten [Anm. 433—441].

Die Auflösung einer juristischen Person oder Gesellschaft infolge Konkurses **24**
im Gebiet ihres Personalstatuts wird in der deutschen Rechtsprechung überwiegend auch für das Inland mit der Folge anerkannt, daß die juristische Person oder Gesellschaft auch im Inland vom ausländischen Konkursverwalter wirksam vertreten wird, soweit nicht nach Personalstatut und Konkursrecht (Neuerwerb) die Liquidatoren zur Vertretung berufen sind[2]). Die Literatur ist ganz überwiegend der gleichen Auffassung[3]). Die herrschende Meinung verdient, selbst wenn man für konkurstypische Rechtsfolgen am „Territorialitätsprinzip“ festhält [Anm. 178—212], den Vorzug, weil für das internationale Gesellschaftsrecht zwischen den Auflösungstatbeständen „Konkurseröffnung“ (sowie „Ablehnung der Konkurseröffnung mangels Masse“[4])) und anderen Auflösungstatbeständen, insbesondere der Auflösung aufgrund anderer Staatsakte (Verfügung des Registergerichts[5]), Auflösungsurteil[6])), kein relevanter Unterschied besteht. Weniger Übereinstimmung herrscht hinsichtlich der Frage, wer in Bezug auf das zur Zeit der Eröffnung des Auslandskonkurses in Deutschland belegene Vermögen als Vertreter der juristischen Person oder Gesellschaft anzusehen ist: überwiegend wird jedoch auch insoweit die Vertretungsmacht des ausländischen Konkursverwalters anerkannt[7]). Auch in dieser Frage ist der überwiegenden Meinung zuzustimmen.

Der Konkurs eines Gesellschafters einer Gesellschaft des bürgerlichen **25**
Rechts, einer OHG oder einer KG hat häufig nach zwingender Vorschrift des Gesellschaftsrechts wie eine Vielzahl anderer Sachverhalte das Ausscheiden des Gesellschafters oder die Auflösung der Gesellschaft zur Folge (für Deutschland: §§ 736, 728 S. 1 BGB, §§ 138, 131 Nr. 5, § 161 II HGB). Eine dieser Folgen tritt sicherlich ein, wenn der Konkurs im Gebiet des Personalstatuts der Gesellschaft [Anm. 21] eröffnet wird. Ob das Gleiche auch gilt, wenn ein Gesellschafter in einem anderen Staat in Konkurs fällt, ist zunächst keine Frage nach territorialen Wirkungen des Konkurses[8]), sondern eine Frage der Auslegung des materiellen Gesellschaftsrechts und des Gesellschaftsvertrages. Danach kann etwa für Deutschland kein Zweifel daran

---

1) Jaeger-Weber, § 71 Anm. 2—3; Böhle-Stamschräder, § 71 Anm. 3.
2) RGZ 14, 417; RGZ 16, 338; RGZ 89, 183; RGZ 153, 205; BGH AWD 1962, 81 (mit zust. Anm. Hofstetter) = BGH WM 1962, 266; OLG München Bay. JMBl. 1956, 35; anders OLG Köln IPRspr. 1932, Nr. 161; OLG München IPRspr. 1932, Nr. 160.
3) Mentzel-Kuhn, § 237 Anm. 9; Kuhn, MDR 1960, S. 579; Böhle-Stamschräder, § 237 Anm. 1; Müller-Freienfels, S. 375; Jaeger, Lehrb. S. 214; ebenso Jaeger § 25 Anm. 43, unklar § 237 Anm. 4; Jaeger-Lent, § 25 Anm. 28; wohl auch Soergel-Kegel, Vorbem. 559—568 vor Art. 7, wo die Anerkennung nur bei „Auflösung aus politischen oder wirtschaftspolitischen Gründen“ versagt wird; gegen Anerkennung: Beitzke, Jurist. Pers. im Internationalen Privatrecht und Fremdenrecht (1938), S. 135 ff.; Bley JW 1937, 1507 ff.
4) Vgl. § 262 I Nr. 4 AktG.
5) Vgl. § 262 I Nr. 5 AktG; § 60 I Nr. 5 GmbHG; § 73 BGB.
6) Vgl. § 275 AktG, § 61 GmbHG.
7) RG JW 1899, 227; RGZ 6, 404; RGZ 14, 424; RGZ 16, 337; RG Recht 1915 Nr. 2589; RGZ 153, 207; BGH AWD 1962, 81 (mit zust. Anm. Hofstetter) = BGH WM 1962, 266; OLG München, Bay. JMBl. 1956, 36; dagegen: Beitzke, aaO. (Anm. 24[3]); Jaeger, § 237 Anm. 4; Bley, JW 1937, 1508: für Vertretung durch „das außerhalb des Konkurses . . . berufene Organ“; Mentzel-Kuhn, § 237 Anm. 9; für Vertretung durch die nach ausländischem Recht berufenen Liquidatoren.
8) Zumindest mißverständlich daher Jaeger-Lent, § 25 Anm. 28.

bestehen, daß der Gesellschaftsvertrag das Ausscheiden oder die Auflösung auch für den Fall des Auslandskonkurses eines Gesellschafters wirksam vorsehen kann. Es kann daher nur fraglich sein, ob der im deutschen Recht angeordnete Zwang, die Gesellschaft entweder ganz auseinanderzusetzen oder wenigstens den in Konkurs gefallenen persönlich haftenden Gesellschafter abzufinden, auch bei Auslandskonkurs eines Gesellschafters gilt (: Kann ein nach deutschem Gesellschaftsrecht zu beurteilender Gesellschaftsvertrag wirksam vorsehen, daß der Auslandskonkurs eines Gesellschafters keine der genannten Folgen hat? Was gilt bei Schweigen des Gesellschaftsvertrages?). Da dieser Zwang die Verwertung der Beteiligung für die Konkursgläubiger ermöglichen soll, kommt es zwar darauf an, ob die Beteiligung an der deutschen Gesellschaft nach dem ausländischen Konkursrecht zur Konkursmasse des Auslandskonkurses gehört und ob diese Zurechnung in Deutschland anerkannt wird (nur die zweite Frage wirft ein Problem des internationalen Konkursrechts auf[1])), die Hauptfragen aber bleiben Fragen des deutschen Gesellschaftsrechts (verwirklichen internationale Sachverhalte — hier Auslandskonkurse von Gesellschaftern einer deutschen Gesellschaft — den Tatbestand einer Norm des deutschen Gesellschaftsrechts?).

6. Konkursrechtliche Normen

26 Die Unterscheidung zwischen „konkurstypischen Rechtsfolgen" und „nicht konkurstypischen Rechtsfolgen" führt rechtssystematisch [Anm. 4] zur Unterscheidung zwischen konkursrechtlichen Normen und sonstigen (erbrechtlichen, staatsrechtlichen, prozeßrechtlichen usw.) Normen. Ein Rechtssatz ist eine konkursrechtliche Norm, wenn er eine konkurstypische Rechtsfolge [Anm. 11—12] anordnet, mag diese Rechtsfolge auch bestehende nicht dem Konkursrecht zuzurechnende Rechtsverhältnisse ändern (Übergang von Verfügungsbefugnissen usw.). Ein Rechtssatz ist eine nicht konkursrechtliche Norm, wenn er eine nicht konkurstypische Rechtsfolge [Anm. 14—25] anordnet, mag auch ein konkurstypischer Sachverhalt (Konkurseröffnung, Ablehnung mangels Masse usw. [Anm. 10]) Merkmal des Tatbestandes der Norm sein.

27 Für die rechtssystematische Einordnung kommt es nicht darauf an, ob eine Vorschrift im Konkursgesetz oder im Zivilgesetzbuch steht[2]) .Entscheidend ist vielmehr, für welche Sachverhalte eine Regelung nach Grund und Zweck gelten soll, d. h.: der durch den Grund der Regelung unter Berücksichtigung der Erfordernisse internationaler Gerechtigkeit bestimmte sachliche, räumliche und persönliche Geltungsbereich [Anm. 4]. Soll die deutsche Regelung, daß der Gemeinschuldner einen ihm vor Konkurseröffnung angefallenen Erwerb von Todes wegen (Erbschaft oder Vermächtnis) trotz Konkurseröffnung in persönlicher von Konkursverwalter und Gläubigern nicht zu beeinflussender Entscheidung ausschlagen darf (§ 9 S. 1), für jede Erbfolge gelten, bei der der Erblasser Deutscher war[3]), ohne Rücksicht darauf, ob der Erbe oder Vermächtnisnehmer in Deutschland oder im Ausland in Konkurs fällt, so liegt eine rein erbrechtliche Norm vor. Soll die Regelung für jeden deutschen Konkurs gelten ohne Rücksicht darauf, ob der Erblasser Deutscher oder Ausländer war[4]), so liegt eine rein konkursrechtliche Norm vor (möglicherweise sind einer Vorschrift des Gesetzes zwei Normen zu entnehmen[5])). Soll die Regelung für Erbfolgen gelten, die nach deutschem Erbrecht zu beurteilen sind, aber nur, wenn über den Erben oder Vermächtnisnehmer in Deutschland Konkurs eröffnet worden ist, so liegen zwei gegenüber den vorerwähnten modifizierte Normen vor: eine erbrechtliche Norm, modifiziert durch die Beschränkung des Geltungsanspruchs auf Fälle der Konkurseröffnung in Deutschland, und eine konkursrechtliche Norm,

---

[1]) S. auch Anm. 289.
[2]) Bezeichnend § 25 [Anm. 17].
[3]) Regelfall der Maßgeblichkeit des deutschen Rechts als „Erbstatut" [Art. 24 I EGBGB].
[4]) D. h.: ohne Rücksicht darauf, ob deutsches Recht oder ein ausländisches Recht „Erbstatut" ist.
[5]) Jahr, S. 181f.

modifiziert durch die Beschränkung des Geltungsanspruchs auf Fälle der Maßgeblichkeit des deutschen Erbrechts[1]).

Ähnliche Probleme werfen andere Vorschriften [Anm. 101—111] auf, die bezeichnenderweise international nicht überall in den Konkursgesetzen stehen: die Vorschriften über Rechtsfolgen des Konkurses in Ansehung von Gemeinschaftsverhältnissen [Anm. 279—289], besonderen Schuldverhältnissen [Anm. 353—374] und Rechtsstreitigkeiten [Anm. 406—422] des Gemeinschuldners, über die Konkursmasse [Anm. 302—352], über Masseschulden [Anm. 375—389], Konkursforderungen [Anm. 390—405], und Zwangsvergleich [Anm. 425—432], über Nachlaß- und Gesamtgutskonkurse [Anm. 441—524]. 28

B. Territoriale Grenzen der Geltung von Rechtsfolgen des Konkurses?

Die übliche Formulierung der zentralen Fragestellung des internationalen Konkursrechts [Anm. 5] ist weiter auch deshalb bedenklich, weil die spezifische Problematik des internationalen Konkursrechts mit der Frage nach territorialen Grenzen der „Wirksamkeit des Konkurses", genauer: mit der Frage nach territorialen Grenzen der Geltung von Rechtsfolgen konkurstypischer Sachverhalte [Anm. 10—13], nur schief zum Ausdruck gebracht werden kann. 29

Die Fragestellung [Anm. 5] erweist sich schon insofern als problematisch, als sie den Gegensatz zu streng territorialer Beschränkung der Rechtsfolgen des Konkurses („Territorialität") als „Prinzip der Universalität" bezeichnet. Dieser Ausdruck kann nur bedeuten, daß die nach dem Recht des Konkursstaates an den Konkurs geknüpften Rechtsfolgen nicht nur irgendwo außerhalb des Gebiets des Konkursstaates, sondern schlechthin überall gelten sollen. Eine so verstandene „Universalität" wird aber schon dadurch gesprengt, daß ein einziger anderer Staat für sein Gebiet einer Rechtsfolge des Konkurses die Anerkennung verweigert[2]). Eine solche Verweigerung braucht keine Willkür, keine Abkehr von einem guten „Prinzip" zu sein. Sie kann vielmehr akzeptiert werden, ohne als Durchbrechung eines Prinzips verstanden zu werden, wenn das Prinzip, wie allein schon die Sprache nahelegt (Gegensatz zu „Territorialität"), nicht als Prinzip der „Universalität", sondern als „Prinzip der Extraterritorialität" bezeichnet und entsprechend inhaltlich bestimmt wird [s. auch Anm. 49]. 30

Der Gegenstand des internationalen Konkursrechts bliebe freilich auch dann noch sehr mißverständlich bestimmt, wenn er als Frage nach „Territorialität" oder „Extraterritorialität" der Rechtsfolgen des Konkurses ausgedrückt würde. Diese Terminologie legt wie die Frage, ob „die Wirksamkeit des Konkurses ... sich auch auf das Ausland erstreckt"[3]), den Gedanken nahe, es gehe notwendig um Probleme der räumlichen Begrenzung der Geltung von Rechtsfolgen. Wenn aber ein in Deutschland wohnhafter italienischer Gastarbeiter seine Lohnforderung ebenso im Inlandskonkurs geltend machen kann wie die deutschen Arbeitnehmer des Gemeinschuldners (§ 5 I), so kann doch wohl kaum von einer „nicht territorial beschränkten (extraterritorialen) Wirkung des Inlandskonkurses" gesprochen werden. Und wenn in dieser Bestimmung (die im übrigen wohl nicht dem internationalen Konkursrecht zuzurechnen ist[4])) „im Einklang mit einem von allen Kulturstaaten beobachteten Grundsatz der Gedanke einer Universalität des Inlandskonkurses zum Durchbruch" kommt[5]), dann handelt es sich jedenfalls um eine „Universalität", deren Gegenteil nicht „Territorialität" genannt werden kann. Ob sich der Konkursstaat als zuständig ansieht zu bestimmen, wer Konkursgläubiger 31

---

[1]) Die Problematik materiellrechtlicher Normen in Prozeß- oder Konkursgesetzen und ihre Relevanz für internationalrechtliche Fragen hat v. Craushaar (Die internationalrechtliche Anwendbarkeit deutscher Prozeßnormen, 1961) zwar erkannt, aber leider recht unscharf behandelt, wie allein die an der Äußerlichkeit der Fundstelle anknüpfende Terminologie erkennen läßt („sachrechtsentsprechende" und „sachrechtsergänzende Verfahrensnormen" statt „Normen in Prozeßgesetzen").
[2]) Wie Deutschland in § 237 I und § 238 III [Anm. 74 und 95].
[3]) Jaeger, § 237 Anm. 1.
[4]) Es müßte daher genauer heißen: „in der in dieser Bestimmung vorausgesetzten Kollisionsnorm" (des Inhalts: „wer Konkursgläubiger ist, bestimmt das Konkursstatut"). Vgl. Anm. 36.
[5]) Jaeger, § 237 Anm. 2.

ist, hat offensichtlich mit der Frage, ob seine Regelung extraterritorial gelten will, nichts zu tun. Selbst wenn von dieser Zuständigkeit in der Weise Gebrauch gemacht wird, daß auch außerhalb des Konkursstaates wohnhafte Gläubiger (die im übrigen nicht notwendig Ausländer sind, wie Ausländer nicht notwendig außerhalb des Gebiets des Konkursstaates wohnhaft sind) innerhalb des Konkursstaates am Konkurs teilnehmen, kann kaum sinnvoll gefragt werden, ob diese Regelung nur Geltung im Inland oder extraterritoriale Geltung anstrebt.

32 Auch der Versuch, den Gegenstand des internationalen Konkursrechts als Frage nach den „Auslandsfolgen des Inlandskonkurses" und den „Inlandsfolgen eines Auslandskonkurses" zu bestimmen[1]), legt noch zu sehr den Gedanken nahe, es gehe lediglich um Probleme territorialer Geltung, und kann daher nicht ganz überzeugen.

33 Worum es geht, ist vielmehr die Frage, welche Bedeutung der nicht notwendig nur territorial zu verstehenden Internationalität eines konkursrechtlichen Sachverhaltes zukommt. Diese Internationalität kann darin bestehen, daß Vermögen des Gemeinschuldners außerhalb des Konkursstaates belegen [s. Anm. 58—65] oder in anfechtbarer Weise dorthin verbracht worden ist, daß konkursrechtlich relevante Sachverhalte (anfechtbare Rechtshandlungen, Rechtshandlungen des Gemeinschuldners nach Konkurseröffnung, Handlungen des Konkursverwalters, Teilbefriedigungen von Gläubigern, Bereicherungen der Konkursmasse) sich außerhalb des Konkursstaates ereignet haben, daß Personen von einer konkursrechtlichen Regelung betroffen werden, die Angehörige eines anderen Staates als des Konkursstaates sind oder außerhalb des Konkursstaates ihren Wohnsitz haben, daß vom Konkurs Rechtsverhältnisse berührt werden (konkurstypisch), für die ein anderes Recht als das des Konkursstaates als „Sachstatut" [Anm. 103] maßgebend ist[2]) .Von einem bestimmten Staat als Inland aus gesehen ist diese Internationalität entweder eine Auslandsbeziehung (das Inland ist Konkursstaat; der „andere Staat" — in dem Gegenstände belegen sind, Sachverhalte sich ereignen, Personen beheimatet oder wohnhaft sind, Rechtsverhältnisse ihren „Sitz" haben — ist Ausland) oder eine Inlandsbeziehung (ein bestimmter anderer Staat ist Konkursstaat; das Inland ist der „andere Staat").

C. Kollisionsrecht und Fremdenrecht

34 Als Kollisionsrecht regelt das internationale Konkursrecht eines Staates (das internationale Konkursrecht ist wie jedes Kollisionsrecht nationales Recht, ein „internationales Unternehmen, das jeder Staat auf eigene Rechnung betreibt"[3])) nicht selbst die Sachverhalte, die durch Internationalität in dem skizzierten Sinne [Anm. 33] gekennzeichnet sind; es enthält keine „Sachnormen". Das internationale Konkursrecht ist vielmehr „Rechtsanwendungsrecht", seine Sätze sind „Kollisionsnormen", die zunächst den internationalen Anwendungsbereich der konkursrechtlichen Normen [Anm. 26—28] der eigenen Rechtsordnung (der „Sachnormen") bestimmen (einseitige Kollisionsnormen). Da es aber im Konkursrecht, anders als etwa im Strafrecht, nicht nur „um die Sicherung öffentlicher Ordnungsinteressen"[4]) geht, sondern wie im Privatrecht um die Verwirklichung von Gerechtigkeit zwischen den Einzelnen [s. auch Anm. 198], kann sich das internationale Konkursrecht anders als das internationale Strafrecht nicht mit der Regelung des internationalen Geltungsbereichs der eigenen Sachnormen begnügen. Es braucht wie das internationale Privatrecht Regelungen darüber, wann im Inland ausländisches Konkursrecht anzuwenden ist [s. Anm. 137 u. 143—144], und kann diese Regelungen mit der Bestimmung des internationalen Geltungsbereichs der eigenen Sachnormen in der Weise verbinden, daß seine Normen allgemein vorschreiben, welches nationale Konkursrecht zur Regelung einer konkursrechtlichen Frage berufen ist

---

[1]) So der Sprachgebrauch von Müller-Freienfels, passim.
[2]) Eine genaue Aufzählung der möglichen Fälle von Internationalität enthalten Anm. 101—110.
[3]) Batiffol, zitiert nach Kegel, §2 II 3a.
[4]) Jürgen Schmidt, S. 129; dort auch zu dem im Text Folgenden.

(allseitige Kollisionsnormen). Wie im internationalen Privatrecht, dessen „allgemeine Lehren“[1]) (über Anknüpfungspunkte, Rück- und Weiterverweisung, Qualifikation, Vorfrage, Angleichung, Anwendung ausländischen Rechts, *ordre public*) für jedes Kollisionsrecht mit doppelter Aufgabenstellung [Anm. 38], also auch für das internationale Konkursrecht gelten, stellt diese Berufung einer Rechtsordnung eine „Gesamtverweisung“ dar, konzediert also der berufenen Rechtsordnung die Bestimmung über die Maßgeblichkeit des eigenen[2]) oder eines fremden Rechts[3]) [vgl. Anm. 136—138].

Das internationale Konkursrecht eines Staates behandelt also die Frage, welche Bedeutung der Internationalität eines konkursrechtlichen Sachverhalts zukommt [Anm. 33], nur in der Weise, daß es das maßgebliche Konkursrecht „beruft“ [Anm. 34 a. E.]. In diesem Absehen von eigener Sachregelung, nicht in der Bezugnahme auf internationale Sachverhalte, unterscheidet sich das internationale Konkursrecht (wie jedes Kollisionsrecht) vom „Fremdenrecht“, das Sachnormen für Ausländer (im Regelfall: Abwandlungen der für Inländer geltenden Normen) enthält[4]). Diesem Fremdenrecht sind §§ 5, 50 und 56 zuzurechnen. 35

§ 5 I hat keine selbständige Bedeutung („Konkursgläubiger“ sind nach § 3 I „alle persönlichen Gläubiger, welche einen ... Vermögensanspruch ... haben“, also Ausländer ebensogut wie Inländer), sondern dient nur § 5 II, einer typisch fremdenrechtlichen Regelung, „als Aufhänger“[5]). In jedem Falle aber enthält § 5 in beiden Absätzen keine Kollisionsnormen, sondern Sachnormen, die eine Kollisionsnorm des Inhalts voraussetzen, daß über die Relevanz der Nationalität von Konkursgläubigern das Recht des Staates entscheidet, in dessen Gebiet der Konkurs eröffnet worden ist (Konkursstaat). 36

§§ 50 und 56 beziehen sich zwar auf Sachverhalte mit Auslandsbeziehung, aber sie bestimmen nicht, nach welchem Recht die durch diese Sachverhalte aufgeworfenen Fragen zu entscheiden sind, sondern treffen selbst eine Regelung dieser Fragen (Ersatzpflicht bei Neubegründung von Absonderungsrechten oder Aufrechnung entgegen § 55 — möglich infolge der Nichtanerkennung deutschen Konkursrechts durch das über die Entstehung einer Absonderungsbefugnis oder über die Aufrechnung entscheidende ausländische Recht). Sie sind Normen des Fremdenrechts und keine Kollisionsnormen[6]); sie setzen eine Kollisionsnorm des Inhalts voraus, daß das Recht des Konkursstaates darüber entscheidet, welche konkursrechtlichen Rechtsfolgen einer im Ausland entgegen dem Recht des Konkursstaates durchgeführten Absonderung oder Aufrechnung zukommen. 37

D. Aufgaben des internationalen Konkursrechts

Die Funktion des internationalen Konkursrechts, das zur Regelung eines konkursrechtlichen Sachverhalts berufene Recht zu bestimmen [Anm. 34—35], impliziert zwei Aufgaben, wie sie auch dem internationalen Privatrecht zukommen: einmal die Bestimmung des internationalen Geltungsbereichs [Anm. 33 und 35] des eigenen „materiellen“ (: nicht internationalen) Rechts (: der eigenen „Sachnormen“ — nicht notwendig in ihrer Gesamtheit, sondern in durch Systembegriffe zusammengefaßten Komplexen höchst unterschiedlichen Umfangs: „deutsches Sachenrecht“, „deutsches Deliktrecht“, „deutsches Recht der Form der Eheschließung“ usw.), zum anderen für die danach nicht vom eigenen materiellen Recht geregelten Fragen die Festlegung der maßgeblichen Rechtsordnung [vgl. auch Anm. 131—133]. Beide Aufgaben hängen zwar zusammen (und werden in „allseitigen Kollisionsnormen“ [Anm. 34] einheitlich behandelt), können aber doch nicht ungeschieden gelöst werden. Dies würde selbst dann gelten, wenn bei der Lösung beider Aufgaben jeder Staat dem anderen das Gleiche gäbe, was er für sich 38

[1]) Vgl. Soergel-Kegel, Vorbem. 20—128 vor Art. 7; Art. 27 Anm. 1—16; Art. 30 Anm. 1—19; jeweils mit weit. Nachw.
[2]) „Annahme der Verweisung“; vgl. Soergel-Kegel, Art. 27 Anm. 3.
[3]) „Rück- oder Weiterverweisung“ (*renvoi*); vgl. Soergel-Kegel, Art. 27 Anm. 4—11.
[4]) Jürgen Schmidt, S. 16f. mit weit. Nachw.
[5]) Jürgen Schmidt, S. 17.
[6]) Wie hier Jürgen Schmidt, S. 18; im Ergebnis ebenso Jaeger-Lent, § 50 Anm. 1; Wolff, § 50 Anm. 1—2.

selbst beansprucht, also überall ohne jede Einschränkung der Maxime des römischen Edikts folgte, „*quod quisque iuris in alterum statuerit, ut ipse eodem iure utatur*" (D. 2.2); es ist um so notwendiger, als weithin gelehrt wird, in Deutschland würden beide Aufgaben des internationalen Konkursrechts in ganz verschiedener Weise gelöst [Anm. 42—43][1]).

39 Die doppelte Aufgabe des internationalen Konkursrechts eines Staates (: Bestimmung des internationalen Geltungsbereichs des eigenen „materiellen" Konkursrechts — Festlegung der maßgeblichen ausländischen Rechtsordnung für danach nicht vom eigenen Recht geregelte konkursrechtliche Fragen) wird regelmäßig in der Weise gelöst, daß das eigene Konkursrecht, d. h. die Gesamtheit der eigenen konkursrechtlichen Normen [Anm. 26—28], für jeden Inlandskonkurs gilt und für diesen hinsichtlich aller konkursrechtlichen Fragen, das Konkursrecht eines fremden Staates ebenso für jeden Konkurs, der im Gebiet dieses Staates eröffnet worden ist [Anm. 115, 243—252].

40 Diese Regel, die „Grundnorm" des internationalen Konkursrechts[2]), postuliert nicht notwendig die ausschließliche Maßgeblichkeit des Konkursrechts des Konkursstaates, wie allein aus der Möglichkeit erhellt, Erwerbsvorgänge nur insoweit dem Konkursrecht des Konkursstaates zu unterwerfen, als auch nach dem Konkursrecht des Staates, dessen Recht den Erwerbsvorgang als solchen bestimmt, ein Tatbestand der Konkursanfechtung (als international-rechtlicher Begriff[3])) verwirklicht ist [Anm. 247—252].

41 Die Regel der Geltung eigenen Konkursrechts für Inlandskonkurse und entsprechender Geltung des Konkursrechts des Konkursstaats bei Auslandskonkursen darf nicht mit rechtlichen Aussagen anderen Inhalts über die Relevanz der Internationalität konkursrechtlicher Sachverhalte für die Bestimmung des maßgeblichen Rechts verwechselt werden. Wenn — wie gemeinhin behauptet wird [Anm. 43] — das deutsche Recht für seine konkursrechtlichen Normen „universale Geltung" beansprucht, so ist dieser Anspruch keine notwendige Folge der Regel, daß für Konkurse in Deutschland nur deutsches Konkursrecht gilt [Anm. 115 und 120]. Und wenn — wie ebenfalls gemeinhin gelehrt wird [Anm. 43] — das deutsche Recht einem Auslandskonkurs in bestimmten Fällen „die Wirksamkeit im Inland" versagt, so schließt das nicht aus, daß es für andere Fälle den deutschen Richter anweist, konkursrechtliche Fragen nach dem Recht des Konkursstaates zu entscheiden [Anm. 143—146].

E. Die sogenannten „Prinzipien des internationalen Konkursrechts"

1. Allgemeines

42 Gemeinhin wird die These vertreten, das internationale Konkursrecht Deutschlands löse seine Aufgaben [Anm. 38—41] in ganz verschiedener Weise: es erkläre Auslandsbeziehungen bei Inlandskonkurs „grundsätzlich" für irrelevant, versage aber umgekehrt einem Auslandskonkurs jede Wirkung auf eine Inlandsbeziehung.

43 Diese Meinung wird im wesentlichen durch Berufung auf angebliche „Prinzipien des internationalen Konkursrechts" begründet. So heißt es bei Mentzel-Kuhn [§ 237 Anm. 1]:

„Hoheitsakte wirken nicht über den Machtbereich der tätig werdenden Staatsgewalt hinaus (Territorialitätsprinzip, OGH 1, 390; BGH 25, 143; 31, 171). Daher kann der Konkurs grundsätzlich nicht das extraterritoriale Vermögen des Schuldners erfassen. Das ist auch der Standpunkt des § 237 gegenüber Auslandskonkursen. Einem ausländischen Konkursgesetz, das sich auch für in der Bundesrepublik belegenes Vermögen Wirkung beilegt, ist insoweit die Anerkennung zu versagen (RG 100, 242; BGH KTS 1960, 74). Für den im Inland eröffneten Konkurs verwendet die deutsche Konkursordnung dagegen das Universalitätsprinzip. Denn nach § 1 gehört das gesamte, gleichviel wo belegene Vermögen des Schuldners, soweit es

[1]) Im Ergebnis ebenso Müller-Freienfels, S. 363; Jürgen Schmidt, S. 10, 21f., 41f.
[2]) Jürgen Schmidt, S. 20ff.
[3]) S. Anm. 8.

der Zwangsvollstreckung unterliegt, zur Konkursmasse. Auf dem Universalitätsprinzip beruhen auch die Vorschriften der §§ 50, 56 (RG 54, 193). Die Einheit des Konkurses läßt sich zwar anordnen, aber nur dann durchführen, wenn der Staat, in dessen Machtbereich sich das auswärtige Vermögen befindet, dem zustimmt (RG 100, 242 m. w. Nachw.). Das Universalitätsprinzip leidet am Mangel seiner Durchführbarkeit."

Diesem Zitat entsprechen die Ausführungen von Jaeger, die sich an die oben [Anm. 5] wiedergegebenen Sätze anschließen [§ 237 Anm. 1]: „Die Universalität führt zur Einheit des Konkurses, die Territorialität ermöglicht eine Mehrheit von Konkursen". **44**

2. „Einheit des Konkurses" und „Mehrheit von Konkursen"

Die [Anm. 43 und 44] zitierten Ausführungen von Mentzel-Kuhn und Jaeger, die nur beispielhaft für etwas stehen, was man — leider — den in der Diskussion des internationalen Konkursrechts Deutschlands üblichen Sprachgebrauch nennen muß[1]), sind zunächst insoweit problematisch, als in ihnen das Prinzip der „Universalität des Konkurses" mit dem der „Einheit des Konkurses" gleichgesetzt wird. Das Prinzip der „Einheit des Konkurses" kann sinnvoll nur besagen, daß für ein Haftungssubjekt international nur ein Konkurs zulässig, die nach dem Recht des Konkursstaates einen weiteren Konkurs ausschließende Wirkung der Konkurseröffnung auch außerhalb des Gebiets des Konkursstaates zu beachten sein soll[2]). **45**

Freilich ist auch diese Bestimmung des Inhalts des Prinzips der „Einheit des Konkurses" noch zu weit. Wenn im eigenen Recht die Eröffnung eines Konkurses, der den Neuerwerb nicht erfaßt, die Eröffnung eines weiteren nur den Neuerwerb erfassenden Konkurses nicht hindert[3]), so braucht auch bei Anerkennung des Prinzips der „Einheit des Konkurses" international, also für die Konkurseröffnung in einem anderen Staat als dem Staat des ersten Konkurses, hinsichtlich eines solchen „weiteren Konkurses" nichts anderes zu gelten. Was durch das genannte Prinzip verhindert werden soll, ist nicht ein „weiterer Konkurs" schlechthin, sondern ein zweiter Konkurs, der (ganz oder teilweise) dieselben Vermögensgegenstände und Rechtsverhältnisse erfaßt wie der erste. **46**

Aber auch das so verstandene Prinzip der „Einheit des Konkurses" ist nicht notwendig die einzige Alternative zu streng territorialer Beschränkung der Rechtsfolgen des Konkurses. Es bleibt vielmehr eine internationalrechtliche Regelung möglich, die zwar das Verbot eines weiteren Konkurses nicht beachtet, also einen zweiten Konkurs [i. S. von Anm. 46 a. E.] außerhalb des Konkursstaates zuläßt (Prinzip der „Mehrheit von Konkursen"), anderen Rechtsfolgen des Konkurses jedoch Geltung außerhalb des Gebiets des Konkursstaates so lange zuerkennt, wie nicht im Anerkennungsstaat ein weiterer Konkurs eröffnet worden ist. Eine solche Regelung ist nicht nur eine theoretische Möglichkeit, sondern etwa im internationalen Konkursrecht Englands verwirklicht[4]), darüber hinaus aber auch in Deutschland wenn nicht geltendes Recht [Anm. 166—191, 196—211], so doch zumindest vom historischen Gesetzgeber gewollt gewesen [Anm. 192—195]. **47**

3. „Universalität" und „Territorialität"

Die zitierten Ausführungen von Mentzel-Kuhn [Anm. 43] und Jaeger [Anm. 44] sind aber nicht nur bedenklich, weil sie „Einheit des Konkurses" mit „Universalität **48**

[1]) Böhle-Stamschräder, § 237 Anm. 1; Kleinfeller, NiemeyersZ 13, 549ff.; Hagemann, KTS 1960, 161; Kuhn, MDR 1960, 579; Bley-Mohrbutter, § 2 Anm. 61—63; Soergel-Kegel, Vorbem. 419—420 vor Art. 7; Jaeger, § 237 Anm. 1 mit ält. Lit. u. Entscheidungen; BGH NJW 1960, 774 = BGH MDR 1960, 578 = BGH KTS 1960, 74 = BGH WM 1960, 347 = BGH AWD 1960, 101; BGH NJW 1962, 1511 = BGH KTS 1962, 173; OLG München Bay. JMBl. 1956, 35.

[2]) Art. 2 VE trägt daher zu Recht die Überschrift „Einheit des Konkurses", denn er sieht vor: „Die von diesem Übereinkommen erfaßten Verfahren äußern, sofern sie in einem Vertragsstaat eröffnet worden sind, ohne weiteres ihre Wirkungen in dem Hoheitsgebiet der übrigen Vertragsstaaten und stehen dort der Eröffnung eines jeden anderen dieser Verfahren entgegen".

[3]) Jaeger-Lent, § 1 Anm. 63; § 14 Anm. 13; Mentzel-Kuhn, § 1 Anm. 9 (mit Nachw. der abw. Meinungen); Böhle-Stamschräder, § 1 Anm. 10.

[4]) In re Artola Hermanos, 24 QBD 648f.; Cheshire, Private International Law[6] (1961), S. 541ff.; Blom-Cooper, Bankruptcy in Private International Law (1954), S. 14ff.

der Wirkungen des Konkurses" gleichsetzen[1]). Auch die Gegenüberstellung von „Universalität" und „Territorialität" ist schief.

49 Wenn die Beschränkung der Rechtsfolgen des Konkurses auf das Gebiet des Konkursstaates „Prinzip der Territorialität des Konkurses" genannt wird, so müßte zunächst das Gegenteil nicht als „Prinzip der Universalität", sondern als „Prinzip der Extraterritorialität" bezeichnet werden [Anm. 30]. Das ist keine bloße Wortklauberei. Wird die Frage, ob „die Wirksamkeit des Konkurses ... sich auch auf das Ausland erstreckt" [Jaeger, § 237 Anm. 1], bejaht, so ist damit über eine „universale", alle Staaten der Welt gleichmäßig erfassende Wirkung noch nichts ausgesagt. Es ist vielmehr nur festgestellt, daß die Rechtsfolgen nicht territorial (: auf das Gebiet des Konkursstaates) beschränkt sind. Ob sie extraterritorial überall oder nur in einigen Staaten eintreten, ob einige Rechtsfolgen territorial beschränkt sind, andere überall oder wenigstens in einem anderen Staat eintreten, bleibt offen. Es kann aber füglich nicht bezweifelt werden, daß eine volle Universalität der „Wirksamkeit des Konkurses" schlechtweg (jeder Konkurs hat überall die gleichen Rechtsfolgen) nicht nur für keinen Konkurs gilt, sondern noch von niemandem je gefordert worden ist.

50 „Extraterritoriale Wirkung" des Konkurses ist vielmehr überhaupt nur hinsichtlich der konkurstypischen Rechtsfolgen [Anm. 11—12] von Interesse und häufig sind, wenn über „Universalität" oder „Territorialität des Konkurses" gestritten wird, nur die konkurstypischen Rechtsfolgen gemeint, die als „Konkursbeschlag" zusammengefaßt werden[2]). „Universale Wirkung" der vom deutschen Gerichtsverfassungsrecht an den Konkurs geknüpften öffentlichrechtlichen *capitis deminutio* des Gemeinschuldners [Anm. 19—20] hat noch niemand gefordert, nicht weil das „Universalitätsprinzip am Mangel der Durchführbarkeit leidet", sondern weil das deutsche Gerichtsverfassungsrecht gar nicht „extraterritorial" (: für ausländische Gerichte) gelten will.

51 Damit aber ist ein dritter Punkt berührt, in dem sich der übliche Sprachgebrauch als problematisch erweist: die Vermengung von Aussagen über gewollte Geltung und über faktische Geltung[3]). Wenn vom deutschen Recht gesagt wird, es folge für Inlandskonkurse dem „Universalitätsprinzip", so kann damit nur gemeint sein, das deutsche Recht wolle „universal" (besser: „extraterritorial") gelten (ob es faktisch „extraterritorial" gilt, entscheiden andere Rechte). Wenn vom deutschen Recht weiter gesagt wird, es folge bei Auslandskonkursen dem „Territorialitätsprinzip", so kann damit nur gemeint sein, das deutsche Recht versage für Deutschland ausländischem Konkursrecht die faktische Geltung. „Gewollte extraterritoriale Geltung" und „faktische territoriale Geltung" lassen sich aber nur als Aussagen über empirisch feststellbare Bewandtnisse einander gegenüberstellen („gewollt war extraterritoriale Geltung, faktisch ist aber nur territoriale Geltung eingetreten" o. ä.); als „Prinzipien" bilden sie einen unsauberen Gegensatz, der jede Argumentation unmöglich macht: kann man sinnvoll darüber streiten, ob der „Grundsatz gewollter extraterritorialer Geltung" dem „Grundsatz faktischer territorialer Geltung" vorzuziehen ist?

52 Worum es bei den genannten Prinzipien geht, wäre demnach eher wie folgt zu formulieren: Soll das internationale Konkursrecht des Inlandes wollen, daß die inländischen konkursrechtlichen Normen extraterritorial gelten (Frage des Geltungswillens)? Kann das internationale Konkursrecht des Inlands konkursrechtlichen Normen eines fremden Staates, die extraterritorial gelten wollen (nur dann stellt sich — was in vielen Ausführungen zum „Territorialitätsprinzip" übersehen wird — überhaupt die Frage), die Geltung im Inland versagen (Frage der faktischen Geltung)? Kann man — wie dies für das internationale Konkursrecht Deutschlands

---

[1]) Vgl. auch Jürgen Schmidt, S. 169f. mit Nachw.

[2]) Bezeichnend Art. 33 I VE, wo es unter der Überschrift „Universalität des Konkurses" heißt: „... erstrecken sich die Wirkungen eines ... Konkurses auf das gesamte im Hoheitsgebiet der Vertragsstaaten belegene Vermögen des Gemeinschuldners".

[3]) Dazu und zum Folgenden sehr klar Jürgen Schmidt, S. 50ff.

behauptet wird — beide Fragen bejahen, also den anderen die Geltung versagen, die man für sich will[1])?

Diese Umformulierung macht jedoch zugleich deutlich, daß die aufgeworfenen Fragen den Gegenstand des internationalen Konkursrechts nicht erschöpfen. Die „Grundnorm" des internationalen Konkursrechts [Anm. 39—40] wird von ihnen überhaupt nicht berührt und das Verhältnis dieser Norm zu anderen Normen des internationalen Konkursrechts [Anm. 41] bleibt dunkel. 53

Dazu kommt das grundsätzliche methodische Bedenken, das jeder Versuch der Ableitung von Entscheidungen aus allgemeinen Prinzipien auslösen muß, wenn — wie dies in diesem Zusammenhang durchweg der Fall ist — die Lösungen der zu entscheidenden Fragen und die Gründe für diese Lösung nicht in die Formulierung der Prinzipien eingegangen sind[2]). 54

Nach alledem geht es wohl nicht zu weit, wenn man „Universalität" und „Territorialität" als typische „Schlagworte" ansieht, wie sie „gebraucht (werden), wo eine klare Begründung ... fehlt"[3]), und es für angezeigt hält, die mit dem Streit um die genannten Prinzipien eher verdeckten als geförderten Sachfragen an ihrem Ort ohne jegliche „Prinzipienreiterei" zu diskutieren [Anm. 170—212]. 55

III. Die Normen des internationalen Konkursrechts Deutschlands

A. Die gesetzlichen Vorschriften

1. Allgemeines

Die Konkursordnung enthält außer §§ 237, 238 keine Vorschriften, die von vornherein als Kollisionsnormen anzusehen wären [zu §§ 5, 50 und 56 s. Anm. 36—37], und § 238 enthält erkennbar nicht nur Kollisionsnormen, wie § 237 erkennbar nur ein Einzelproblem anspricht. Das Einführungsgesetz zur Konkursordnung enthält zwar Vorschriften des intertemporalen Konkursrechts, aber keinerlei Bestimmung zum internationalen Konkursrecht. Diese Gesetzeslage zwingt dazu, zunächst die aus §§ 237, 238 zu entnehmenden Kollisionsnormen herauszuarbeiten [Anm. 57—100] und sodann alle sonstigen Bestimmungen der Konkursordnung daraufhin zu überprüfen, inwieweit aus ihnen Kollisionsnormen zu erarbeiten sind [Anm. 101—116]. 56

2. § 237

§ 237 I bestimmt, daß ein Auslandskonkurs, wenn der Gemeinschuldner „Vermögensgegenstände im Inlande besitzt", die Zwangsvollstreckung „in das inländische Vermögen" des Gemeinschuldners nicht hindert. Der Ausdruck „besitzt" ist nicht im Sinne von §§ 854—872 BGB gebraucht, denn § 237 I gilt nicht nur für die Zwangsvollstreckung in Eigentum („Sachen"), sondern für die Zwangsvollstreckung in alle inländischen pfändbaren[4]) Rechte, die dem Schuldner zustehen. Ob sich ein Vermögensgegenstand im Inland befindet, bestimmt sich wegen des Zusammenhangs der Vorschriften wie zu § 23 ZPO[5]). Im einzelnen sind danach im Inland belegen: 57

- das Eigentum oder beschränkte dingliche Rechte an Sachen, die sich im Inland befinden; 58
- Patente und gewerbliche Schutzrechte, die vom deutschen Recht verliehen worden sind; 59
- Urheberrechte und verwandte Schutzrechte, soweit sie nach deutschem Recht bestehen; 60

---

[1]) Zu diesen Fragen — für Deutschland — Anm. 178—242.

[2]) Gegen diese „Prinzipiendogmatik" treffend Müller-Freienfels, S. 370; noch schärfer Jürgen Schmidt, S. 49f., der ihr — zu Recht — vorhält, sie gehe in dem Versuch, das geltende Recht nicht zugrundezulegen, sondern „aus konstruierten allgemeinen Prinzipien abzuleiten", über die Begriffsjurisprudenz in einer Weise hinaus, die allenfalls in der „Konstruktion klassischer Naturrechtssysteme aus obersten Grundsätzen" eine Parallele habe.

[3]) Neuhaus, S. 117; Jürgen Schmidt, S. 50f.

[4]) „Pfändbarkeit" bezeichnet hier wie im folgenden, daß ein Gegenstand zum Zwecke der Zwangsvollstreckung in Beschlag genommen und verwertet werden kann, auch wenn die Beschlagnahme nicht „Pfändung" genannt wird (Anordnung der Zwangsversteigerung u. ä.).

[5]) Stein-Jonas-Pohle, § 23 II 2 mit weit. Nachw.; Vorbehalte bei Soergel-Kegel, Vorbem. 421 vor Art. 7 [dort auch teilweise Abweichungen von dem im Text Folgenden].

61 – Beteiligungen an Personalgesellschaften, an einer GmbH, einer AG oder KGaA mit Sitz im Inland (soweit die Beteiligung nicht in einer indossablen Aktienurkunde verbrieft ist, die sich im Ausland befindet);

62 – Forderungsrechte und Mitgliedschaftsrechte, die in indossablen Wertpapieren verbrieft sind, die sich im Inland befinden[1]);

63 – Forderungsrechte gegen Personen (Drittschuldner), die im Inland ihren Wohnsitz oder ihren Sitz haben[2]);

64 – Forderungsrechte, soweit für sie ein im Inland befindlicher Vermögensgegenstand kraft Pfand- oder Zurückbehaltungsrechts[3]) oder kraft Sicherungsübertragung als Sicherheit haftet;

65 – Forderungsrechte, soweit sie speziell auf Leistung eines anderen Vermögensgegenstandes gerichtet sind, der sich im Inland befindet.

66 § 237 II sieht Ausnahmeregelungen vor, die „unter Zustimmung des Bundesrats durch Anordnung des Reichskanzlers" getroffen werden[4]). Solche Ausnahmeregelungen sind bisher nicht ergangen. Sie könnten in Zukunft vor allem aufgrund von völkerrechtlichen Verträgen der Bundesrepublik ergehen (zur Zeit bestehen solche Verträge nicht; die veralteten Staatsverträge einzelner Länder sind außer Kraft[5])).

67 Nach dem Wortlaut des Gesetzes macht es keinen Unterschied, ob

68 – das Recht des Konkursstaates das im Inland belegene Vermögen des Gemeinschuldners zur Konkursmasse rechnet oder nicht[6]) (freilich ist die Regelung nur für den ersten Fall von Bedeutung),

69 – der Gläubiger seine Forderung in dem ausländischen Konkursverfahren verfolgt oder nicht,

70 – Gemeinschuldner oder Gläubiger Deutsche oder Ausländer, im Inland oder im Ausland wohnhaft sind[7]),

71 – sich die Forderung des Gläubigers gegen den Gemeinschuldner nach deutschem oder nach ausländischem Recht beurteilt,

72 – die Zwangsvollstreckung im Inland wegen einer Geldforderung oder nach §§ 883-897 ZPO erfolgt,

73 – der Vollstreckungstitel vor Eröffnung oder erst während des Konkursverfahrens erlangt wurde[8]).

74 Das Gesetz geht erkennbar davon aus, daß das Verbot der Einzelvollstreckung zugunsten einzelner Konkursgläubiger in § 14 I nur gilt, wenn von einem deutschen Gericht Konkurs eröffnet worden ist [s. auch Anm. 114—115] und daß das Recht des fremden Konkursstaates eine Vorschrift des gleichen Inhalts wie § 14 I enthält. Das ist sinnvoll, denn dieses Verbot ist von der Zweckbestimmung des Konkurses notwendig gefordert [Anm. 12]. Der Regelungsgehalt von § 237 I ist daher vorläufig [vgl. Anm. 222—232] dahin zu bestimmen, daß bei Auslandskonkurs das ausländische Verbot der Einzelvollstreckung für Vollstreckungsmaßnahmen in Deutschland nicht gilt. § 237 I enthält also eine Art. 30 EGBGB vergleichbare Kollisionsnorm, die „an sich" als maßgeblich anzusehendem ausländischen Konkursrecht die Geltung im Inland versagt, eine „Spezialnorm des deutschen *ordre public*"[9]).

---

1) RGZ 58, 8.
2) RG JW 1900, 588; RGZ 59, 106.
3) RGZ 34, 356 (unter Beschränkung auf Sachen).
4) Hinsichtlich der jetzigen Zuständigkeit muß das gleiche gelten wie zu § 5 II und zu Art. 31 EGBGB: an die Stelle des Reichskanzlers ist nach Art. 129 I GG der Bundesminister der Justiz getreten [nach Soergel-Kegel, Art. 31 Anm. 3, der sich auf das Übergangsgesetz vom 4. Mai 1919 stützt, und Jaeger-Lent, § 5 Anm. 5, daneben der Bundesminister des Auswärtigen]; die Zuständigkeit des Bundesrats besteht wieder [a. M. Soergel-Kegel, aaO: Übergang auf den Bundesminister des Innern].
5) Jaeger, § 1 Anm. 72; § 5 Anm. 9.
6) RGZ 14, 407; zur Prozeßführung während des Konkursverfahrens s. Anm. 211 und 411.
7) RGZ 14, 407; RGZ 54, 194; RGZ 89, 183; RGZ 90, 127; RGZ 100, 242; RG LZ 1922, 1274[6].
8) RGZ 153, 205.
9) Jürgen Schmidt, S. 146.

3. § 238 (i. V. mit § 71 I und § 1 I)

a) Allgemeines

§ 238 sieht für zwei Fälle ein Konkursverfahren über „das im Inlande befindliche Vermögen" eines Schuldners vor, der im Inland keinen allgemeinen Gerichtsstand hat: 75

- für den Fall, daß der Schuldner im Inland „eine gewerbliche Niederlassung" hat (§ 238 I; es genügt anders als nach § 71 I [Anm. 81] jede Zweigniederlassung[1])), und 76

- für den Fall, daß der Schuldner im Inland zwar keine gewerbliche Niederlassung hat, aber „ein mit Wohn- und Wirtschaftsgebäuden versehenes Gut als Eigentümer, Nutznießer oder Pächter bewirtschaftet" (§ 238 II 1; es genügt nicht, daß der Schuldner Eigentümer, Nießbraucher oder Pächter ist, solange das Gut nicht von ihm selbst „bewirtschaftet" wird; umgekehrt genügt jede Bewirtschaftung durch den Gemeinschuldner, auch eine Bewirtschaftung als Unterpächter; persönliche Arbeitsleistung des Schuldners ist nicht erforderlich; es genügt, wenn der Betrieb in seinem Namen und auf seine Rechnung geführt wird[2])). Im folgenden werden die Voraussetzungen dieses Falles abgekürzt dahin formuliert, daß der Schuldner im Inland „einen landwirtschaftlichen Betrieb hat". 77

§ 238 II 2 enthält eine besondere Vorschrift über die örtliche Zuständigkeit zur Konkurseröffnung im Falle des § 238 II 1 (für den Fall des § 238 I gilt § 71 I [Anm. 81])[3]). 78

§ 238 III erklärt für den Fall, daß im Ausland Konkurs eröffnet worden ist, den Nachweis der Zahlungsunfähigkeit „zur Eröffnung des inländischen Verfahrens" für entbehrlich (die Regelung ist weder auf den Nachweis der Überschuldung zu erstrecken, soweit diese Konkursgrund ist, noch auf den Nachweis der Zahlungseinstellung, soweit es für eine Konkursanfechtung auf diese ankommt[4])). Regelmäßig wird — freilich ohne ausdrückliche Erörterung — angenommen, die Vorschrift betreffe nur die Eröffnung eines inländischen Konkursverfahrens nach § 238 I oder § 238 II 1[5]). Für diese Ausnahme könnten vielleicht der Gebrauch des bestimmten Artikels („Eröffnung des inländischen Verfahrens") und der Zusammenhang der Vorschriften sprechen. Die Stellung der Vorschrift ergibt jedoch kein Argument, weil § 238 III als abschließende Bestimmung der Vorschriften zum internationalen Konkursrecht alle vom Gesetzgeber als noch regelungsbedürftig angesehene Fragen dieses Gebiets behandeln könnte. Dazu gehört aber auch die Frage, ob die Beweiserleichterung nicht auch dann gelten sollte, wenn der Gemeinschuldner eines Auslandskonkurses im Inland einen allgemeinen Gerichtsstand hat. Der Wortlaut von § 238 III steht der Annahme, die Vorschrift gelte auch für diesen Fall, nicht entgegen. Der Sinn der Vorschrift verlangt ihre Geltung für diesen Fall, weil nicht einsichtig gemacht werden kann, warum nur die Eröffnung am Ort einer gewerblichen Niederlassung oder eines landwirtschaftlichen Betriebes, nicht auch die Eröffnung im allgemeinen Gerichtsstand erleichtert werden sollte. § 238 III gilt deshalb für jeden Fall der Konkurseröffnung im Inland. 79

b) § 238 II 2 i. V. mit § 71 I

§ 238 II 2 enthält nicht nur eine Aussage über die örtliche Zuständigkeit innerhalb der Gesamtheit der deutschen Gerichte, sondern erklärt damit zugleich die deutsche Gerichtsbarkeit für international zuständig[6]). 80

---

[1]) Jaeger, § 238 Anm. 1.
[2]) Im ganzen ebenso Jaeger, § 238 Anm. 4; Mentzel-Kuhn, § 238 Anm. 2; Böhle-Stamschräder, § 238 Anm. 1.
[3]) Hat der Schuldner in der Bundesrepublik mehrere gewerbliche Niederlassungen oder mehrere landwirtschaftliche Betriebe oder liegt der für den Gerichtsstand maßgebende landwirtschaftliche Betrieb in den Bezirken mehrerer Amtsgerichte, so entscheidet entsprechend § 71 II die Priorität des Konkursantrags.
[4]) RGZ 21, 21; Jaeger, § 238 Anm. 1—2.
[5]) Jaeger, § 238 Anm. 3; Mentzel-Kuhn, § 238 Anm. 6—7; Böhle-Stamschräder, § 238 Anm. 2.
[6]) Ebenso Jaeger, § 238 Anm. 1; Soergel-Kegel, Vorbem. 425 vor Art. 7; Jürgen Schmidt, S. 162ff. (dort auch zum allgemeinen Problem der Übertragung von Regeln über die örtliche Zuständigkeit auf die internationale Zuständigkeit, mit Nachw. zum Zivilverfahrensrecht und zum Recht der freiwilligen Gerichtsbarkeit).

81 Auch insoweit ist § 238 II 2 eine Ergänzung zu § 71 I, der also auch auf die internationale Zuständigkeit zu beziehen ist[1]). Für den Fall des § 238 I ist in § 238 keine besondere Regelung über die Zuständigkeit getroffen, so daß insoweit die Vorschrift des § 71 I heranzuziehen ist[2]) (auf die Frage, welche gewerbliche Niederlassung nach § 71 I dem allgemeinen Gerichtsstand vorgeht[3]), kommt es für § 238 I, der ja voraussetzt, daß der Schuldner im Inland keinen allgemeinen Gerichtsstand hat, nicht an). Aus § 71 I und § 238 ergibt sich daher folgende Norm über die internationale Zuständigkeit deutscher Gerichte zur Eröffnung des Konkursverfahrens[4]) (: verfahrensrechtliche Kollisionsnorm):

82 „Im Inland kann Konkurs eröffnet werden, wenn der Schuldner im Inland
- seinen allgemeinen Gerichtsstand oder
- eine gewerbliche Niederlassung oder
- einen landwirtschaftlichen Betrieb hat."

83 Dazu ist darauf hinzuweisen, daß die Staatsangehörigkeit des Schuldners ebenso unerheblich ist, wie in den Fällen der Eröffnung bei Fehlen eines allgemeinen Gerichtsstands im Inland der Wohnsitz. Selbstverständlich ist eine Exemtion von deutscher Gerichtsbarkeit (§ 18 GVG) auch bei der Ausübung von Konkursgerichtsbarkeit zu beachten[5]); die vorstehend [Anm. 82] formulierte Norm gilt also nur mit dem Vorbehalt: „es sei denn, daß der Schuldner nicht der deutschen Gerichtsbarkeit unterworfen ist".

c) § 238 I und § 238 II 1 i. V. mit § 1 I

84 § 238 I und § 238 II 1 enthalten die Bestimmung, daß der Konkurs „das inländische Vermögen" erfaßt. Diese Bestimmung ist in § 238 I durch das Vorsetzen des Wortes „nur" als Einschränkung formuliert. Da § 238 I diese Einschränkung von der Voraussetzung abhängig macht, daß der Schuldner im Inland „eine gewerbliche Niederlassung, aber keinen allgemeinen Gerichtsstand hat", muß angenommen werden, die Einschränkung finde nicht statt, wenn die Voraussetzung nicht erfüllt ist, trotzdem aber die internationale Zuständigkeit der deutschen Konkursgerichte gegeben ist, d. h.: wenn der Schuldner im Inland seinen allgemeinen Gerichtsstand (§§ 13—17 ZPO: Wohnsitz oder Sitz) hat.

85 Diese Annahme wird gemeinhin[6]) auch auf § 1 I gestützt, wo es heißt: „das Konkursverfahren" (gemeint ist zunächst wohl nur: „das im Inland eröffnete Konkursverfahren") „umfaßt das gesamte, einer Zwangsvollstreckung unterliegende Vermögen des Gemeinschuldners". Diese Vorschrift ist jedoch keine Kollisionsnorm, sondern eine Sachnorm[7]). Sie wird auch nicht deswegen zur Kollisionsnorm, weil „das gesamte Vermögen" u. U. auch im Ausland belegene [Anm. 102] oder von einem Auslandsrecht als „Sachstatut" bestimmte [Anm. 103] Gegenstände umfaßt. § 1 I ist nicht anders zu beurteilen als § 1922 I BGB, nach welcher Vorschrift mit dem Tode einer Person „deren Vermögen als Ganzes" auf den oder die Erben übergeht; § 1922 I aber ist unzweifelhaft Sachnorm (die zugehörige Kollisionsnorm ist Art. 24 I EGBGB), auch wenn der Erblasser „ausländisches" Vermögen hatte.

86 Daß die Vorschrift des § 1 I, die doch als Ausdruck eines der „Prinzipien des internationalen Konkursrechts" (: des „Universalitätsprinzips") betrachtet wird[8]), gar nicht dem internationalen Konkursrecht zuzurechnen ist, kann nur den überraschen, dem die den Stand der Diskussion zum internationalen Konkursrecht Deutschlands [Anm. 4] kennzeichnenden Bedenklichkeiten in Terminologie und Begriffsbildung [Anm. 6, 15—20, 29—31, 42—55] nicht bewußt sind: Was über § 1 I im Zusammenhang des internationalen Konkursrechts Deutschlands gesagt wird, ist nicht ohne Berechtigung, aber doch voller terminologischer und begrifflicher Unklarheiten: es bezieht sich eben nicht auf die Vorschrift des § 1 I selbst, sondern

1) Ebenso Soergel-Kegel, Vorbem. 425 vor Art. 7; Jürgen Schmidt, S. 166.
2) Im Ergebnis ebenso Böhle-Stamschräder, § 238, Anm. 1.
3) Vgl. dazu Jaeger-Weber, § 71 Anm. 2—3; Mentzel-Kuhn, § 71 Anm. 3; Böhle-Stamschräder, § 71 Anm. 3.
4) Vgl. auch Jürgen Schmidt, S. 181 f.
5) Ebenso Böhle-Stamschräder, § 238 Anm. 1.
6) S. das Zitat von Mentzel-Kuhn in Anm. 43; a. M.: Jaeger, § 237 Anm. 1 [s. das Zitat in Anm. 87[1]].
7) Im Ergebnis ebenso Jürgen Schmidt, S. 142.
8) S. das Zitat von Mentzel-Kuhn in Anm. 43.

auf die den internationalen Geltungsbereich dieser Vorschrift bestimmende Kollisionsnorm.

Daß der internationale Geltungsbereich von § 1 I erst durch eine Kollisionsnorm bestimmt werden soll, mag mit der Begründung bezweifelt werden, § 1 I sei doch schon „universal" gefaßt. Dieser Zweifel ist jedoch lediglich durch das ungerechtfertigte Hineintragen internationalrechtlicher Vorstellungen [Anm. 88 a. E.] in die Auslegung des Wortes „gesamt" veranlaßt. „Universal" im Sinne des Kollisionsrechts gilt eine Norm nicht schon dann, wenn ein „universal" gefaßter Ausdruck in ihr vorkommt. Und umgekehrt setzt die „universale" Fassung nicht den Gebrauch des Wortes „gesamt" oder eines ähnlichen Wortes („jedermann"; „alle" usw.) voraus. Am Regelungsgehalt von § 211 I StGB, diese Vorschrift für sich genommen, würde nichts geändert, wenn dort statt der Worte „der Mörder wird mit lebenslanger Freiheitsstrafe bestraft" die Worte „alle Mörder werden mit lebenslanger Freiheitsstrafe bestraft" stünden; am Regelungsgehalt von § 1616 BGB, diese Vorschrift für sich genommen, ändert sich nichts, wenn die Worte „das eheliche Kind erhält den Familiennamen des Vaters" durch die Worte „jedes eheliche Kind erhält den Familiennamen seines Vaters" ersetzt werden. So ist auch § 1 I, für sich genommen, nicht anders zu verstehen, als wenn es dort statt „das Konkursverfahren umfaßt das gesamte (pfändbare gegenwärtige) Vermögen des Gemeinschuldners" hieße: „das Konkursverfahren umfaßt das (pfändbare gegenwärtige) Vermögen des Gemeinschuldners" (das Wort „gesamt" dient lediglich dazu, den Gegensatz des Konkurses als „Universalvollstreckung" oder „Gesamtvollstreckung"[1]) zur Einzelvollstreckung klarzustellen[2])). 87

Nahezu jede Sachnorm ist in diesem Sinne „universal" gefaßt; nahezu jeder Sachnorm, für sich genommen, kommt unbegrenzte Extension zu. Im Regelfall ist freilich eine unbegrenzte Extension der in der Sachnorm getroffenen Regelung nicht gewollt. Nach § 211 I StGB sollen gar nicht „alle Mörder" bestraft werden, sondern (von anderen „negativen Tatbestandsmerkmalen"[3]) ganz abgesehen) nur die Mörder, die Deutsche sind oder im staatlichen Dienst Deutschlands stehen oder in Deutschland oder gegen einen Deutschen gehandelt haben (§§ 3—4 StGB). § 1616 BGB will gar nicht „jedem ehelichen Kind" den Familiennamen seines Vaters verschaffen, sondern nur den ehelichen Kindern, deren Väter Deutsche sind (Art. 19 S. 1 EGBGB). Die unbegrenzte Extension, die der Sachnorm, diese für sich genommen, zukäme, wird hier wie dort durch eine Kollisionsnorm auf den gewollten Geltungsbereich beschränkt[4]). Aussagen über die gewollte Extension schließen also stets eine Aussage über eine Kollisionsnorm ein und sind keine Aussagen über die Auslegung eines (noch so „universal" gefaßten) Merkmals der Sachnorm. 88

Wenn behauptet wird, § 1 I erfasse auch das „ausländische" Vermögen des Gemeinschuldners, in ihm werde sichtbar, daß das internationale Konkursrecht Deutschlands dem „Universalitätsprinzip" folge, so wird damit in Wahrheit behauptet, daß die § 1 I zugeordnete Kollisionsnorm die unbegrenzte Extension, die § 1 I, für sich genommen, zukäme, nicht einschränke. Das heißt jedoch nicht, daß diese Kollisionsnorm entbehrlich wäre, sowenig die in § 4 III StGB enthaltenen Kollisionsnormen entbehrlich sind, nach denen die Sachnormen des deutschen Strafrechts über die Bestrafung von hoch- und landesverräterischen Handlungen, Sprengstoffverbrechen, Kinderhandel u. ä. ohne Rücksicht auf die Nationalität des Täters, den Begehungsort und das dort geltende Recht (: universal) gelten (sog. „Weltrechtspflegegrundsatz" des internationalen Strafrechts); aus den Sachnormen allein wäre — trotz „universaler" Fassung — diese universale Geltung nicht zu folgern. 89

---

[1]) Jaeger-Weber, Vorbem. 3 vor § 71.

[2]) Vgl. Jaeger, § 237 Anm. 1: „Unser § 1 bringt nur, wie jedes andere Konkursgesetz, den Unterschied des Konkurses von der Einzelvollstreckung zum Ausdruck".

[3]) Minas-v. Savigny, Negative Tatbestandsmerkmale — Ein Beitrag zur Rechtssatz- und Konkurrenzlehre (1972), passim.

[4]) Zu dieser Funktion einseitiger Kollisionsnormen vgl. Jochem, Das Erbrecht des nichtehelichen Kindes nach deutschem Recht bei Sachverhalten mit Auslandsberührung (1972), S. 12 und 28ff.

90 Das Bestehen der § 1 I zugeordneten Kollisionsnorm ist aus § 238 abzuleiten[1]). Über das Bestehen dieser Kollisionsnorm herrscht in Rechtsprechung[2]) und Literatur[3]) Einigkeit. Aus dem Verhältnis von § 238 und § 1 I [Anm. 84 a. Anf.] folgt weiter, daß auch der auf das inländische Vermögen beschränkte Konkurs nur das Vermögen des Gemeinschuldners erfaßt, das „ihm zur Zeit der Eröffnung des Verfahrens gehört" (§ 1 I).

91 Aus § 238 I und II 1 sowie § 1 I ergeben sich daher für unsere Betrachtung folgende Normen[4]):

92 „Die Rechtsfolgen des im Inland eröffneten Konkurses in Ansehung des Vermögens des Gemeinschuldners bestimmen sich nach den Vorschriften der Konkursordnung ohne Rücksicht auf die Belegenheit der Vermögensgegenstände oder das diese Gegenstände bestimmende Recht.

93 Die Rechtsfolgen des im Inland eröffneten Konkurses erfassen das gesamte einer Zwangsvollstreckung unterliegende Vermögen des Schuldners, das ihm zur Zeit der Konkurseröffnung gehört, wenn der Schuldner im Inland seinen allgemeinen Gerichtsstand hat.

94 Die Rechtsfolgen des im Inland eröffneten Konkurses beschränken sich auf das im Inland belegene Vermögen des Schuldners, das ihm zur Zeit der Konkurseröffnung gehört, wenn der Schuldner im Inland lediglich eine gewerbliche Niederlassung oder einen landwirtschaftlichen Betrieb hat."

d) § 238 III

95 § 238 III [Anm. 79] enthält keine Kollisionsnorm[5]), sondern eine § 105 I modifizierende Sachnorm. Die Vorschrift setzt aber eine Norm des Inhalts voraus, daß ein Auslandskonkurs die Eröffnung eines Inlandskonkurses nicht hindert. Diese vorausgesetzte Norm ist eine Kollisionsnorm, die wie § 237 I [Anm. 74] als „Spezialnorm des deutschen *ordre public*" anzusehen ist.

96 Diese Kollisionsnorm erfaßt zunächst ohne jeden Zweifel die Fälle von § 238 I und § 238 II 1. Ihr Inhalt ist insoweit dahin zu bestimmen, daß ein Auslandskonkurs die Eröffnung eines Inlandskonkurses nach § 238 I oder § 238 II 1 nicht hindert.

97 Auch für die Kollisionsnorm stellt sich jedoch wie für die Sachnorm des § 238 III [Anm. 79 und 95] die Frage, ob sie nicht auf alle Inlandskonkurse zu erstrecken ist, d. h.: ob sie nicht über die Fälle von § 238 I und § 238 II 1 hinaus auch für den Fall gilt, daß ein Inlandskonkurs kraft eines allgemeinen Gerichtsstands im Inland eröffnet werden könnte.

98 Dieser Erstreckung steht das Prinzip der „Einheit des Konkurses" [Anm. 45] i. S. der „*doctrine of unity*" (international ist nur ein einziger Staat für eine Konkurseröffnung zuständig[6])) nicht entgegen, denn alle materiellen Einzelregelungen in § 238 (I, II 1 und III) lassen ganz eindeutig erkennen, daß das internationale Konkursrecht Deutschlands diesem Prinzip nicht folgt. Es kann daher allenfalls gefragt werden, ob die Regelung des internationalen Konkursrechts Deutschlands dem Prinzip der „Einheit des Konkurses" i. S. der „*doctrine of priority*" entspricht (international können mehrere Staaten für eine Konkurseröffnung zuständig sein, aber der erste Konkurs schließt weitere Konkurse aus[7])).

99 Diese Frage ist nur dann problematisch, wenn der zuerst eröffnete Auslandskonkurs in einem Staat eröffnet worden ist, in dem der Schuldner einen allgemeinen Gerichtsstand hat. Da das internationale Konkursrecht Deutschlands für einen im Inland nach § 238 I oder § 238 II 1 eröffneten Konkurs keine Ausschlußwirkung hinsichtlich eines weiteren Konkurses im Ausland anstrebt, wie die Beschränkung

---

[1]) Ebenso Jaeger, § 237 Anm. 1 [s. das Zitat in Anm. 87[2]].
[2]) RG JW 1903, 182: „Nach deutschem Konkursrecht gehört zur Sollmasse des Konkurses auch das im Ausland befindliche Vermögen des Gemeinschuldners"; RGZ 54, 193; RGZ 90, 127; RGZ 153, 206.
[3]) Jaeger, § 237 Anm. 1; Jaeger-Lent, § 1 Anm. 71; Mentzel-Kuhn, § 1 Anm. 4; Böhle-Stamschräder § 237 Anm. 1; Melchior, S. 410ff.; Nußbaum, S. 450; Martin Wolff, S. 91; Jürgen Schmidt, S. 135ff.
[4]) Vgl. auch Jürgen Schmidt, S. 181.
[5]) Ebenso Jürgen Schmidt, S. 19.
[6]) Vgl. Jürgen Schmidt, S. 170, mit rechtsgeschichtlichen und -vergleichenden Hinweisen.
[7]) In diesem Sinne regelt etwa Art. 2 VE unter dem Titel „Einheit des Konkurses" die Frage.

auf das inländische Vermögen [Anm. 84] erkennen läßt, ist dem Streben eines ausländischen Konkursrechts nach einer solchen Ausschlußwirkung die Anerkennung in Deutschland zu versagen [Anm. 136, 158—159, 255]. Ein Auslandskonkurs in einem Staat, in dem der Schuldner keinen allgemeinen Gerichtsstand hat, hindert also einen Konkurs in Deutschland in keinem Falle (: weder in den Fällen von § 238 I und § 238 II 1, noch bei allgemeinem Gerichtsstand im Inland). Es bleibt daher als problematisch nur der Fall mehrfachen allgemeinen Gerichtsstands, der regelmäßig nur bei natürlichen Personen (mehrfacher Wohnsitz) in Betracht kommt [zum Sitz juristischer Personen und gleichgestellter Gesellschaften s. Anm. 22—23].

Daß in diesem Falle ein Auslandskonkurs die Konkurseröffnung im Inland ausschlösse, ist keiner Vorschrift des Gesetzes zu entnehmen; im Gegenteil: der Wortlaut von § 71 I spricht eindeutig für die Annahme, daß zur Eröffnung eines Inlandskonkurses die Erfüllung der in § 71 I genannten Voraussetzungen genügt. Dazu kommt die Erwägung, daß eine Regelung, die für den Fall eines Konkurses im Staat eines ausländischen allgemeinen Gerichtsstands zwar bei gewerblicher Niederlassung oder landwirtschaftlichem Betrieb im Inland einen Inlandskonkurs erlaubte, bei allgemeinem Gerichtsstand im Inland aber nur wie bei bloßer Belegenheit von Vermögen im Inland die Einzelvollstreckung zuließe, schlechterdings unsinnig und unverständlich wäre. Die in § 238 III vorausgesetzte Kollisionsnorm ist daher ebenso wie die dort getroffene Sachregelung selbst [Anm. 79] auf jeden Fall eines Inlandskonkurses zu erstrecken[1]: kein Auslandskonkurs hindert die nach § 71 I oder § 238 zulässige Eröffnung eines Inlandskonkurses. 100

4. Sonstige Vorschriften

In den sonstigen Vorschriften der Konkursordnung — außer §§ 1 I, 71 I, 237, 238, §§ 5,50 und 56 [Anm. 36—37] — werden an keiner Stelle internationale Sachverhalte [Anm. 33] angesprochen, obwohl nahezu bei jeder Vorschrift des materiellen Konkursrechts und bei zahlreichen Vorschriften des Konkursverfahrensrechts Internationalität der geregelten Sachverhalte denkbar (und in einer Zeit zunehmender Internationalisierung privater Lebensverhältnisse immer häufiger gegeben) ist. Im einzelnen kommt als möglicher Inhalt solcher Internationalität in Betracht: 101

- Belegenheit von Vermögen [vgl. Anm. 58—65], das dem Gemeinschuldner gehört, außerhalb des Gebiets des Konkursstaates (möglicherweise relevant für §§ 1 I, 2, 4 I, 6—8, 13, 15, 16, 43—51, 53—55, 113, 117—128); 102
- Maßgeblichkeit eines anderen als des Rechts des Konkursstaates für Vermögensgegenstände, die dem Gemeinschuldner gehören („Sachstatut"; bei Rechten an Sachen, Immaterialgüterrechten und nicht verbrieften Anteilsrechten: das Recht des Staates, in dem diese Gegenstände „belegen" sind; bei Forderungsrechten „Schuldstatut": das Recht des Deliktsorts [„Deliktsstatut"], das Recht, dem der Schuldvertrag untersteht [„Schuldvertragsstatut"] usw.; möglicherweise relevant für §§ 1 I, 2, 4 I, 6—8, 13, 15, 16, 43—51, 53—55, 113, 117—128); 103
- Maßgeblichkeit eines anderen als des Rechts des Konkursstaates für sonstige Rechtsverhältnisse des Gemeinschuldners (Güterrecht [„Güterstatut"], Erbrecht [„Erbstatut"], vertragliche Schuldverhältnisse [„Schuldvertragsstatut"], Gesellschaftsverhältnisse [„Personalstatut der Gesellschaft"]; möglicherweise relevant für §§ 2, 9, 16, 17—28, 128, 164); 104
- Maßgeblichkeit eines anderen als des Rechts des Konkursstaates für Konkursforderungen („Schuldstatut" [als „Deliktsstatut", „Schuldvertragsstatut" o. ä.; s. Anm. 103]; möglicherweise relevant für §§ 61—70, 164, 193); 105
- Maßgeblichkeit eines anderen als des Rechts des Konkursstaates für Rechtsstreitigkeiten des Gemeinschuldners u. ä. (möglicherweise relevant für §§ 10—12, 146, 164); 106
- Maßgeblichkeit eines anderen als des Rechts des Konkursstaates für sonstige Rechtsverhältnisse (möglicherweise relevant für §§ 40, 193 S. 2, § 211 II); 107

[1] Im Ergebnis ebenso Soergel-Kegel, Vorbem. 425 vor Art. 7; Jürgen Schmidt, S. 171.

108 – fremde Staatsangehörigkeit oder ausländischer Wohnsitz von Konkursbeteiligten (möglicherweise relevant für §§ 59, 60, 78—92);

109 – Ort von Handlungen des Konkursverwalters oder des Gemeinschuldners außerhalb des Gebiets des Konkursstaates (möglicherweise relevant für §§ 6—8, 59, 117—128);

110 – Ort anfechtbarer Rechtshandlungen außerhalb des Gebiets des Konkursstaates (möglicherweise relevant für §§ 29—41);

111 – Maßgeblichkeit eines anderen als des Rechts des Konkursstaates als Erbstatut oder Güterstatut für die Vorschriften über Nachlaß- und Gesamtgutskonkurse (möglicherweise relevant für §§ 214—236 c).

112 Bei einer ganzen Reihe dieser Vorschriften stellt sich die Frage, ob sie überhaupt konkursrechtliche Normen [Anm. 26—27] enthalten. Wenn § 10 I 2 die Konsequenzen der Verzögerung der Aufnahme eines durch die Konkurseröffnung unterbrochenen Rechtsstreits durch Verweisung auf § 239 ZPO regelt, so liegt auf der Hand, daß die Bestimmung nicht nur § 240 ZPO ergänzt (was für §§ 10—12 überhaupt gilt), sondern ein Verfahren voraussetzt, für dessen Regelung der deutsche Gesetzgeber zuständig ist. Ähnliches gilt für § 10 II und § 11 II. Bei allen drei Vorschriften ist zumindest zweifelhaft, ob sie überhaupt noch Konkursrecht (einen konkursrechtlichen „Kern" in einer allgemein-zivilprozeßrechtlichen „Einkleidung"[1]) enthalten oder nicht vielmehr nur dem allgemeinen Zivilprozeßrecht zuzurechnen sind (was für den internationalen Geltungsbereich einen entscheidenden Unterschied macht: als lediglich allgemeines Zivilprozeßrecht würden die Vorschriften nur für Rechtsstreitigkeiten für und gegen den Gemeinschuldner vor deutschen Gerichten gelten).

113 Diese Frage kann an dieser Stelle ebensowenig entschieden werden wie analoge Fragen zu anderen Vorschriften (§§ 2, 7 I, 9, 13, 14 I, 16, 17—28, 49—51, 61—70, 193 S. 2, §§ 211 II, 214—236c). Für die Betrachtung hier ist zunächst festzustellen, daß die Notwendigkeit der Fragestellung durch die Unbedenklichkeit veranlaßt ist, mit der der Gesetzgeber der Konkursordnung seine Vorschriften abgefaßt hat: so als sei es ganz unzweifelhaft, daß deutsches Recht zur Regelung aller Fragen berufen sei, welcher systematische Ort (Konkursrecht, allgemeines Zivilprozeßrecht, Sachenrecht, Schuldvertragsrecht, Ehegüterrecht, Erbrecht usw.) auch immer der Regelung zukommen möge[2]).

114 Angesichts dessen, daß der Güterstand des Gemeinschuldners, seine Berufung zu einer Erbfolge, Verfügungen über Gegenstände der Konkursmasse, Schuldverhältnisse des Gemeinschuldners usw. nicht notwendig (und in einer Zeit zunehmender Internationalisierung privater Lebensverhältnisse auch praktisch immer öfter nicht) nach deutschem Recht zu beurteilen sind, ist die Abfassung der Konkursordnung voller Problematik, soweit ihre Vorschriften über das Konkursrecht hinausgehen[3]). Hinsichtlich der in diesen Vorschriften enthaltenen konkursrechtlichen Normen [Anm. 26—27] jedoch sind die Vorstellung eines Zusammenhangs und das von ihr getragene Streben nach Konsistenz aller gesetzgeberischen Entscheidungen (sichtbar darin, daß alle diese Normen aufeinander bezogen und abgestimmt sind), unbedenklich. Internationalrechtlich besteht für das Konkursrecht (anders als für das Privatrecht[4])) keine Notwendigkeit bloßer Geltung eines Teiles seiner Normen (wie vom deutschen Privatrecht in internationalen Fällen u. U. nur die ehegüterrechtlichen Normen, nur die erbrechtlichen Normen usw. gelten). Die gesetzliche Regelung kann daher nur so verstanden werden, daß, wenn die konkursrechtlichen Normen der Konkursordnung gelten, alle diese Normen gelten, dann aber auch ohne Rücksicht auf Internationalität der von ihnen geregelten Sachverhalte [Anm. 101]. Es bleibt daher nur zu klären, unter welchen Voraussetzungen

[1]) Jahr, S. 181 f. und 184 f.
[2]) Diese Unbedenklichkeit wird in der Konkursordnung besonders deutlich, kennzeichnet aber auch etwa das BGB wie nachgerade jede „rechtssystematische" Erörterung in der Literatur; vgl. Jahr, S. 180 ff. [s. auch Anm. 4].
[3]) Vgl. Jahr, S. 180 ff. [s. auch Anm. 4].
[4]) Vgl. Jahr, S. 180 ff. mit Beispielen und Nachw.

diese Normen (die ja „Sachnormen“ sind) gelten sollen, d. h.: wie die die„ Sachnormen“ berufende „Kollisionsnorm“ [Anm. 34] lautet.

Kollisionsrechtlich ist dies die Frage nach dem „Anknüpfungspunkt“[1]. 115
Die Frage ist für das internationale Konkursrecht Deutschlands leicht zu beantworten: da alle konkursrechtlichen Normen der Konkursordnung aufeinander bezogen und abgestimmt sind, ist überall (außer in der Regelung der Voraussetzung selbst) vorausgesetzt, daß der Konkurs in Deutschland (: Geltungsbereich der Konkursordnung) eröffnet worden ist[2]. Wann in Deutschland Konkurs eröffnet werden kann (: die Antwort auf die Frage nach der internationalen Zuständigkeit der deutschen Konkursgerichte), folgt aus §§ 71 I, 238 I und II 1 [Anm. 80—81].

Aus den sonstigen Vorschriften der Konkursordnung ergibt sich also die Geltung 116
der „Grundnorm“ des internationalen Konkursrechts[3]: deutsches Konkursrecht (: die Gesamtheit der deutschen konkursrechtlichen Normen) gilt, wenn in Deutschland Konkurs eröffnet worden ist[4]; auf Internationalität der in den konkursrechtlichen Normen geregelten Sachverhalte kommt es abgesehen von den Fällen des § 238 [Anm. 84] und von Grenzfällen der Bestimmung einer Vorschrift als konkursrechtliche Norm [Anm. 111—112] nicht an.

5. Zusammenfassung

Überblickt man die aus den gesetzlichen Vorschriften erarbeiteten Normen 117
[Anm. 74 a. E., 79, 82, 92—94, 96, 100, 116] im Zusammenhang, so zeigt sich, daß den differenzierenden Normen über die Erstreckung der Rechtsfolgen des Konkurses (auf das in- und ausländische Vermögen, wenn der Schuldner im Inland seinen allgemeinen Gerichtsstand hat — „nur“ auf das inländische Vermögen, wenn der Schuldner im Inland lediglich eine gewerbliche Niederlassung oder einen landwirtschaftlichen Betrieb hat[5]), die Bedeutung zukommt, die Normen über die internationale Zuständigkeit der deutschen Konkursgerichte [Anm. 82], die dem internationalen Konkursverfahrensrecht zuzurechnen sind[6], im Hinblick auf das materielle Konkursrecht zu ergänzen: diese Normen grenzen die Sachregelungskompetenz des deutschen Konkursgesetzgebers international ein.

Den gesetzlichen Vorschriften lassen sich also, wenn die rein internrechtliche 118
Vorschrift des § 238 II 2 außer Betracht bleibt, folgende Normen entnehmen:

„Im Inland kann Konkurs eröffnet werden, wenn der Schuldner im Inland 119
- seinen allgemeinen Gerichtsstand oder
- eine gewerbliche Niederlassung oder
- einen landwirtschaftlichen Betrieb hat[7].

Ist im Inland Konkurs eröffnet worden, so gelten für das Konkursverfahren, 120
die Konkursrechtsverhältnisse und die Rechtsfolgen in Ansehung des Vermögens des Gemeinschuldners ohne Rücksicht auf die Belegenheit der Rechtsverhältnisse oder Vermögensgegenstände oder auf das diese Rechtsverhältnisse oder Gegenstände bestimmende Recht die konkursrechtlichen Vorschriften des Inlands[8].

Die Rechtsfolgen des im Inland eröffneten Konkurses erfassen das gesamte 121
einer Zwangsvollstreckung unterliegende Vermögen des Schuldners, das ihm zur Zeit der Konkurseröffnung gehört, wenn der Schuldner im Inland seinen allgemeinen Gerichtsstand hat[9].

Die Rechtsfolgen des im Inland eröffneten Konkurses beschränken sich auf das 122
im Inland belegene einer Zwangsvollstreckung unterliegende Vermögen des Schuld-

---

[1]) Vgl. Jürgen Schmidt, S. 23ff.; allgemein zum Kollisionsrecht Raape, S. 36ff.; Kegel, § 13; Neuhaus, S. 93ff.; Dölle, S. 43ff.; Soergel-Kegel, Vorbem. 21—29 vor Art. 7 mit weit. Nachw.

[2]) Ebenso Jürgen Schmidt, S. 25ff., unter sorgfältiger Auseinandersetzung mit abweichenden Meinungen.

[3]) Anm. 39—40; im Ergebnis ebenso Soergel-Kegel, Vorbem. 426—427 vor Art. 7; Nußbaum, S. 450ff.; Jürgen Schmidt, S. 25ff.; ähnlich Jaeger, § 237 Anm. 2, für „die verfahrensrechtlichen Fragen“.

[4]) Die „Grundnorm“ umfaßt also auch die in §§ 5, 50 und 56 vorausgesetzten Kollisionsnormen [Anm. 36—37].

[5]) Anm. 93 und 94.

[6]) Ebenso Jürgen Schmidt, S. 161ff.

[7]) Vgl. Anm. 82.

[8]) Vgl. Anm. 92 und 115.

[9]) Vgl. Anm. 93.

ners, das ihm zur Zeit der Konkurseröffnung gehört, wenn der Schuldner im Inland lediglich eine gewerbliche Niederlassung oder einen landwirtschaftlichen Betrieb hat[1]).

123 Ein im Ausland eröffneter Konkurs steht der Eröffnung eines Konkurses im Inland nicht entgegen. Zu dieser Eröffnung bedarf es nicht des Nachweises der Zahlungsunfähigkeit[2]).

124 In keinem Falle steht ein im Ausland eröffneter Konkurs der Zwangsvollstreckung in das im Inland belegene Vermögen des Schuldners entgegen[3]).

125 Ausnahmen vom vorstehenden Absatz können von dem Bundesminister der Justiz (und dem Bundesminister des Auswärtigen?) mit Zustimmung des Bundesrats (?) angeordnet werden[4]).

126 Im Sinne dieser Bestimmungen sind im Inland belegen[5])

127 – das Eigentum oder beschränkte dingliche Rechte an Sachen, die sich im Inland befinden,

128 – Patente und gewerbliche Schutzrechte, die vom deutschen Recht verliehen worden sind,

129 – Urheberrechte und verwandte Schutzrechte, soweit sie nach inländischem Recht bestehen,

130 – Beteiligungen an Personalgesellschaften, an einer GmbH, einer AG oder KGaA mit Sitz im Inland (soweit die Beteiligung nicht in einer indossablen Aktienurkunde verbrieft ist, die sich im Ausland befindet),

131 – Forderungsrechte und Mitgliedschaftsrechte, die in indossablen Wertpapieren verbrieft sind, die sich im Inland befinden,

132 – Forderungsrechte gegen Personen (Drittschuldner), die im Inland ihren Wohnsitz oder ihren Sitz haben,

133 – Forderungsrechte, soweit für sie ein im Inland befindlicher Vermögensgegenstand kraft Pfand- oder Zurückbehaltungsrechts oder kraft Sicherungsübertragung als Sicherheit haftet,

134 – Forderungsrechte, soweit sie speziell auf Leistung eines anderen Vermögensgegenstandes gerichtet sind, der sich im Inland befindet."

B. Einseitige oder allseitige Kollisionsnormen?

135 Die den gesetzlichen Vorschriften entnommenen Kollisionsnormen bestimmen zum größeren Teil [Anm. 114—117] den internationalen Geltungsbereich der deutschen konkursrechtlichen Normen [Anm. 26—28], sind also „einseitige Kollisionsnormen" [Anm. 38]. Aber auch die sonstigen selbständigen[6]) Kollisionsnormen [Anm. 124 und 123 S. 1] sind insoweit „einseitig", als sie hinsichtlich einzelner Fragen (Steht ein Auslandskonkurs einer Zwangsvollstreckung oder der Eröffnung eines Konkurses im Inland entgegen?) nur für Deutschland die Nichtanwendung des „an sich" maßgeblichen Konkursrechts vorschreiben. Für beide Gruppen von Normen und die beide ergänzende Normen [Anm. 126—134] stellt sich daher die Frage, ob sie zu „allseitigen Kollisionsnormen" [Anm. 38] auszubauen sind.

136 Die Erörterung der Frage, ob die den Vorschriften der Konkursordnung entnommenen einseitigen Kollisionsnormen zu allseitigen Kollisionsnormen auszubauen sind, bedingt eine Klärung der Vorfrage, in welchem Sinne davon gesprochen werden kann, das internationale Konkursrecht Deutschlands treffe Bestimmungen hinsichtlich der internationalen Sachregelungskompetenz und der internationalen Zuständigkeit fremder Staaten. Es liegt auf der Hand, daß deutsches Recht einem fremden Staat (d. h. ja immer: den Organen eines fremden Staates) Rechtsetzungskompetenzen und verfahrensrechtliche Zuständigkeiten so wenig verleihen wie entziehen kann[7]). Was das deutsche Recht kann und was es tut, ist nichts anderes als die — nur für die dem deutschen Recht unterworfenen Instanzen und Personen

[1]) Vgl. Anm. 94.
[2]) Vgl. Anm. 100 und 79.
[3]) Vgl. Anm. 74.
[4]) Vgl. Anm. 66.
[5]) Vgl. Anm. 57—65.
[6]) „Unselbständig" sind die ergänzenden Normen in Anm. 126—134.
[7]) Zum Problem und zu dem im Text Folgenden Jürgen Schmidt, S. 47f. und 166ff. mit weit. Nachw.

verbindliche — Beurteilung einer Inanspruchnahme von Rechtsetzungskompetenzen oder verfahrensrechtlichen Zuständigkeiten durch einen fremden Staat (daß es darauf ankommt, ob der fremde Staat Kompetenzen oder Zuständigkeiten in Anspruch nimmt, wird am deutlichsten darin sichtbar, daß das vom deutschen Kollisionsrecht berufene fremde Recht auch nach deutschem Recht nicht maßgeblich ist, wenn es nach seinem Kollisionsrecht nicht maßgeblich sein will[1])), eine Beurteilung des Inhalts: diese Inanspruchnahme wird für Rechtsfolgen, die vom deutschen Recht als Statut der Belegenheit [Anm. 103], als Sachstatut [Anm. 104] oder als „Prozeßstatut" (*lex fori*) zu bestimmen sind, akzeptiert — oder: die Inanspruchnahme wird nicht akzeptiert. Zuerkennung internationaler Zuständigkeit oder Sachregelungskompetenz an einen fremden Staat durch das Kollisionsrecht Deutschlands heißt also Akzeptierung von Rechtsetzung oder Entscheidungen eines fremden Staates insoweit, als Rechtsfolgen vom deutschen Recht zu bestimmen sind (: „Anerkennung fremder Rechtsetzung oder Entscheidungen durch das deutsche Recht"). Versagung internationaler Zuständigkeit oder Sachregelungskompetenz durch das Kollisionsrecht Deutschlands heißt demnach: „Versagung der Anerkennung fremder Rechtsetzung oder Entscheidungen durch das deutsche Recht."

Ganz entsprechend ist die Vorfrage zu beantworten, in welchem Sinne davon **137**
gesprochen werden kann, daß der deutsche Richter ausländisches Konkursrecht anzuwenden habe. Ausländisches Recht gilt nie unmittelbar im Inland, sondern immer nur kraft einer Kollisionsnorm. Besteht eine solche Norm, ist also der deutsche Richter durch sein Kollisionsrecht angewiesen, ein fremdes materielles Recht als maßgeblich anzusehen, so beruht die „Geltung" des fremden Rechts für den vom deutschen Richter entschiedenen Fall auf fremdem Recht, soweit mit der Frage nach dem „Geltungsgrund" nach den die Sachregelung tragenden Wertungen gefragt wird, auf deutschem Recht, soweit mit der Frage nach dem „Geltungsgrund" gefragt wird, wessen Rechtsetzungsgewalt („Souveränität") dem Richter diese Entscheidung vorgeschrieben habe[2]).

Die Formulierung der durch die Einseitigkeit der bisher ermittelten Kolli- **138**
sionsnormen aufgeworfenen Fragen [Anm. 130] bedarf noch einer weiteren Klarstellung. Die Einseitigkeit der Kollisionsnormen ist problematisch, weil das internationale Konkursrecht sich nicht auf die Aufgabe beschränken kann, den internationalen Geltungsbereich des eigenen materiellen Rechts (: der eigenen Sachnormen) zu bestimmen [Anm. 34], sondern auch die „zweite Aufgabe" (: Bestimmung des Rechts, das für die vom eigenen Recht nicht geregelten Fragen maßgeblich sein soll [Anm. 38]), lösen muß. Einen Weg zu dieser Lösung weist die Formulierung der Frage als „Ausbau zu allseitigen Kollisionsnormen?", denn „Ausbau" ist dabei als „Aufdeckung der anderen Seite einer Norm"[3]) verstanden. „Ausbau zur Allseitigkeit" heißt also:

- (für die erste Gruppe einseitiger Kollisionsnormen des internationalen Konkurs- **139**
  rechts Deutschlands [Anm. 135]:) entsprechende Anwendung der den internationalen Geltungsbereich des deutschen Konkursrechts bestimmenden Kollisionsnormen [Anm. 117—119] auf fremdes Konkursrecht und
- (für die zweite Gruppe einseitiger Kollisionsnormen des internationalen Konkurs- **140**
  rechts Deutschlands [Anm. 136]:) entsprechende Anwendung der fremdem Konkursrecht die Geltung im Inland versagenden Kollisionsnormen [Anm. 124 und 123 S. 1] auf das deutsche Konkursrecht hinsichtlich seiner Geltung im Ausland.

Sind die den gesetzlichen Vorschriften entnommenen einseitigen Kollisionsnor- **141**
men des internationalen Konkursrechts Deutschlands zu allseitigen Kollisionsnormen auszubauen, so sind die Formulierungen dieser Normen [Anm. 119—122, 123 S. 1, 124, 126—134] so zu lesen, daß „Inland" nicht nur Deutschland, sondern jeden anderen

---

[1]) D. h.: wenn das fremde Recht die „Verweisung" des deutschen Rechts nicht „annimmt", sondern auf das deutsche Recht „zurück-" oder auf ein drittes Recht „weiterverweist".
[2]) Zu diesem Grundproblem des Kollisionsrechts ganz ebenso Jürgen Schmidt, S. 47f. FN 99, unter Hinweis auf Parallelen zur Frage nach dem „Geltungsgrund" privatautonom gesetzten Rechts.
[3]) Jürgen Schmidt, S. 46 (vgl. auch Martin Wolff, S. 35).

Staat bedeutet, „Ausland“ nicht nur nichtdeutsche Staaten meint, sondern — wenn ein solcher Staat Konkursstaat ist — auch Deutschland.

142 Die den „Ausbau zur Allseitigkeit“ ausmachende entsprechende Anwendung der den internationalen Geltungsbereich deutschen Rechts bestimmenden Normen auf fremdes Recht, die den anderen das Gleiche gibt, was man für sich selbst beansprucht, ist im internationalen Privatrecht Deutschlands für die Lösung der „zweiten Aufgabe“ [Anm. 38] die Regel; sie ist auch im internationalen Konkursrecht vorzusehen, soweit nicht im Einzelfall zwingende Gründe dafür sprechen, den internationalen Geltungsbereich eines fremden Rechts [Anm. 137] anders zu bestimmen als den des eigenen[1]).

143 Die Frage, ob die den gesetzlichen Vorschriften entnommenen einseitigen Kollisionsnormen des internationalen Konkursrechts Deutschlands zu allseitigen Kollisionsnormen auszubauen sind [Anm. 136—142], wäre sinnlos, wenn das internationale Konkursrecht Deutschlands ausländischem Konkursrecht stets und überall die Anerkennung versagte [Anm. 136 a. E.], wenn also die deutschen Gerichte in keinem Falle je gehalten wären, konkursrechtliche Fragen nach einem fremden Konkursrecht zu entscheiden. Die Frage wird zwar in der Literatur ganz regelmäßig nicht als solche aufgeworfen[2]), aber wohl mehr aus einem Mangel an Vertrautheit mit kollisionsrechtlichen Fragestellungen und Begriffsbildungen [vgl. Anm. 6, 15—20, 29—31, 42—55, 86], als weil sie aus dem erwähnten Grunde sinnlos erschiene. Immerhin könnte die Entschiedenheit und Allgemeinheit, mit der gemeinhin Auslandskonkursen jegliche Wirkung auf Inlandsbeziehungen abgesprochen wird [Anm. 42—44], zu der Annahme verleiten, zumindest nach Auffassung der Vertreter dieser Meinung bestehe für die Frage nach dem Ausbau zur Allseitigkeit kein Anlaß.

144 Diese Annahme wäre jedoch falsch. Auch wer aufgrund des „Territorialitätsprinzips“ dem Auslandskonkurs „für in der Bundesrepublik belegenes Vermögen Wirkung“[3]) versagt, meint damit zunächst nur Vermögen, das im Zeitpunkt der Eröffnung des Auslandskonkurses im Inland belegen ist. Vermögen, das zu diesem Zeitpunkt im Konkursstaat belegen ist, wird auch nach dieser Auffassung „vom Konkurs erfaßt“, weil es ja im „Machtbereich“ (richtiger: „Staatsgebiet“) „der tätig werdenden Staatsgewalt“[3]) liegt. Das wird freilich oft nicht ausdrücklich festgestellt[4]); es kann daher nicht verwundern, daß zu der weiteren Frage, wie es sich nach dieser Auffassung mit Vermögen verhält, das zum Zeitpunkt der Eröffnung des Auslandskonkurses in Drittstaaten belegen ist, sozusagen erst recht nicht Stellung genommen wird. Diese Frage kann jedoch an dieser Stelle auf sich beruhen, da es hier nur darauf ankommt, die Möglichkeit einer Maßgeblichkeit ausländischen Konkursrechts in Deutschland und für die deutschen Gerichte aufzuzeigen, nicht aber darauf, Voraussetzungen und Grenzen dieser Maßgeblichkeit genau zu bestimmen.

145 Wer dem Auslandskonkurs „jegliche Wirkung auf inländisches Vermögen“ abspricht, meint also im Regelfall nur: „jegliche Wirkung in Bezug auf Vermögensgegenstände, die zur Zeit der Konkurseröffnung im Inland belegen waren“. Diese Einschränkung hat zur Folge, daß auch nach dieser Auffassung in Deutschland konkursrechtliche Fragen nach einem ausländischen Konkursrecht zu entscheiden sind, der deutsche Richter also ausländisches Konkursrecht anzuwenden hat [Anm. 137]. Wenn der Konkursverwalter eines Auslandskonkurses bewegliche Sachen des Gemeinschuldners, die zur Zeit der Konkurseröffnung im Konkursstaat belegen waren, in Besitz nimmt[5]) und an einen Dritten veräußert, der diese Sachen nach Deutschland verbringt, und wenn der Gemeinschuldner den Dritten in Deutschland auf Herausgabe verklagt, so hat der deutsche Richter in jedem Falle die Wirk-

[1]) Im Ergebnis ebenso Jürgen Schmidt, S. 130ff.
[2]) Ausnahme: Jürgen Schmidt, S. 46ff. und 166ff.
[3]) Mentzel-Kuhn, § 237 Anm. 1 [s. Anm. 43].
[4]) Ausnahmen: Böhle-Stamschräder, § 237 Anm. 2; Mentzel-Kuhn, § 237 Anm. 14 mit weit. Nachw.
[5]) Zur Beurteilung des Handelns ausländischer Konkursverwalter im Konkursstaat nach dessen Konkursrecht s. auch RGZ 14, 426; RGZ 114, 84; RG LZ 1915, 1588; RG JW 1926, 2437.

samkeit der vom Konkursverwalter vorgenommenen Veräußerung nach dem für sie als sachenrechtliches Rechtsgeschäft maßgebenden Recht des Konkursstaates (*lex rei sitae*[1])) zu beurteilen. Wollte er diese Veräußerung schon deshalb als Verfügung eines Nichtberechtigten ansehen, weil in Deutschland dem Auslandskonkurs „jegliche Wirkung" abzusprechen sei, so würde er dem [Anm. 143—144] aufgezeigten Mißverständnis der üblichen Ausführungen zum „Territorialitätsprinzip" unterliegen. Da die Verfügungsgegenstände zur Zeit der Konkurseröffnung im Konkursstaat belegen waren, ist vielmehr auch in Deutschland nach dem Konkursrecht des Konkursstaates zu beurteilen, ob dem Konkursverwalter die Befugnis, über die Gegenstände zu verfügen, zukam (: ob die Gegenstände zur Konkursmasse gehörten und ob der Konkursverwalter wie geschehen über Massegegenstände verfügen durfte).

146 Die Einschränkung, die die üblichen Formulierungen des „Territorialitätsprinzips" erfahren müssen, läßt sich am einfachsten dahin ausdrücken, daß im Ausland „abgeschlossene Tatbestände"[2]) unberührt bleiben, d. h.: daß der deutsche Richter — auch wenn für ihn das extremste Verständnis des „Territorialitätsprinzips" [Anm. 43—45, 172] verbindlich ist — im Ausland „abgeschlossene Tatbestände" nach dem dafür maßgebenden Recht einschließlich ausländischen Konkursrechts zu beurteilen hat.

C. Internationale Zuständigkeit

147 Ausbau der einseitigen Kollisionsnorm über die internationale Zuständigkeit der deutschen Konkursgerichte [Anm. 119] zur allseitigen Kollisionsnorm bedeutete, daß das internationale Konkursrecht Deutschlands generell die internationale Zuständigkeit den Gerichten des Staates zuerkennte, in dem der Schuldner seinen allgemeinen Gerichtsstand oder eine gewerbliche Niederlassung oder einen landwirtschaftlichen Betrieb hat („Zuerkennung" dabei nicht als „Verleihung" verstanden, sondern [Anm. 136] als „Anerkennung fremder Rechtsetzung oder Entscheidungen durch das deutsche Recht").

148 Eine solche Regelung wäre zunächst als erschöpfend in dem Sinne anzusehen, daß entsprechend § 328 I Nr. 1 ZPO[3]) einer ausländischen Konkurseröffnung in Deutschland die Anerkennung zu versagen ist [Anm. 136], wenn der Schuldner im Konkursstaat weder einen allgemeinen Gerichtsstand, noch eine gewerbliche Niederlassung oder einen landwirtschaftlichen Betrieb hat. Das ist freilich (rechtspolitisch) nicht unproblematisch. Ist auch § 237 I zur allseitigen Kollisionsnorm auszubauen [s. dazu Anm. 222—232], so könnte dem Staat, in dem trotz Konkurses in einem anderen Staat in inländisches Vermögen vollstreckt werden kann, auch die Befugnis zustehen, bei dieser Zwangsvollstreckung eine Beachtlichkeit der *par condicio creditorum* vorzuschreiben, d. h. aber [Anm. 8—9]: die Zwangsvollstreckung als (auf das inländische Vermögen beschränkten) „Konkurs" durchzuführen. Wie für die Einzelvollstreckung so brauchte auch für diese „Universalvollstreckung" das Vorhandensein oder das Fehlen einer gewerblichen Niederlassung oder eines landwirtschaftlichen Betriebs im Vollstreckungsstaat keinen Unterschied zu machen (das Abstellen auf Niederlassung oder landwirtschaftlichen Betrieb in § 238 I und § 238 II 1 ist vom Sinn der Regelung nicht gefordert, wie allein der Umstand zeigt, daß der nach diesen Vorschriften eröffnete Konkurs das gesamte inländische Vermögen ergreift, nicht nur das in der Niederlassung oder dem landwirtschaftlichen Betrieb zusammengefaßte Vermögen[4])). Diese Überlegungen gelten indessen auch für Deutschland, zeigen insoweit aber, daß die einseitige Kollisionsnorm des geltenden deutschen Rechts nicht von ihnen bestimmt ist, so daß bei einem Ausbau zur allseitigen Kollisionsnorm nichts anderes gelten kann.

---

[1]) Soergel-Kegel, Vorbem. 340—341 vor Art. 7 mit weit. Nachw.
[2]) Vgl. Raape, S. 13 und 39; Dölle, S. 10f.; Jürgen Schmidt, S. 140 FN 275.
[3]) Im Ergebnis ebenso Jürgen Schmidt, S. 122f.
[4]) Jaeger, § 238 Anm. 3 a. E.; Böhle-Stamschräder, § 238 Anm. 1.

149 Die durch Ausbau der einseitigen Kollisionsnorm über die internationale Zuständigkeit der deutschen Konkursgerichte gewonnene allseitige Kollisionsnorm [Anm. 147] enthielte aber keine Aussage über die Folgen einer Konkurrenz verschiedener internationaler Zuständigkeiten, wie sie einträte (die Möglichkeit einer Zuständigkeit kraft bloßer Belegenheit von Vermögen [Anm. 148] bleibt im folgenden unberücksichtigt), wenn der Schuldner

150 - in mehreren Staaten einen allgemeinen Gerichtsstand hat [Anm. 99 a. E.] oder

151 - in einem Staat einen allgemeinen Gerichtsstand und in einem anderen Staat oder in mehreren anderen Staaten eine gewerbliche Niederlassung oder einen landwirtschaftlichen Betrieb hat oder

152 - sowohl in mehreren Staaten einen allgemeinen Gerichtsstand als auch in einem davon verschiedenen Staat oder in mehreren davon verschiedenen Staaten eine gewerbliche Niederlassung oder einen landwirtschaftlichen Betrieb hat.

153 Das Problem, das die Konkurrenz verschiedener internationaler Zuständigkeiten in diesen Fällen aufwirft, darf nicht mit der Frage verwechselt werden, wie sich verschiedene internationale Sachregelungskompetenzen [Anm. 117] zueinander verhalten. Es geht um das (verfahrensrechtliche) Problem, in welchem Staat Konkurs eröffnet werden darf, nicht um die (materiell-rechtliche) Frage, welche Vermögensgegenstände von einem Konkurs erfaßt werden dürfen. Daß diese Frage, wenn auch die einseitigen Kollisionsnormen des internationalen Konkursrechts Deutschlands über die internationale Sachregelungskompetenz [Anm. 121—122 sowie Anm. 126—134] zu allseitigen Kollisionsnormen ausgebaut werden [s. dazu Anm. 160—242], je nach dem Grund der internationalen Zuständigkeit verschieden beantwortet wird (auf das inländische Vermögen beschränkte Sachregelungskompetenz bei Zuständigkeit kraft gewerblicher Niederlassung oder landwirtschaftlichen Betriebs im Inland — nicht auf dieses Vermögen beschränkte Sachregelungskompetenz bei Zuständigkeit kraft allgemeinen Gerichtsstands), ändert nichts. Wird in einem Staat, in dem der Schuldner „lediglich“ eine gewerbliche Niederlassung oder einen landwirtschaftlichen Betrieb hat, Konkurs eröffnet und soll dieser Konkurs nach dem Recht des Konkursstaates das „gesamte“ (: nicht nur das im Konkursstaat belegene) Vermögen erfassen, so ist bei Ausbau der aus § 238 I und § 238 II 1 erarbeiteten einseitigen Kollisionsnormen [Anm. 121—122] zu allseitigen Kollisionsnormen die Sachregelungskompetenz des Konkursstaates nicht in dem in Anspruch genommenen Umfang gegeben, während eine Zuständigkeit des Konkursstaates besteht. Wird in diesem Falle einer konkursrechtlichen Regelung des Konkursstaates außerhalb dieses Staates die Anerkennung versagt [Anm. 136], weil der Konkurs nur als „beschränkter Konkurs“ entsprechend § 238 I und § 238 II 1 „zulässig“ sei, so wird dem Konkursstaat nicht die Befugnis abgesprochen, ein Konkursverfahren durchzuführen, sondern das Recht verweigert, außerhalb des Konkursstaates belegenes Vermögen zur Konkursmasse zu rechnen. Es wäre schief und eher verwirrend, dieses Nebeneinander, das vor allem für die zutreffende Beurteilung im Konkursstaat abgeschlossener Tatbestände [Anm. 146] von Bedeutung ist, dahin auszudrücken, der Konkursstaat habe „nicht“ oder „nicht so“ Konkurs eröffnen dürfen. Aussagen über die internationale Kompetenz zur konkursrechtlichen „Erfassung“ von Vermögen des Schuldners betreffen einen anderen Gegenstand als Aussagen über die internationale Zuständigkeit zur Eröffnung eines Verfahrens. Eine Beschränkung jener Kompetenz ist nicht als Modalität dieser Zuständigkeit zu bestimmen.

154 Das durch die Konkurrenz verschiedener internationaler Zuständigkeiten aufgeworfene Problem ist daher ein rein verfahrensrechtliches: es geht nur um die Frage, ob einer dieser Zuständigkeiten Ausschließlichkeit zukommt. Da die einschlägigen Normen des internationalen Konkursrechts Deutschlands eine mehrfache Zuständigkeit vorsehen und kein allgemeines Rangverhältnis dieser Zuständigkeiten (Subsidiarität u. ä.) statuieren, kommt nur eine Ausschließlichkeit der Zuständigkeit, die zuerst in Anspruch genommen worden ist, in Betracht. „Ausschließlichkeit der zuerst in Anspruch genommenen Zuständigkeit“ aber ist nichts anderes als „Ausschlußwirkung“ („Priorität“) des ersten Konkurses [Anm. 98—100].

Die Frage, ob das internationale Konkursrecht Deutschlands dem zuerst in einem international zuständigen Staat eröffneten Konkurs in diesem Sinne „Priorität" zuerkennt, ist für die Fälle, in denen Deutschland der Staat des zweiten Konkurses ist, bereits erörtert [Anm. 96—100]. Danach gesteht das internationale Konkursrecht Deutschlands keinem Auslandskonkurs Ausschlußwirkung gegenüber einem Inlandskonkurs zu. Der Prüfung bedürfen daher nur die Fragen, was gilt, wenn Deutschland der Staat des ersten Konkurses ist oder wenn beide Konkurse im Ausland eröffnet worden sind. 155

Die erste dieser Fragen ist zum Teil in der Analyse der in § 238 III vorausgesetzten Kollisionsnorm beantwortet: das deutsche Recht beansprucht für Konkurse nach § 238 I und § 238 II 1 keine Ausschlußwirkung hinsichtlich eines weiteren Konkurses [Anm. 99]. Problematisch ist daher nur, ob die Eröffnung eines Inlandskonkurses kraft eines allgemeinen Gerichtsstandes im Inland nach dem internationalen Konkursrecht Deutschlands die Folge hat, einen Auslandskonkurs auszuschließen, d. h.: jeden fremden Staat für jede Konkurseröffnung in dem Sinne als unzuständig anzusehen, daß der Eröffnung die Anerkennung im Inland auch hinsichtlich der im ausländischen Konkursstaat abgeschlossenen Tatbestände [Anm. 146] zu versagen ist [Anm. 136]. 156

Dieses Problem ist erledigt, wenn die in § 238 III vorausgesetzte einseitige Kollisionsnorm „kein Auslandskonkurs hindert die nach § 71 I oder § 238 I oder § 238 II 1 zulässige Eröffnung eines Inlandskonkurses" [Anm. 100] zur allseitigen Kollisionsnorm auszubauen ist [Anm. 130—137, insbes. Anm. 136]. Da keine Gründe dafür ersichtlich sind, den internationalen Geltungsbereich fremden Rechts anders zu bestimmen als den des eigenen [Anm. 137], ist dieser Ausbau vorzunehmen. Das internationale Konkursrecht Deutschlands beansprucht auch für Deutschland in keinem Falle eine ausschließliche internationale Zuständigkeit [die in Anm. 156 a. E. aufgeworfenen Fragen sind also zu verneinen]. 157

Der Ausbau der in § 238 III vorausgesetzten einseitigen Kollisionsnorm zur allseitigen Kollisionsnorm erledigt auch das Problem der Konkurrenz mehrerer Auslandskonkurse [Anm. 156a. E.]. Auch insoweit gilt, daß nach dem internationalen Konkursrecht Deutschlands keine internationale Zuständigkeit „ausschließlich" ist (: kein Konkurs in einem Staat einen Konkurs in einem anderen Staat „ausschließt"). 158

Die Konkurrenz verschiedener internationaler Zuständigkeiten, zu der der Ausbau der einseitigen Kollisionsnorm über die internationale Zuständigkeit der deutschen Konkursgerichte [Anm. 119] zur allseitigen Kollisionsnorm führt [Anm. 147 und 149], wirft also keine Probleme auf, deren Lösung einen Verzicht auf diesen Ausbau bedingte. Da andere Gründe, die gegen diesen Ausbau sprächen [Anm. 148], nicht ersichtlich sind, ist daher auch diese einseitige Kollisionsnorm zur allseitigen Kollisionsnorm auszubauen[1]) (die Formulierungen der Normen in Anm. 119 und 123 S. 1 sind demnach wie in Anm. 141 ausgeführt zu lesen). 159

D. Internationale Sachregelungskompetenz

1. Allgemeines

Die einseitigen Kollisionsnormen über die internationale Sachregelungskompetenz Deutschlands [Anm. 121—122 sowie Anm. 126—134] erkennen Deutschland 160
– für den Fall, daß der Schuldner in Deutschland einen allgemeinen Gerichtsstand hat, die Kompetenz zu, die Rechtsfolgen des Inlandskonkurses („nicht beschränkter Konkurs") auf das gesamte pfändbare Vermögen des Schuldners, das ihm zur Zeit der Konkurseröffnung gehört, ohne Rücksicht auf die Belegenheit [Anm. 102] zu erstrecken („nicht territorial beschränkte Sachregelungskompetenz"), 161
– für den Fall, daß der Schuldner in Deutschland lediglich eine gewerbliche Nieder- 162

[1]) Im Ergebnis ebenso Jürgen Schmidt, S. 168.

lassung oder einen landwirtschaftlichen Betrieb hat, „nur" die Kompetenz zu, die Rechtsfolgen des Inlandskonkurses („beschränkter Konkurs") auf das zur Zeit der Konkurseröffnung [Anm. 144—145] in Deutschland belegene Vermögen zu erstrecken („territorial beschränkte Sachregelungskompetenz").

163 Ob diese Normen zu allseitigen Kollisionsnormen auszubauen sind, ist für jede von ihnen gesondert zu prüfen. Dabei sind zunächst die durch den Ausbau der einseitigen Kollisionsnorm über die nicht territorial beschränkte Sachregelungskompetenz Deutschlands [Anm. 121 und 161] aufgeworfenen Fragen [Anm. 164—238] — und zwar getrennt hinsichtlich des in Deutschland belegenen Vermögens [Anm. 164—213], hinsichtlich des in einem (nach Ausbau) kompetenten Staat belegenen Vermögens [Anm. 214—234] und hinsichtlich des in einem Drittstaat belegenen Vermögens [Anm. 235—238] — und sodann [Anm. 239—241] die Frage des Ausbaus der einseitigen Kollisionsnorm über die territorial beschränkte Sachregelungskompetenz Deutschlands [Anm. 122 und 162] zu erörtern.

2. Kompetenz eines ausländischen Staates hinsichtlich des in Deutschland belegenen Vermögens

a) Allgemeines

164 Der Ausbau der einseitigen Kollisionsnorm über die nicht territorial beschränkte Sachregelungskompetenz Deutschlands [Anm. 121] zur allseitigen Kollisionsnorm bedeutete, daß Deutschland jedem Staat, in dem der Schuldner einen allgemeinen Gerichtsstand hat, diese Kompetenz zuerkennte [Anm. 136], d. h. für das Verhältnis des Konkursstaates zu Deutschland: die Kompetenz, auch das zur Zeit der Konkurseröffnung [Anm. 144—146] in Deutschland belegene pfändbare Vermögen des Schuldners zur Konkursmasse zu rechnen. Dabei wird zur Vereinfachung im folgenden davon ausgegangen, daß der Staat, dem danach die nicht territorial beschränkte Sachregelungskompetenz zuerkannt würde, auch von dieser Kompetenz Gebrauch macht[1]), d. h.: in seinem Konkursrecht auch das außerhalb seines Gebiets belegene Vermögen des Gemeinschuldners zur Konkursmasse eines Inlandskonkurses rechnet, seinen Konkurs also bei allgemeinem Gerichtsstand des Schuldners im Inland als „nicht beschränkten Konkurs" ansieht[2]).

165 Der Ausbau der einseitigen Kollisionsnorm über die nicht territorial beschränkte Sachregelungskompetenz Deutschlands zur allseitigen Kollisionsnorm (: die Zuerkennung nicht territorial beschränkter Sachregelungskompetenz an jeden Staat, in dem der Schuldner einen allgemeinen Gerichtsstand hat), müßte hinsichtlich des zur Zeit der Eröffnung des Auslandskonkurses in Deutschland belegenen Vermögens des Schuldners zunächst an anderen bereits erörterten Kollisionsnormen des internationalen Konkursrechts Deutschlands Grenzen finden [Anm. 166—169]; ihm stünde darüber hinaus die fast allgemein vertretene Meinung entgegen, kraft des „Territorialitätsprinzips" komme eine solche Inlandswirkung eines Auslandskonkurses nicht in Betracht [Anm. 172].

b) Inlandskonkurs und sonstige Zwangsvollstreckung

166 Ein Ausbau der erwähnten einseitigen Kollisionsnorm zur allseitigen Kollisionsnorm müßte zunächst in den Fällen der Konkurrenz eines Auslandskonkurses mit einem Inlandskonkurs zumindest hinsichtlich des im Inland belegenen Vermögens des Gemeinschuldners Grenzen finden — „Konkurrenz" hier anders als hinsichtlich der internationalen Zuständigkeit nicht als bloße Gleichzeitigkeit von Verfahren verstanden, sondern als Kollision von Rechtsfolgen des

---

[1]) Das ist keineswegs allgemein der Fall, so etwa nicht in Japan, das nur beschränkte Inlandskonkurse kennt; vgl. § 3 I der japanischen KO vom 25. April 1922 [übersetzt in ZZP 62, 365ff.]: „Ein in Japan erlassener Konkurseröffnungsbeschluß erfaßt nur das in Japan befindliche Vermögen des Gemeinschuldners".

[2]) Geschieht das nicht, behandelt also der Konkursstaat den Konkurs trotz allgemeinen Gerichtsstandes des Schuldners im Gebiet des Konkursstaates als „beschränkten Konkurs", so können zwar Probleme hinsichtlich der „Konkurrenz" [Anm. 165] eines solchen Konkurses mit einem nicht beschränkten Konkurs im Inland oder einem Drittstaat auftreten; diese Probleme sind hier jedoch nicht anders zu behandeln, als wenn dem Konkursstaat nur die „territorial beschränkte Sachregelungskompetenz" [Anm. 162] zukäme [s. dazu Anm. 166—169].

Konkurses [Anm. 10] hinsichtlich von Vermögensgegenständen und Rechtsverhältnissen, für die beide Konkursrechte Geltung anstreben.

Ganz unproblematisch ist eine solche Konkurrenz zwischen einem „nicht beschränkten" Konkurs [Anm. 161] im Ausland und einem „beschränkten Konkurs" im Inland, d. h.: einem Konkurs nach § 238 I oder nach § 238 II 1 [Anm. 162]. Ist der Inlandskonkurs zuerst eröffnet worden, so wäre auch bei Ausbau der erwähnten einseitigen Kollisionsnorm dem späteren Auslandskonkurs nicht die Wirkung zuzuerkennen, die das inländische Vermögen umfassende Konkursmasse des Inlandskonkurses in die Konkursmasse des Auslandskonkurses zu ziehen. Aber auch wenn der nicht beschränkte Auslandskonkurs zuerst eröffnet worden ist, entstehen keine Probleme. Kann in Deutschland trotz der Eröffnung eines nicht beschränkten Auslandskonkurses ein beschränkter Konkurs eröffnet werden [Anm. 96] und erstrecken sich die Rechtsfolgen dieses Inlandskonkurses auf das zur Zeit der Konkurseröffnung im Inland belegene pfändbare Vermögen des Schuldners, so muß — weil sonst die Eröffnung des Inlandskonkurses sinnlos wäre — dieses Vermögen, selbst wenn es aufgrund eines Ausbaus der erwähnten einseitigen Kollisionsnorm zur allseitigen Kollisionsnorm bis zur Eröffnung des Inlandskonkurses zur Konkursmasse des nicht beschränkten Auslandskonkurses gehörte, von der Eröffnung des Inlandskonkurses an zur Konkursmasse dieses Konkurses gehören. 167

Eine Konkurrenz zwischen nicht beschränktem Auslandskonkurs und einem Konkurs in Deutschland ist nicht nur in den Fällen von § 238 I und § 238 II 1 denkbar, sondern auch als Konkurrenz mit einem nicht beschränkten Inlandskonkurs, also in den Fällen, in denen der Schuldner im Ausland und in Deutschland einen allgemeinen Gerichtsstand hat [Anm. 99—100]. Aber auch hier ist die Feststellung ganz unproblematisch, daß das zur Zeit der Eröffnung des Inlandskonkurses in Deutschland belegene Vermögen in jedem Falle zur Konkursmasse des Inlandskonkurses gehört, mag der Inlandskonkurs vor oder nach dem Auslandskonkurs eröffnet worden sein (im ersten Fall kann der Auslandskonkurs nicht die inländische Konkursmasse an sich ziehen; im zweiten Fall wäre die Eröffnung eines Inlandskonkurses sinnlos, wenn dieser nicht wenigstens das inländische Vermögen[1]) des Schuldners erfaßte). Der aus den Kollisionsnormen über die internationale Sachregelungskompetenz Deutschlands [Anm. 121—122] sich ergebende Satz „der im Inland eröffnete Konkurs erfaßt stets zumindest das im Inland belegene Vermögen des Schuldners" gilt also ohne Einschränkung (auch bei nicht beschränktem Auslandskonkurs[2])). 168

Einem Ausbau der einseitigen Kollisionsnorm über die nicht territorial beschränkte Sachregelungskompetenz zur allseitigen Kollisionsnorm setzt hinsichtlich des zur Zeit der Konkurseröffnung in Deutschland belegenen Vermögens auch § 237 I Grenzen, wie sich unmittelbar aus seinem Wortlaut ergibt [Anm. 74]. Ein solcher Ausbau käme daher von vornherein nur mit der Maßgabe in Betracht, daß die einem ausländischen Staat zuerkannte „nicht territorial beschränkte Sachregelungskompetenz" eine Zwangsvollstreckung nach deutschem Recht in Vermögensgegenstände, die zur Zeit der Konkurseröffnung in Deutschland belegen waren, einschließlich eines dieses Vermögen erfassenden Konkurses nicht hinderte. 169

c) Sonstige konkursrechtliche Rechtsfolgen

aa) Allgemeines

Den oben [Anm. 169] getroffenen Feststellungen zu den Wirkungen eines nicht beschränkten Auslandskonkurses in Ansehung von Inlandskonkursen und jeder anderen Zwangsvollstreckung in inländisches Vermögen kann wohl nicht mit ernst- 170

---

[1]) Zu der — wesentlich schwierigeren — Frage, was in diesen Fällen nach dem internationalen Konkursrecht Deutschlands hinsichtlich des im ausländischen Konkursstaat und hinsichtlich des in einem Drittstaat — jeweils zur Zeit der Konkurseröffnung — belegenen Vermögens gilt, s. Anm. 214—234 und 235—238.

[2]) Die in § 238 III vorausgesetzte Kollisionsnorm [Anm. 123 S. 1] betrifft nur die internationale Zuständigkeit [Anm. 96—100, 155—159], also nur die Zulässigkeit eines Inlandskonkurses trotz Auslandskonkurs.

zunehmenden Argumenten widersprochen werden. Der Entwicklung dieser Feststellungen aber müßte nach dem Stand der Diskussion in Rechtsprechung und Literatur entgegengehalten werden, einmal sei die Fragestellung (Ausbau der einseitigen Kollisionsnorm über die internationale Sachregelungskompetenz Deutschlands zur allseitigen Kollisionsnorm?) ganz unüblich, zum anderen sei die Einzelableitung und -begründung ganz überflüssig, da kraft des „Territorialitätsprinzips" einem Auslandskonkurs überhaupt keine Wirkung im Inland zukomme [Anm. 165].

171 Dem ersten Einwand ist zuzugeben, daß die hier aufgeworfenen Fragen in der Tat durchweg unter anderer Fragestellung diskutiert werden[1]), nämlich unter der Fragestellung, inwieweit das internationale Konkursrecht Deutschlands vom „Universalitätsprinzip" oder vom „Territorialitätsprinzip" [Anm. 42—55] bestimmt werde. Das beruht jedoch nicht auf begründeter Einsicht oder auch nur auf der nicht weiter motivierten Annahme, daß für das Konkurskollisionsrecht anderes als für das allgemeine Kollisionsrecht gelten müsse, sondern ist lediglich eine Folge des schon wiederholt festgestellten [Anm. 6, 15—20, 29—31, 42—55, 86, 143—145] Mangels an Vertrautheit mit kollisionsrechtlichen Fragestellungen und Begriffsbildungen, der nahezu alle Äußerungen zum internationalen Konkursrecht Deutschlands prägt. Dem Einwand kommt daher kein Gewicht zu, solange nicht dargetan ist — was nicht einmal versucht wird —, daß die speziellen Fragen und Lösungen des internationalen Konkursrechts mit den Begriffen des allgemeinen Kollisionsrechts nicht sachgerecht erfaßt werden könnten.

172 Weit ernster zu nehmen ist der zweite Einwand, der sich auf eine Vielzahl von Entscheidungen[2]) und literarischen Äußerungen[3]) stützen kann. Die mit ihm vertretene These, die Wirkungen eines Auslandskonkurses im Inland seien nicht nur insoweit beschränkt, als nach § 237 I ein Auslandskonkurs die Zwangsvollstreckung in inländisches Vermögen nicht hindere, einem Auslandskonkurs komme vielmehr „grundsätzlich" überhaupt keine Wirkung im Inland zu, kann zwar in der Weite dieser Formulierung selbst von den Verfechtern dieser Meinung nicht ernsthaft vertreten werden, bedarf aber — nach Klarstellung ihres Inhalts [Anm. 173—177] — doch eingehender Erörterung [Anm. 178—211].

bb) Keinerlei Inlandswirkung eines Auslandskonkurses?

173 Die These, dem Auslandskonkurs komme nach dem internationalen Konkursrecht Deutschlands „grundsätzlich" keine Inlandswirkung zu, ist zunächst insoweit problematisch, als sie allgemein von „Wirkung" oder „Rechtsfolgen" spricht, ohne zwischen „konkurstypischen Rechtsfolgen" [Anm. 11—12] und „nicht konkurstypischen Rechtsfolgen" [Anm. 13—25] zu differenzieren. Das geht so weit, daß selbst wenn in grundsätzlichen Erörterungen nur von der „Beschlagswirkung für Inlandsvermögen" die Rede ist[4]), die „aus dem Grundsatze der Territorialität" abzulehnen sei, in Einzelerörterungen für ganz andere Rechtsfolgen aus dem gleichen „Grundsatz" ohne weitere Begründung jegliche Inlandswirkung geleugnet wird[5]). Auch wenn des näheren nur vom „Konkursbeschlag" oder von der „Beschlagswirkung" des Konkurses gesprochen wird, kann daher nicht ohne weiteres angenommen werden, die hier untersuchte These werde von ihren Verfechtern allgemein oder auch nur überwiegend auf „konkurstypische Rechtsfolgen" beschränkt.

174 Andererseits wird auch von Verfechtern der hier erörterten These zumindest für einzelne an den Konkurs geknüpfte „nicht konkurstypische Rechtsfolgen" die Möglichkeit einer Inlandswirkung anerkannt: so die Auflösung einer juristischen

---

[1]) Ausnahme — im wesentlichen wie hier —: Jürgen Schmidt, S. 53ff.
[2]) RGZ 14, 405; RGZ 21, 7; RGZ 52, 155; RGZ 100, 241; RGZ 114, 83 [vgl. Anm. 180]; OLG München IPRspr. 1932, Nr. 160; OLG Köln IPRspr. 1932, Nr. 161; LG Danzig Recht 1934, Nr. 6893; BGH NJW 1960, 774 = BGH MDR 1960, 578 = BGH KTS 1960, 74 = BGH WM 1960, 347 = BGH AWD 1960, 101; BGH NJW 1962, 1511 = BGH KTS 1962, 173.
[3]) Jaeger, § 237 Anm. 1 mit älterer Literatur; Mentzel-Kuhn, § 237 Anm. 1 [s. Anm. 43]; Böhle-Stamschräder, § 237 Anm. 1; Bley-Mohrbutter, § 2 Anm. 61—63; Soergel-Kegel, Vorbem. 419—420 vor Art. 7; weitere Hinweise bei Jürgen Schmidt, S. 64ff.
[4]) Jaeger, § 237 Anm. 1.
[5]) Jaeger, § 25 Anm. 43; Jaeger-Lent, § 25 Anm. 28 [s. Anm. 14—20].

Person oder einer gleichgestellten Gesellschaft[1]) und die Vertretung einer im Ausland in Konkurs gefallenen juristischen Person oder Gesellschaft durch den Konkursverwalter auch hinsichtlich des zur Zeit der Konkurseröffnung in Deutschland belegenen Vermögens [Anm. 24 a. E.]. Darüber hinaus kann füglich bezweifelt werden, daß die übersteigerten Auffassungen von Jaeger-Lent [§ 25 Anm. 28] zur Wirkung des Auslandskonkurses auf familienrechtliche Befugnisse des Gemeinschuldners [Anm. 15—18] von allen Verfechtern der hier erörterten These geteilt werden.

Danach kann festgestellt werden, daß die These, dem Auslandskonkurs komme keinerlei Inlandswirkung zu, uneingeschränkt nur für „konkurstypische Rechtsfolgen" [Anm. 11—12] vertreten wird. Freilich ist die These auch insoweit noch zu weit, weil Rechtsfolgen in Ansehung von Vermögen, das zur Zeit der Konkurseröffnung im Konkursstaat belegen war (im Konkursstaat „abgeschlossene Tatbestände"), regelmäßig nicht gemeint sein dürften [Anm. 143—146]. Ganz überwiegend dürfte vielmehr nur an Rechtsfolgen in Ansehung solchen Vermögens gedacht sein, das zur Zeit der Eröffnung des Auslandskonkurses im Inland belegen war (zu der Frage, was für Vermögen gelten soll, das zu dieser Zeit weder im Konkursstaat noch im Inland, sondern in Drittstaaten belegen war, wird von den Verfechtern der hier erörterten These meist nicht ausdrücklich Stellung genommen[2])). 175

Aber selbst mit diesen Modifikationen trüge die hier erörterte These den Einwand [Anm. 170], die Einzelableitungen und -begründungen zur Zulässigkeit eines Inlandskonkurses und jeder anderen Zwangsvollstreckung in inländisches Vermögen trotz Auslandskonkurses [Anm. 166—169] seien überflüssig, selbst mit diesen Modifikationen geht die hier erörterte These weit über den Wortlaut von § 237 I hinaus; sie versagt dem Auslandskonkurs (zumindest) in Ansehung des zur Zeit der Konkurseröffnung im Inland befindlichen Vermögens des Gemeinschuldners nicht nur die Wirkungen des Ausschlusses eines zweiten Konkurses und der allgemeinen Vollstreckungssperre, sondern jegliche konkurstypische Rechtsfolge, erkennt also vor allem (zumindest) in Ansehung des zur Zeit der Konkurseröffnung im Inland befindlichen pfändbaren Vermögens des Gemeinschuldners den Übergang der Verwaltungs- und Verfügungsbefugnis vom Gemeinschuldner auf den Konkursverwalter nicht an. 176

Die so zu verstehende These lehnt es also im Ergebnis ab, die einseitige Kollisionsnorm des internationalen Konkursrechts Deutschlands über die nicht territorial beschränkte Sachregelungskompetenz [Anm. 121] zur allseitigen Kollisionsnorm [Anm. 164] auszubauen. Für diese Entscheidung werden eine Vielzahl von Gründen angeführt, die im folgenden näher zu untersuchen sind. 177

cc) Nichtanerkennung kraft Gewohnheitsrechts?

Die Nichtanerkennung konkurstypischer Rechtsfolgen eines Auslandskonkurses in Ansehung des zur Zeit der Konkurseröffnung im Inland befindlichen Vermögens (kollisionsrechtlich: die Ablehnung eines Ausbaus der einseitigen Kollisionsnorm über die nicht territorial beschränkte Sachregelungskompetenz Deutschlands zur allseitigen Kollisionsnorm) wird in der Rechtsprechung des Bundesgerichtshofs[3]) und in den neueren Kommentaren[4]) als Inhalt ständiger Rechtsprechung und ganz überwiegender Lehrmeinung dargestellt. Zwar wird dabei nicht ausdrücklich von „Gewohnheitsrecht" gesprochen; die Begründungen legen aber die Annahme nahe, die Entscheidung bedürfe heute keiner Rechtfertigung im einzelnen mehr[5]). Dieser Annahme wäre zuzustimmen, wenn eine ständige gleich- 178

---

[1]) Die Auflösung wird von Kuhn (MDR 1960, S. 579; Mentzel-Kuhn, § 237 Anm. 1) als „allgemeine Rechtswirkung" (Böhle-Stamschräder: „allgemeine Rechtsfolge"; Soergel-Kegel: „allgemeine, auch für das konkursfreie Vermögen geltende Wirkungen"; s. Anm. 13[a]) von der „Zugriffswirkung des Konkurses" abgegrenzt.

[2]) Vgl. Jürgen Schmidt, S. 140 FN 275.

[3]) BGH NJW 1960, 774 = BGH MDR 1960, 578 = BGH KTS 1960, 74 = BGH WM 1960, 347 = BGH AWD 1960, 101; BGH NJW 1962, 1511 = BGH KTS 1962, 173.

[4]) Mentzel-Kuhn, § 237 Anm. 1; Böhle-Stamschräder, § 237 Anm. 1; Bley-Mohrbutter, § 2 Anm. 61—63; ebenso schon Jaeger, § 237 Anm. 1.

[5]) Besonders deutlich BGH NJW 1962, 1511 = BGH KTS 1962, 173, wo die bloße Tatsache, daß einzelne Obergerichte in einem bestimmten Sinne entschieden haben, als Argument für eine bestimmte Rechtsansicht verwendet wird.

förmige Gerichtspraxis festzustellen ist, die allgemein oder doch jedenfalls ganz überwiegend akzeptiert wird[1]).

179 Für die Klärung dieser Frage unergiebig sind einige Urteile des Reichsgerichts, die in der späteren Rechtsprechung und in der Literatur gelegentlich als Belege für oder gegen die genannte Annahme angeführt werden[2]): RGZ 1, 435; RGZ 24, 383; RGZ 54, 193; RGZ 89, 181; RGZ 153, 200 (diese Urteile betreffen Fragen der Auslegung von § 237 I in seinem engsten Sinne — kein Verbot der Zwangsvollstreckung in inländisches Vermögen — bzw. des entsprechenden § 207 a. F. oder entsprechender Normen der preußischen KO); RGZ 3, 326 (das Urteil stützt sich auf einen zwischenstaatlichen Vertrag) und RGZ 14, 143 (das Urteil betrifft Fragen des Reichskonsulargerichtsbarkeitsgesetzes und der Verdrängung von Vorschriften der KO durch ausländisches Gewohnheitsrecht).

180 Soweit das Reichsgericht zu der Frage „Ausbau der einseitigen Kollisionsnorm über die internationale Sachregelungskompetenz Deutschlands zur allseitigen Kollisionsnorm?" (für das Reichsgericht: „Universalität" oder „Territorialität" des Auslandskonkurses?) Stellung genommen hat, ist zunächst ein Schwanken zwischen Bejahung („Universalität" des Auslandskonkurses) und Verneinung („Territorialität" des Auslandskonkurses) festzustellen: für „Universalität" (Bejahung des Ausbaus) RGZ 6, 400[3]); RGZ 14, 412; RGZ 14, 424; RGZ 16, 61; RGZ 16, 337; RG JW 1899, 227; eher für „Territorialität" (Ablehnung des Ausbaus) RGZ 14, 405; RGZ 21, 7; RGZ 52, 155. Erst mit einem Urteil von 21. 10. 1920 [RGZ 100, 241] folgt das Reichsgericht eindeutig dem „Territorialitätsprinzip", dessen Verbindlichkeit es auch in einem *obiter dictum* der Entscheidung RGZ 114, 83 bejaht.

181 Demgegenüber haben sich die Oberlandesgerichte bis zum 2. Weltkrieg überwiegend für „Universalität" ausgesprochen[4]).

182 Nach dem 2. Weltkrieg hat sich der Bundesgerichtshof mit besonderer Entschiedenheit zum „Territorialitätsprinzip" bekannt[5]), es fehlt aber auch in dieser Zeit nicht an obergerichtlichen Stellungnahmen für „Universalität"[6]).

183 Danach läßt sich allenfalls feststellen, daß die höchstrichterliche Rechtsprechung zum „Territorialitätsprinzip" tendiert, eine langdauernde einheitliche und gefestigte Gerichtspraxis in dieser Richtung besteht jedoch nicht. Es fehlt daher schon an der ersten Voraussetzung eines Gewohnheitsrechts[7]), so daß auf die Frage, ob diese Rechtsprechung allgemein oder wenigstens ganz überwiegend akzeptiert wird, nicht eingegangen zu werden braucht. Die Entscheidungen für das „Territorialitätsprinzip" (gegen den Ausbau der einseitigen Kollisionsnorm über die territorial nicht beschränkte Sachregelungskompetenz Deutschlands zur allseitigen Kollisionsnorm) sind daher nur insoweit von Bedeutung, als ihre Begründung zu überzeugen vermag.

dd) Nichtanerkennung kraft Verallgemeinerung von § 237 I?

184 Gegen die hier untersuchte These wird mitunter eingewandt, sie verkenne den Ausnahmecharakter von § 237 I, der sich aus dessen Wortlaut und Stellung im

---

[1]) Esser, Festschr. v. Hippel (1967), S. 124 ff.; Adomeit, Rechtsquellenlehre im Arbeitsrecht (1969), S. 53 ff.; beide mit weit. Nachw.; Jürgen Schmidt, S. 59, dem die Darstellung des Textes weitgehend folgt.

[2]) Im einzelnen s. Jürgen Schmidt, S. 60 f.

[3]) Von BGH NJW 1960, 774 = BGH MDR 1960, 578 = BGH KTS 1960, 74 = BGH WM 1960, 347 = BGH AWD 1960, 101 fälschlich als Bekenntnis zur „Territorialität" zitiert; wie hier Hagemann, KTS 1960, 161; Jürgen Schmidt, S. 61.

[4]) OLG Düsseldorf RheinArch 11, 30; RheinArch 108, 286; KG SeuffArch 65, 426; OLG Dresden BöhmsZ 1, 215; NiemeyersZ 12, 451; OLG Hamburg NiemeyersZ 19, 534; OLG Karlsruhe NiemeyersZ 23, 320; ebenso LG Hamburg NiemeyersZ 5, 180; LG Karlsruhe NiemeyersZ 19, 523; für „Territorialität" dagegen nur OLG München IPRspr. 1932, Nr. 160; OLG Köln IPRspr. 1932, Nr. 161; ebenso LG Danzig Recht 1934, Nr. 6893; nur ein Lippenbekenntnis zum „Territorialitätsprinzip" enthält OLG Braunschweig IPRspr. 1932, Nr. 162.

[5]) S. die in Anm. 178[1] zitierten Entscheidungen; ebenso etwa AG Saarbrücken NJW 1955, 915; LG Berlin JR 1957, 106.

[6]) OLG München Bay JMBl. 1956, 35.

[7]) Ebenso Jürgen Schmidt, S. 63.

Gesetz eindeutig ergebe[1]); käme — wie die These annehme — dem Auslandskonkurs überhaupt keine (konkurstypische) Rechtsfolge in Ansehung des (zur Zeit der Konkurseröffnung) im Inland befindlichen Vermögens zu, so wäre § 237 I ganz überflüssig[2]).

Demgegenüber argumentieren die Verfechter der hier erörterten These genau 185
umgekehrt: § 237 I könne nicht als Ausnahme verstanden werden, denn die dabei vorausgesetzte Regel sei dem Gesetz nicht zu entnehmen; § 237 I sei vielmehr selbst Ausdruck einer Regel, eben der Regel der Nichtanerkennung von Inlandswirkungen eines Auslandskonkurses[3]), die — wie das auch sonst geschehe — im Gesetz nicht allgemein, sondern nur für konkrete Einzelfragen formuliert worden sei[4]).

Jede dieser beiden Auffassungen, die nicht zugleich richtig sein können, läßt 186
wenigstens deutlich werden, daß es gute Gründe gibt, die gegen die jeweils andere Auffassung sprechen. Keine der beiden Auffassungen gelangt jedoch über diese negative Wirkung hinaus; keine kann deutlich machen, daß nur sie die richtige ist. Das kann auch gar nicht anders sein, denn aus einer einzigen Norm kann das Verhältnis dieser Norm zu anderen (und darum geht es bei der Bestimmung der Norm als „Regel" oder „Ausnahme") nicht erschlossen werden[5]), sofern der Wortlaut der Norm nicht selbst (wie dies etwa in § 238 I mit dem Worte „nur" geschieht[6])) das Verhältnis klarstellt (was aber in § 237 I gerade nicht der Fall ist). Beide Auffassungen müssen daher voraussetzen, was sie zu beweisen suchen, beide Auffassungen stützen sich also auf Zirkelschlüsse[7]). „Verallgemeinerung von § 237 I" ist demnach nur ein anderer Ausdruck für den Inhalt der hier erörterten These, kein Argument für ihre Begründung.

ee) Nichtanerkennung von Hoheitsakten?

Das wohl größte Gewicht erkennen die Verfechter der hier erörterten These 187
dem Argument zu, die Konkurseröffnung könne als „Hoheitsakt" nicht extraterritorial wirken[8]). Zur Begründung wird regelmäßig nur darauf verwiesen, daß das Gleiche unbestritten für Enteignung und Konfiskation gelte.

Diese Argumentation stellt geradezu einen Musterfall begriffsjuristischer De- 188
duktion dar. Die Frage, ob das, was für Enteignung und Konfiskation gilt, auch für die Konkurseröffnung zu gelten hat, kann nicht dadurch erledigt werden, daß man die Entscheidung hinsichtlich Enteignung und Konfiskation als Ausfluß eines Prinzips der „Territorialität von Hoheitsakten" formuliert und dann aus diesem Prinzip die Lösung hinsichtlich der Konkurseröffnung zu deduzieren sucht (abstraktere Formulierung und Prinzipienbildung ändern nichts daran, daß nach wie vor nur von Enteignung und Konfiskation die Rede ist). Was bleibt, ist daher nur die Behauptung, die Konkurseröffnung sei Enteignung und Konfiskation gleichzuachten, was richtig sein mag, aber eben der Begründung bedarf, die begriffsjuristische Spielereien nicht zu bieten vermögen.

Die geschilderte Argumentation enthält darüber hinaus weitere schwere Män- 189
gel. Der Satz „Hoheitsakte wirken nicht über den Machtbereich der tätig werdenden Staatsgewalt hinaus"[9]) ist schon insoweit mißverständlich, als das Wort „Macht-

---

[1]) OLG München Bay. JMBl. 1956, 36: „§ 237 KO stellt eine Sonderbestimmung dar, sie spricht dem Auslandskonkurs nicht jede Rechtswirkung im Inland ab"; ähnlich KG SeuffArch 65, 427 zu §§ 237 und 238: „offensichtliche Sonderbestimmungen und Ausnahmen"; vgl. auch RG JW 1899, 227.

[2]) So Müller-Freienfels, S. 378.

[3]) Nußbaum, S. 454, zu § 237 I: „Ausdruck eines allgemeinen Rechtsgedankens".

[4]) Für diese „Verallgemeinerung von § 237 I" im Ergebnis: BGH NJW 1960, 774 = BGH MDR 1960, 578 = BGH KTS 1960, 74 = BGH WM 1960, 374 = BGH AWD 1960, 101; BGH NJW 1962, 1511 = BGH KTS 1962, 173; Jaeger, § 237 Anm. 1; Mentzel-Kuhn, § 237 Anm. 3; Bley-Mohrbutter, § 2 Anm. 61a; ältere Literatur bei Jürgen Schmidt, S. 64f. FN 141, dem die Darstellung des Textes auch insoweit folgt.

[5]) Esser, Grundsatz und Norm[2] (1964), S. 252ff.; Kelsen, Reine Rechtslehre[2] (1960), S. 350; Jürgen Schmidt, S. 65.

[6]) S. Anm. 84 und 90.

[7]) Kuhn, MDR 1960, 579; Mentzel-Kuhn, § 237 Anm. 1 [s. das Zitat in Anm. 43]; BGH NJW 1962, 1511 = BGH KTS 1962, 173; ältere Literatur bei Jürgen Schmidt, S. 69 FN 151.

[8]) Mentzel-Kuhn, § 237 Anm. 1; Kuhn, MDR 1960, 579; BGH NJW 1962, 1511 = BGH KTS 1962, 173; Nachweise der älteren Literatur bei Jürgen Schmidt, S. 69 FN 151.

[9]) Mentzel-Kuhn, § 237 Anm. 1.

bereich" dem Satz einen Sinn zu geben scheint, bei dem unbezweifelbare Richtigkeit mit Trivialität bezahlt wird: „kein Staat vermag mehr, als er vermag". Gemeint ist natürlich nicht diese Platitüde, sondern — wie die Fortsetzung[1]) klar erkennen läßt — daß Hoheitsakte nicht über das „Staatsgebiet" der tätig werdenden Staatsgewalt hinauswirkten. So verstanden, stimmt der Satz zwar für Enteignung und Konfiskation[2]), also für einzelne Hoheitsakte, aber eben nicht für alle. Auch Gesetze sind Hoheitsakte und ein großer Teil des internationalen Privatrechts ist nichts anderes als „Anerkennung extraterritorialer Wirkungen" von ausländischen Gesetzen. Hoheitsakte sind auch die Entmündigung, die Bestellung und die Abberufung von Vormündern, Pflegern und Testamentsvollstreckern, gewisse Tatbestände der Auflösung juristischer Personen u. ä., alles Akte, die in einem anderen Staat (auch in Deutschland) unbezweifelbar zumindest dann anerkannt werden, wenn sie von dem international-privatrechtlich zuständigen Staat ausgehen[3]) (oft genügt sogar, daß dieser Staat die in einem dritten Staat gesetzten Akte anerkennt). Es ist also offenbar nur die Frage, ob der Konkurs [Anm. 10] eher diesen Akten oder eher Enteignung und Konfiskation gleichzustellen ist [s. dazu Anm. 196—211]. Zu dieser entscheidenden Frage aber sagt die geschilderte Argumentation nichts.

ff) Nichtanerkennung von Vollstreckungsmaßnahmen?

190 Die hier untersuchte These wird weiter auf das Argument gestützt, Konkursrecht sei Vollstreckungsrecht und deshalb in seiner Geltung streng territorial begrenzt[4]). Dieser Argumentation[5]) ist zuzugeben, daß Maßnahmen der Einzelzwangsvollstreckung nicht extraterritorial (über das Gebiet des Staates, dessen Behörden als Vollstreckungsorgane tätig werden, hinaus) wirken[6]), aber die Entscheidungen zur Einzelvollstreckung auf ein „Prinzip" zurückzuführen und aus diesem Prinzip dann Regeln für die Behandlung von Maßnahmen der Universalvollstreckung abzuleiten, ist Begriffsjurisprudenz, deren Zirkelschlüsse heute in wissenschaftlichen Diskussionen keinen Platz mehr finden sollten und jedenfalls die hier untersuchte These nicht zu begründen vermögen.

gg) Nichtanerkennung aus dem „Wesen" des Konkurses?

191 Kaum gewichtiger als die zuletzt [Anm. 187—190] erörterten Argumente ist der Versuch, die hier untersuchte These aus § 237 I mit der Erwägung herzuleiten, die Vollstreckungssperre, die in dieser Vorschrift für inländisches Vermögen nicht anerkannt werde, sei für den Konkurs so wesentlich, daß, wenn sie nicht anerkannt werde, auch andere Rechtsfolgen des Konkurses nicht anerkannt werden könnten[7]). Hinter dieser Erwägung (ein Verfahren der Universalvollstreckung ohne Sperre der Einzelvollstreckung ist kein Konkurs) steckt ein naiver Begriffsrealismus[8]), der die Funktion juristischer Begriffe, Rechtssätze oder Teile von Rechtssätzen

---

[1]) S. das Zitat in Anm. 43.

[2]) Ganz allg. Meinung; Raape, S. 654ff.; Soergel-Kegel, Vorbem. 512 und 520 vor Art. 7; OGHZ 1, 390; BGHZ 25, 129; BGHZ 31, 171. Auf Enteignung und Konfiskation beziehen sich auch fast alle von Mentzel-Kuhn aaO. zitierten Entscheidungen.

[3]) S. Anm. 201—204.

[4]) Vgl. Jaeger, § 237 Anm. 1: „die Territorialität als der dem Wesen des Konkurses — eines Vollstreckungsverfahrens — entsprechende Grundsatz"; ähnlich Jaeger-Lent, § 25 Anm. 28 [s. dazu Anm. 15]; BGH NJW 1962, 1511 = BGH KTS 1962, 173; ältere Literatur bei Jürgen Schmidt, S. 73 FN 160.

[5]) Dabei wird häufig übersehen, daß diese Argumentation der Annahme einer „Universalität" des in Deutschland eröffneten Konkurses [Anm. 42—43, 89—90] entgegenstehen müßte. Konsequent Jaeger, § 237 Anm. 1, der seine These [Anm. 190[1]] mit der Annahme „universaler Wirkungen" des Inlandskonkurses insoweit widerspruchsfrei bindet, als er in § 1 I KO eine bloße Anweisung an den inländischen Konkursverwalter erblickt, alles ihm nach Auslandsrecht erreichbare Vermögen des Gemeinschuldners zur Masse zu ziehen (die Kritik von Müller-Freienfels, S. 362, ist daher nicht ganz berechtigt).

[6]) Stein-Jonas-Pohle, § 829 Anm. I 3 mit weit. Nachw. [s. auch Anm. 199 a. E.].

[7]) Jaeger, § 237 Anm. 3; ähnlich BGH NJW 1960, 774 = BGH MDR 1960, 578 = BGH KTS 1960, 74 = BGH WM 1960, 347 = BGH AWD 1960, 101 mit der kennzeichnenden Steigerung: „. . . § 237 KO, wonach ein im Ausland eröffneter Konkurs nicht hindert, daß in das inländische Vermögen des Schuldners vollstreckt wird. Der Auslandskonkurs ergreift also nicht das inländische Vermögen, woraus sich ergibt . . ."; treffend dazu Jürgen Schmidt, S. 79 FN 171: „Schema . . .: Wortlaut des § 237 KO — unbegründete Verallgemeinerung — Schluß aus dieser Verallgemeinerung auf den zu entscheidenden Einzelfall".

[8]) Im Ergebnis ebenso Jürgen Schmidt, S. 79f.

nominal zusammenzufassen, verkennt (ein ausländisches Verfahren der Verwaltung eines Inbegriffs von Vermögensgegenständen, von dem im Inland eine für die *par condicio creditorum* wesentliche Rechtsfolge nicht anerkannt wird, mag infolge dieser Nichtanerkennung nicht mehr unter den internationalrechtlichen — nominalen — Begriff des Konkurses[1]) fallen, über die Geltung der sonstigen Rechtsfolgen des Verfahrens im Inland ist damit jedoch nichts gesagt) und schon deshalb die hier untersuchte These nicht zu begründen vermag.

hh) Der Standpunkt des historischen Gesetzgebers

In der Diskussion der hier untersuchten These wird in jüngerer Zeit nahezu **192**
von niemandem mehr auf die Vorgeschichte der Konkursordnung verwiesen[2]), die den Standpunkt des historischen Gesetzgebers sehr klar erkennen läßt. Der Entwurf einer Deutschen Gemeinschuldordnung von 1873[3]) sah in § 219 vor: „Sofern ... in bewegliche Vermögensgegenstände eines Schuldners, über dessen Vermögen im Auslande ein Gemeinschuldverfahren eröffnet worden ist, wegen persönlicher Forderungen ein Arrest oder eine Zwangsvollstreckung vollzogen wird, so ist deren Wirksamkeit in Beziehung auf die Gemeinmasse nach dem ausländischen Gemeinschuldrecht zu beurteilen. Für den einzelnen Fall kann ein Vergeltungsrecht nach Maßgabe des § 6 ausgeübt werden." In der Begründung des Entwurfs wird dazu ausgeführt, §§ 13ff. des Rechtshülfegesetzes vom 21. Juni 1869 („Sie enthalten im Grundsatz: das in dem einen Staat eröffnete Verfahren äußert seine Wirkung auch auf das dem Gemeinschuldner gehörige Vermögen in einem anderen Staate") gälten zwar nur für das Verhältnis der deutschen Bundesstaaten zueinander, der erwähnte Grundsatz aber habe „eine ganz allgemeine Tragweite". Dann heißt es weiter: „Wenn im Ausland über den Ausländer das Konkursverfahren eingeleitet wird, so kann nicht mit Grund bezweifelt werden, obgleich die Judikatur noch keineswegs über alle Fragen einstimmig ist, daß die Handlungsfähigkeit des Gemeinschuldners, die Fähigkeit, sein Vermögen zu verwalten, vor Gericht aufzutreten, die Legitimation des Konkursverwalters, der Umfang seiner Funktionen, die Fragen, unter welchen materiellen Voraussetzungen und Formen das Verfahren zu eröffnen und zu beendigen, wann und wie zu liquidieren, zu präkludieren, zu klassifizieren, zu akkordieren ist, welchen Einfluß die Eröffnung des Verfahrens auf die Rechtsverhältnisse des Gemeinschuldners ausübt, sich nur nach dem Recht des Konkursgerichts bestimmen. Inländische Gläubiger des Ausländers haben ihre Befriedigung bei dem Konkursgericht des Auslandes nach dortigem Recht zu suchen, inländisches Vermögen muß zur ausländischen Gemeinmasse gezogen werden. Und das gleiche ist natürlich von den ausländischen Gläubigern und dem ausländischen Vermögen eines Inländers zu behaupten."

In der Überarbeitung durch die vom Bundesrat eingesetzte Kommission[4]) **193**
erhielt der Entwurf im wesentlichen die Fassung, die dann Gesetz geworden ist. Dabei wurde § 219 des Entwurfes durch § 207 ersetzt, der bereits ebenso gefaßt war wie jetzt § 237. Diese Ersetzung bedeutete inhaltlich eine Umkehrung der Regelung: statt grundsätzlicher Vollstreckungssperre im Inland mit der Möglichkeit, Ausnahmen zum Nachteil der Gesamtheit der Konkursgläubiger anzuordnen, jetzt grundsätzlich keine Vollstreckungssperre im Inland mit der Möglichkeit, Ausnahmen zu Gunsten der Gesamtheit der Konkursgläubiger anzuordnen. Diese Verbesserung der Rechte der Gläubiger, denen inländisches Vermögen haftet (kurzschlüssig meist als „inländische Gläubiger" bezeichnet[5])), bedeutete jedoch nicht, daß die Auffassung des Entwurfs einer Gemeinschuldordnung zu den Rechtsfolgen

[1]) Anm. 8—9.
[2]) Ausnahmen: Hagemann, KTS 1960, 161f.; Jürgen Schmidt, S. 93ff.
[3]) Vgl. Jaeger-Lent, S. XLV.
[4]) Vgl. Jaeger-Lent, S. XLV.
[5]) So schon in den Motiven zu § 207 I (jetzt § 237 I): „... soll die inländischen Gläubiger schützen" (Materialien IV, S. 402ff.; s. alsbald im Text); ebenso RGZ 6, 400. Richtig Nadelmann (SJZ 1946, 173; ZZP 66, 48 FN 40), der die Bevorzugung inländischer Gläubiger allenfalls als faktische Folge der Regelung bestimmt, weil diese „eine gute Chance haben, in dem Wettrennen" (das die Verweisung an die vom Prioritätsprinzip bestimmte Einzelvollstreckung zur Folge hat) „als erste anzukommen"; ebenso Jürgen Schmidt, S. 148f.

eines Auslandskonkurses im Inland aufgegeben worden wäre. Die Motive zur Konkursordnung wiederholen praktisch wörtlich die [Anm. 192] wiedergegebene Begründung des Entwurfs einer Gemeinschuldordnung[1]). Zu der Neufassung von § 207 (jetzt § 237) heißt es lediglich: „daß der Entwurf das starre Territorialprinzip nicht annehmen kann, dürfte kaum zweifelhaft sein ... Demgemäß soll eine Befugnis ausländischer Konkursverwalter, zur dortigen Konkursmasse im Inland befindliches Vermögen einzuziehen, nicht beseitigt, und eine Auslieferung desselben seitens inländischer Behörden nicht beschränkt werden ... Der § 207 stellt nur eine Beschränkung auf, in Verfolgung des § 24 der Civilprozeßordnung. Der von dieser gegen Ausländer zugelassene allgemeine Gerichtsstand des Vermögens soll die inländischen Gläubiger schützen, vorzugsweise dadurch, daß die im Inland vorhandenen Vermögensstücke als Gegenstände der Zwangsvollstreckung benutzt werden können ... Dieser Zweck ist zu sichern."

194 Auch in den Diskussionen der Kommission wurde an dieser grundsätzlichen Einstellung nicht gerüttelt. Man diskutierte lediglich darüber, ob § 207 (jetzt § 237) nicht ganz gestrichen oder ob nicht wenigstens die Regelung des § 219 des Entwurfs einer Gemeinschuldordnung wiederhergestellt werden sollte[2]). Kennzeichnend dafür ist eine Stellungnahme von Carl Hagens[3]), in der dieser „Meister der Gesetzgebung"[4]) zu dem Entwurf des Gesetzes, das im wesentlichen sein Werk ist, unwidersprochen ausführte: „Als Grundsatz erkennt der Entwurf die volle Wirkung des ausländischen Konkurses an. Eine Konsequenz dieses Grundsatzes würde es nun allerdings sein, in allen Fällen, in welchen nach ausländischem Konkursrecht Einzelexekutionen in das zur Masse gehörige Vermögen nicht wirksam vorgenommen werden können, solche auch in das in Deutschland befindliche Vermögen des ausländischen Schuldners auszuschließen. Es werde aber wohl niemand billigen, diese Konsequenz ausnahmslos zu ziehen und also die Gläubiger, welche vielleicht die Vermögensstücke in Besitz haben, in allen Fällen und allen Staaten gegenüber zu nöthigen, die Vermögensstücke an das Ausland abzuliefern und dort ihr Recht in dem Konkurse zu suchen."

195 Es mag zweifelhaft sein, welche Relevanz dem aus der Vorgeschichte klar ersichtlichen Standpunkt des historischen Gesetzgebers für die Auslegung des Gesetzes zukommt, nachgerade unverständlich aber bleibt, mit welcher Unbedenklichkeit und Unbekümmertheit jede Frage nach diesem Standpunkt vermieden, das Wissen um diesen Standpunkt verdrängt wird.

ii) Anerkennung oder Nichtanerkennung?

196 Daß die hier untersuchte These dem Standpunkt des historischen Gesetzgebers [Anm. 192—195] widerspricht und daß die für sie vorgebrachten Argumente [Anm. 178—191] durchweg nicht zu überzeugen vermögen, besagt noch nicht, daß die These unrichtig ist. Ihre Berechtigung, genauer [vgl. Anm. 171 und 177]: die Frage, ob es über die Sonderregelung für beschränkte Inlandskonkurse und sonstige Zwangsvollstreckungen in inländisches Vermögen hinaus [Anm. 169] Gründe gibt, die dem Ausbau der einseitigen Kollisionsnorm des internationalen Konkursrechts Deutschlands über die nicht territorial beschränkte Sachregelungskompetenz [Anm. 121] zur allseitigen Kollisionsnorm [Anm. 164] entgegenstehen [Anm. 137], ist daher selbständig zu untersuchen.

197 Diese Untersuchung kann — das haben die Erörterungen der Argumente für die genannte These gezeigt — nicht bei den Regelungen des internationalen Konkursrechts und dem Bestreben, sie systematisch zu begreifen, stehenbleiben. Sie muß vielmehr versuchen, die beiden denkbaren Antworten auf die gestellte Frage (Ausbau oder Nicht-Ausbau) daraufhin zu überprüfen, bei welcher von ihnen „ein Maximum an Wertkonsistenz mit anderen Wertentscheidungen ... des deutschen Rechts erreicht werden kann"[5]). Dazu sind alle Wertentscheidungen zu berück-

---

[1]) Materialien IV, S. 402ff.
[2]) Zu Einzelheiten der Diskussion s. Jürgen Schmidt, S. 99f.
[3]) Materialien IV, S. 688.
[4]) Jaeger-Lent, S. XLV.
[5]) Jürgen Schmidt, S. 101.

sichtigen, die den in der Lösung der gestellten Frage geforderten Wertungen vergleichbar sind, d. h. alle Entscheidungen in Bezug auf ausländische Hoheitsakte, an die das Auslandsrecht Rechtsfolgen in Ansehung des Vermögens einer Privatperson knüpft.

Für Enteignung und Konfiskation — den Hoheitsakten mit Beschlag- 198
wirkung, die in der Diskussion über die Anerkennung eines „Konkursbeschlags" in Ansehung inländischen Vermögens bei Auslandskonkurs im Vordergrund stehen — ist international-privatrechtlich allgemein anerkannt, daß sie nicht über das Gebiet des eingreifenden Staates hinaus wirken[1]). Daraus können jedoch für den Konkurs nur dann Folgerungen gezogen werden, wenn der Konkurs mit diesen Eingriffen auf eine Stufe zu stellen ist. Wie Enteignung und Konfiskation führt auch der Konkurs zur Beschlagnahme des Vermögens des Gemeinschuldners; dieser Eingriff erfolgt jedoch nicht zugunsten des Staates, sondern zugunsten der Gläubiger des Gemeinschuldners (und kann sogar vom Gemeinschuldner selbst beantragt werden). Der Konkurs unterscheidet sich also in der Zweckrichtung grundlegend von Enteignung und Konfiskation: der Konkurs ist nicht wie Enteignung und Konfiskation von dem Bestreben bestimmt, spezielle Zielsetzungen des eingreifenden Staates zu verwirklichen, sondern von dem allen Staaten (bei allen Unterschieden in der Wertung der Ziele und Mittel) gemeinsamen Bemühen um Verwirklichung der Gerechtigkeit zwischen den Einzelnen[2]).

Bestehen demnach erhebliche Unterschiede zwischen Konkurs einerseits und 199
Enteignung oder Konfiskation andererseits, so mag der Auslandskonkurs, weil er „ein Hoheitsakt der Justiz im Dienste des Privatrechts"[3]) ist, „im Inland generell leichter anerkannt werden als ein politischer oder wirtschaftspolitischer Staatseingriff zugunsten des Staates"[4]). Die Argumentation bleibt jedoch unvollständig, solange sie dem Konkurs nur Enteignung und Konfiskation, nicht auch die staatlichen Eingriffe im Wege der Einzelzwangsvollstreckung gegenüberstellt. Auch diese Eingriffe sind „Hoheitsakte der Justiz im Dienste des Privatrechts", auch sie sind von dem Bemühen um Verwirklichung der Gerechtigkeit zwischen den Einzelnen bestimmt. Trotzdem wird für sie die gleiche Auffassung vertreten wie für Enteignung und Konfiskation: territoriale Beschränkung der Kompetenz des Staates, dem die Vollstreckungsbehörde angehört, Unwirksamkeit jeder Vollstreckungsmaßnahme, soweit sie über die Grenzen des Vollstreckungsstaates hinausgreift (Pfändung von Forderungen des Schuldners gegen im Ausland wohnhafte Drittschuldner; Pfändung von Immaterialgüterrechten ohne territoriale Beschränkung u. ä.[5])).

Enteignung und Konfiskation unterscheiden sich zwar vom Konkurs in der 200
Zielsetzung des hoheitlichen Eingriffs, können aber mit ihm gemeinsam haben, daß sie einen Inbegriff von Vermögensgegenständen erfassen. Umgekehrt ist die Einzelzwangsvollstreckung zwar von der gleichen Zielsetzung bestimmt wie der Konkurs, von ihm aber im Hinblick auf den Umfang des hoheitlichen Eingriffs zu unterscheiden. Dagegen sind andere Eingriffe in beiderlei Hinsicht dem Konkurs vergleichbar: die Entmündigung einer natürlichen Person, die Bestellung und die Abberufung von Vormündern, Pflegern und Testamentsvollstreckern, die Auflösung einer juristischen Person durch einen Staatsakt, der weder Enteignung noch Konkurseröffnung ist (Ablehnung der Konkurseröffnung mangels Masse[6]), Nichtigerklärung einer Gesellschaft[7]), Verfügung des Registergerichts[8]), Entziehung der Rechtsfähigkeit wegen Gesetzeswidrigkeit[9])) und die Anordnung einer Nachlaßverwaltung.

[1]) Raape, S. 654ff.; Soergel-Kegel, Vorbem. 512 und 520 vor Art. 7; OGHZ 1, 390; BGHZ 25, 129; BGHZ 31, 171.
[2]) Soergel-Kegel, Vorbem. 405 vor Art. 7; Müller-Freienfels, S. 365; ähnlich Jürgen Schmidt, S. 118, zum „System der Hoheitsakte" [FN 197]; vgl. auch Anm. 34.
[3]) Kegel, § 23 II 2.
[4]) Müller-Freienfels, S. 366 unter Berufung auf Kegel, § 23 II 2.
[5]) S. Anm. 190[6].
[6]) Vgl. § 262 I Nr. 4 AktG.
[7]) Vgl. § 275 AktG, § 61 GmbHG.
[8]) Vgl. § 262 I Nr. 5 AktG, § 60 I Nr. 5 GmbHG.
[9]) Vgl. §§ 43 und 73 BGB.

201 Die Entmündigung einer natürlichen Person durch den zuständigen ausländischen Staat (nach deutscher Auffassung[1]): zumindest die Entmündigung durch ein Gericht des Staates, dem der Entmündigte angehört, nach dem materiellen Recht dieses Staates) wird in Deutschland ohne weiteres, insbesondere ohne Exequatur, anerkannt[2]). Es findet allenfalls eine Einschränkung der Anerkennung nach Art. 7 III 1 EGBGB zugunsten des inländischen Rechtsverkehrs statt, sicherlich aber keine Einschränkung hinsichtlich des im Inland belegenen Vermögens auf Grund des „Territorialitätsprinzips".

202 Bestellung und Abberufung von Vormündern richten sich gemäß dem internationalen Privatrecht Deutschlands nach dem Recht des Staates, dem der Betroffene (Mündel oder Pflegebedürftiger) angehört[3]), und dieser Staat ist auch für die Anordnung dieser Maßnahmen international zuständig[4]). Deutschland mag in Ausnahmefällen die internationale Zuständigkeit auch gegenüber einem Ausländer in Anspruch nehmen (Art. 23 EGBGB), das ändert aber nichts daran, daß die Maßnahmen des international zuständigen Staates im Inland — auch hinsichtlich des inländischen Vermögens des Betroffenen — anerkannt [Anm. 131 a. E.] werden.

203 Ganz das Entsprechende gilt für Bestellung und Abberufung von Testamentsvollstreckern, für die der Staat zuständig ist, nach dessen Recht sich die Erbfolge beurteilt[5]).

204 Auch die Auflösung einer juristischen Person oder einer gleichgestellten Gesellschaft durch Hoheitsakt des ausländischen Staates, in dem sie ihren Sitz hat (dessen Recht ihr „Personalstatut" ist), wird in Deutschland anerkannt, sofern die Auflösung nicht „aus politischen oder wirtschaftspolitischen Gründen" erfolgt[6]).

205 Zur Anerkennung der Anordnung einer Nachlaßverwaltung fehlen — soweit ersichtlich — ausdrückliche Stellungnahmen. Die internationale Zuständigkeit bestimmt sich wie hinsichtlich Bestellung und Abberufung von Testamentsvollstreckern [Anm. 203] nach dem Erbstatut[7]). Von der zuständigen Behörde des international zuständigen Staates angeordnete Nachlaßpflegschaften entsprechend §§ 1960—1962 BGB werden in Deutschland unbezweifelbar anerkannt[7]). Vorbehalte für eine „Nachlaßpflegschaft zum Zwecke der Befriedigung der Nachlaßgläubiger (Nachlaßverwaltung)" entsprechend § 1975 BGB werden nirgends gemacht. Es muß daher angenommen werden, daß auch die Anordnung der Nachlaßverwaltung durch die zuständige Behörde des international zuständigen Staates in Deutschland ohne jede Einschränkung — also auch hinsichtlich inländischer Nachlaßgegenstände — anerkannt wird.

206 Der Fall der Nachlaßverwaltung unterscheidet sich aber von dem Fall des Nachlaßkonkurses in den Voraussetzungen nur durch den unterschiedlichen Saldo zwischen Nachlaßaktiven und -passiven (Überschuldung hier, keine Überschuldung dort); an diesen Unterschied knüpft dann die den Nachlaßkonkurs kennzeichnende *par condicio creditorum* [Anm. 8]. Wird eine ausländische Nachlaßverwaltung auch hinsichtlich des inländischen Vermögens anerkannt — davon ist auszugehen [Anm. 205] —, ein ausländischer Nachlaßkonkurs aber nicht — wie dies die hier untersuchte These postuliert —, so wird einem ausländischen Hoheitsakt Beschlagwirkung im Inland zuerkannt, wenn das gesamte in Beschlag genommene Vermögen nicht überschuldet ist, Beschlagwirkung im Inland versagt, wenn das gesamte in Beschlag genommene Vermögen überschuldet ist. Warum die verschiedene Antwort auf die Frage „überschuldet oder nicht?" diese verschiedenen Konsequenzen haben soll (welche rational diskutierbare Erwägung es rechtfertigen soll, diesen einzigen Unterschied der Sachverhalte zur Grundlage unterschiedlicher Entscheidungen zu machen), muß unerfindlich bleiben.

[1]) Soergel-Kegel, Art. 8 Anm. 4 mit weit. Nachw.
[2]) Raape, S. 182.
[3]) Soergel-Kegel, Art. 23 Anm. 5 mit weit. Nachw.
[4]) Soergel-Kegel, Art. 23 Anm. 13 mit weit. Nachw.
[5]) Soergel-Kegel, Vorbem. 55—66 vor Art. 24 mit weit. Nachw.
[6]) Soergel-Kegel, Vorbem. 159 und 559—567 vor Art. 7 mit weit. Nachw. [s. auch Anm. 198 a. E.].
[7]) Soergel-Kegel, Vorbem. 55—57 vor Art. 24 mit weit. Nachw.

Ganz ähnliche Überlegungen müßten für ausländische juristische Personen und gleichgestellte Gesellschaften hinsichtlich Konkursverfahren einerseits und Verfahren der Liquidation nach anerkannter Auflösung durch Hoheitsakt andererseits [Anm. 204] gelten, wenn — wie dies einzelne Vertreter der hier untersuchten These in geradezu doktrinärer Überspitzung fordern [Anm. 24 a. E.] — dem ausländischen Konkursverwalter die Vertretung der juristischen Person oder Gesellschaft hinsichtlich des zur Zeit der Konkurseröffnung in Deutschland belegenen Vermögens verwehrt würde. Daß die überwiegende Meinung dies nicht tut [Anm. 24 a. E.], vermeidet zwar eine rational nicht zu begründende Ungleichbehandlung, ist aber weder von der hier untersuchten These her zu rechtfertigen[1]), noch wissenschaftlich überzeugend, solange nicht gefragt wird, ob die Gründe für diese Entscheidung nicht auch sonst ein Abgehen von der hier untersuchten These erheischen. **207**

Die Gründe für diese Entscheidung liegen auf der Hand: zwischen Konkurseröffnung im Ausland und Versetzung in das Stadium der Liquidation durch ausländischen Hoheitsakt bestehen keine Unterschiede, die eine verschiedene Stellungnahme zu den Rechtsfolgen des ausländischen Staatsakts hinsichtlich des zur Zeit seiner Vornahme im Inland befindlichen Vermögens begründen könnten. Ebensowenig bestehen zwischen der Eröffnung eines Nachlaßkonkurses im Ausland und der Anordnung einer Nachlaßverwaltung im Ausland Unterschiede, die eine verschiedene Behandlung dieser Maßnahmen hinsichtlich inländischer Nachlaßgegenstände (Anerkennung hier, Nichtanerkennung dort) rechtfertigen könnten. Die Konkurseröffnung ist als Hoheitsakt, der einen Inbegriff von Vermögensgegenständen ergreift und diese Gegenstände einem Verfahren unterwirft, in dem es um die Verwirklichung von Gerechtigkeit zwischen den Einzelnen geht, anderen Hoheitsakten, die ihr in Umfang und Zielsetzung des Eingriffs entsprechen (dazu gehören außer Auflösung einer juristischen Person oder einer gleichgestellten Gesellschaft und außer der Anordnung der Nachlaßverwaltung: Entmündigung sowie Bestellung und Abberufung von Vormündern, Pflegern und Testamentsvollstreckern[2])), auch hinsichtlich der Frage der Anerkennung in Ansehung außerhalb des Eingriffsstaates belegenen Vermögens gleichzuachten. **208**

Die in dieser Gleichachtung liegende Differenzierung zwischen (extraterritorial wirkender) Universalvollstreckung und (nur territorial wirkender) Einzelvollstreckung ist aus der Verschiedenheit der Zugriffsobjekte begründet. Wird hier ein einziger notwendig von einem einzigen Recht als Sachstatut [Anm. 103] bestimmter und in einem einzigen Staat belegener Vermögensgegenstand ergriffen (so daß es von vornherein naheliegt, die internationale Kompetenz für den Vollstreckungszugriff einem einzigen Staat zuzuerkennen, wobei die besseren Gründe für den Staat der Belegenheit und gegen den Staat des Sachstatuts sprechen), so geht es dort — wie bei Entmündigung, Bestellung und Abberufung von Vormündern, Pflegern und Testamentsvollstreckern, hoheitlicher Auflösung einer juristischen Person oder einer gleichgestellten Gesellschaft und Anordnung einer Nachlaßverwaltung — um einen Inbegriff von Vermögensgegenständen, um eine Vermögensgesamtheit, die nicht notwendig (und auch faktisch immer weniger häufig) vom Recht eines einzigen Staates bestimmt und in einem einzigen Staat belegen ist, aber durch eine einheitliche Zweckbestimmung verbunden und „einem Treuhänder zur Wahrung besonderer Rechte im Interesse des Betroffenen und Dritter"[3]) überantwortet wird. Ganz allgemein aber tritt nach deutschem Kollisionsrecht deutsches Recht als Sachstatut oder Statut der Belegenheit nicht vor einem ausländischen Sach- oder Belegenheitsstatut (Einzelstatut), wohl aber vor einem ausländischen „Gesamtstatut" zurück, weil eine Gesamtheit, die eine Vielzahl nach verschiedenen Rechten zu beurteilender Gegenstände umfaßt, ohne ein solches Zurücktreten der „Einzelstatute" alsbald gesprengt würde („Gesamt- **209**

---

[1]) Bezeichnend BGH AWD 1962, 81 = BGH WM 1962, 266, wo der Widerspruch zu der sonstigen Handhabung des „Territorialitätsprinzips" mit dem Hinweis überspielt wird, die Zwangsvollstreckung in inländisches Vermögen bleibe ja zulässig, der „Schutzzweck" von § 237 I werde also nicht beeinträchtigt (als ob der BGH sonst nicht weit über diesen Schutzzweck hinausginge!).
[2]) Anm. 201—203.
[3]) Jürgen Schmidt, S. 108.

statut geht vor Einzelstatut"[1])). Wie die Rechtsnachfolge in Forderungen, soweit sie Einzelrechtsnachfolge ist (Abtretung, Verpfändung), nur vom Einzelstatut (und zwar vom Sachstatut) bestimmt wird[2]), so ist auch nur das Einzelstatut (und zwar das Statut der Belegenheit) für den Zugriff in der Einzelvollstreckung kompetent[3]). Wie die vom ausländischen Recht bestimmte Rechtsnachfolge in Forderungen, für die deutsches Recht Einzelstatut ist, trotz Abweichung vom Inhalt des Einzelstatuts in Deutschland anerkannt wird, wenn es eine Gesamtnachfolge ist (Erbgang, Anwachsung von Anteilen, Verschmelzung u. ä.)[4]), so muß auch der vom ausländischen Recht bestimmte Zugriff in der Universalvollstreckung in Deutschland anerkannt werden[5]).

210 Der Ausbau der einseitigen Kollisionsnorm über die nicht territorial beschränkte Sachregelungskompetenz Deutschlands [Anm. 121] zur allseitigen Kollisionsnorm [Anm. 164] entspricht also nicht nur dem Willen des historischen Gesetzgebers [Anm. 192—195], er ist nicht nur durch keine zwingenden Gegengründe gehindert [Anm. 142, 178—191], sondern im Hinblick auf andere Entscheidungen des deutschen Rechts allein systemgerecht. Der Auslandskonkurs ist daher auch hinsichtlich des zur Zeit seiner Eröffnung in Deutschland belegenen Vermögens mit seinen konkurstypischen Rechtsfolgen in Deutschland anzuerkennen.

211 Daß diese Anerkennung die Rechtsfolgen des Ausschlusses eines weiteren Konkurses und der allgemeinen Vollstreckungssperre hinsichtlich des in Deutschland belegenen Vermögens nicht umfaßt, stand von vornherein [Anm. 169] fest. (Diese Ausnahme muß, wenn die Regelung des § 237 I nicht auf Gläubiger titulierter Forderungen beschränkt werden soll — was weder mit dem Wortlaut vereinbar wäre noch dem Sinn entspräche —, auf die Prozeßführung von Konkursgläubigern im Inland erstreckt werden; auch § 12 verweist ja die Konkursgläubiger auf die Verfolgung ihrer Rechte „nach Maßgabe der Vorschriften für das Konkursverfahren" nur insoweit, als „Sicherstellung oder Befriedigung aus der Konkursmasse" verlangt wird; eine entsprechende Vorschrift des ausländischen Rechts würde also von vornherein der gerichtlichen Geltendmachung einer Konkursforderung in Deutschland zum Zwecke der Zwangsvollstreckung in das in Deutschland belegene Vermögen nicht entgegenstehen.)

d) Ergebnis

212 Das internationale Konkursrecht Deutschlands erkennt also jedem Staat, in dem der Schuldner einen allgemeinen Gerichtsstand hat, die Kompetenz zu, auch die zur Zeit der Konkurseröffnung in Deutschland belegenen pfändbaren Vermögensgegenstände des Schuldners zur Konkursmasse zu rechnen. Die Zuerkennung dieser Kompetenz hindert auch nach Eröffnung des Auslandskonkurses nicht eine Zwangsvollstreckung nach deutschem Recht in Vermögensgegenstände, die zur Zeit der Eröffnung des Auslandskonkurses in Deutschland belegen waren, einschließlich eines dieses Vermögen erfassenden Konkurses (auch nicht die gerichtliche Geltendmachung von Konkursforderungen in Deutschland).

213 Mit dieser Regelung des internationalen Konkursrechts Deutschlands wird die nicht territorial beschränkte Sachregelungskompetenz hinsichtlich des zur Zeit der Konkurseröffnung in Deutschland belegenen Vermögens — unter Vorbehalten in Ansehung der Zwangsvollstreckung (Einzelvollstreckung und Universalvollstrekkung) in dieses Vermögen mehreren Staaten zuerkannt, wenn der Schuldner in mehreren Staaten einen allgemeinen Gerichtsstand hat [Anm. 99—100]. Wird in jedem dieser Staaten Konkurs eröffnet (und sieht jeder beteiligte Staat sein Verfahren als „nicht beschränkten Konkurs" an[6])), so kommt es also zu einer „Konkurrenz" mehrerer Konkurse im Sinne einer Kollision von Rechtsfolgen des Konkurses hinsichtlich von Vermögensgegenständen und Rechtsverhältnissen, für die mehrere

[1]) Vgl. Raape, S. 85; Kegel, S. 140f.
[2]) Soergel-Kegel, Vorbem. 311 vor Art. 7 mit weit. Nachw.
[3]) Vgl. Anm. 190[6] und 199 a. E.
[4]) Raape, S. 85.
[5]) Im Ergebnis ebenso Jürgen Schmidt, S. 109.
[6]) Vgl. Anm. 164[1].

Konkursrechte Geltung anstreben [Anm. 166]. Da andere Kriterien nicht ersichtlich sind, hat der Auslandskonkurs den Vorrang, dem die Priorität der Eröffnung[1]) zukommt.

3. Kompetenz eines ausländischen Staates hinsichtlich des in ihm belegenen Vermögens

a) Allgemeines

214 Ist die einseitige Kollisionsnorm des internationalen Konkursrechts Deutschlands über die nicht territorial beschränkte Sachregelungskompetenz [Anm. 121] mit der Folge zur allseitigen Kollisionsnorm auszubauen, daß die Zugehörigkeit des zur Zeit der Eröffnung eines nicht beschränkten Auslandskonkurses in Deutschland belegenen Vermögens zur Konkursmasse dieses Konkurses anerkannt wird [Anm. 212], so scheint dieser Ausbau hinsichtlich des im danach kompetenten ausländischen Staat selbst belegenen Vermögens ganz unproblematisch zu sein (insoweit scheint die Zugehörigkeit zur Konkursmasse „erst recht" anerkannt werden zu müssen). Dieser Eindruck täuscht jedoch, denn auch hinsichtlich dieses Vermögens können Fragen auftreten, die nicht ohne weiteres mit einem *argumentum a maiore ad minus* o. ä. zu erledigen sind, dann nämlich, wenn der Schuldner in mehreren Staaten einen allgemeinen Gerichtsstand hat [Anm. 99—100].

215 Die in diesem Falle (wenn jeder beteiligte Staat sein Verfahren als „nicht beschränkten Konkurs" gestaltet[2])) entstehende Konkurrenz [Anm. 213] ist nicht einfach nach der Priorität der Konkurseröffnung aufzulösen, denn es geht ja um eine Konkurrenz von Zuständigkeiten hinsichtlich von Vermögen, das in einem der beteiligten Staaten selbst belegen ist. Dazu kommt, daß auch eine Konkurrenz eines ausländischen Konkursrechts mit deutschem Konkursrecht bestehen kann, für die anderes gelten kann als für die Konkurrenz mehrerer ausländischer Konkursrechte untereinander. Die durch solche Konkurrenzen aufgeworfenen Fragen sind daher für die erwähnten Fälle getrennt zu erörtern.

b) Konkurrenz mit inländischer Kompetenz

aa) Allgemeines

216 Hat ein Schuldner in einem ausländischen Staat und in Deutschland einen allgemeinen Gerichtsstand und wird in beiden Staaten ein nicht beschränkter Konkurs eröffnet, so ist in jedem Falle (mag der Auslandskonkurs zuerst oder nach dem Inlandskonkurs eröffnet worden sein) die Konkurrenz hinsichtlich des inländischen Vermögens unproblematisch [Anm. 168]: dieses Vermögen gehört nach dem internationalen Konkursrecht Deutschlands immer nur zur Konkursmasse des Inlandskonkurses.

217 Hinsichtlich des im ausländischen Konkursstaat belegenen Vermögens dürfte davon auszugehen sein, daß das internationale Konkursrecht dieses Staates den gleichen Standpunkt vertritt, wie das internationale Konkursrecht Deutschlands hinsichtlich des in Deutschland belegenen Vermögens [Anm. 216]. Dieser Standpunkt könnte aber, wenn das deutsche Recht eine Regelung enthielte, nach der auch das im ausländischen Konkursstaat belegene Vermögen zur Konkursmasse des deutschen Konkurses gerechnet würde, allenfalls die „faktische Geltung" [Anm. 51] dieser Regelung berühren; die Frage, ob nach dem internationalen Konkursrecht Deutschlands Geltung des deutschen Konkursrechts auch für dieses Vermögen „gewollt" ist [Anm. 51], wird durch die Feststellung jenes Standpunktes des internationalen Konkursrechts des ausländischen Konkursstaates nicht erledigt. Diese Frage bleibt auch — jedenfalls in bestimmten Fällen — von erheblicher praktischer Bedeutung: Wird nach deutschem Konkursrecht das im ausländischen Konkursstaat belegene Vermögen zur Konkursmasse des deutschen Konkurses

[1]) Soergel-Kegel, Vorbem. 245 vor Art. 7, gibt — für die internationale Zuständigkeit — entsprechend § 71 II dem Konkurs den Vorrang, dessen Eröffnung zuerst beantragt worden ist. Das Problem der Konkurrenz mehrerer Sachregelungskompetenzen ist jedoch dem des § 71 II nicht voll vergleichbar, wie allein darin sichtbar wird, daß die Konkurseröffnung durch ein nach § 71 II unzuständiges Gericht wirksam ist, also zum „Konkursbeschlag" führt [Jaeger-Weber, § 71 Anm. 12—13].

[2]) Vgl. Anm. 164[1].

gerechnet, so mag dem deutschen Konkursbeschlag hinsichtlich dieses Vermögens die „faktische Geltung" abgehen; eine „gewollte" Zurechnung kann aber doch dafür relevant werden, ob und wie eine Befriedigung eines Konkursgläubigers aus diesem Vermögen bei Verteilungen im deutschen Konkurs zu berücksichtigen ist, ob eine abgesonderte Befriedigung im ausländischen Konkursstaat unter § 50 fällt, ob den Verwalter Pflichten in Ansehung dieses Vermögens treffen u. ä. Ob die Zurechnung des im ausländischen Konkursstaat belegenen Vermögens zur Konkursmasse des Inlandskonkurses „gewollt" ist, kann daher nicht dahingestellt bleiben.

218 Die hier zu erörternde Frage (rechnet das deutsche Konkursrecht ausländisches Vermögen des Schuldners auch dann zur Konkursmasse des in Deutschland eröffneten nicht beschränkten Konkurses, wenn im Staat der Belegenheit kraft allgemeinen Gerichtsstandes des Schuldners ein nicht beschränkter Konkurs eröffnet wird oder eröffnet worden ist?) kann nicht einfach durch Hinweis darauf erledigt werden, das deutsche Konkursrecht wolle doch „universal" gelten [Anm. 84—93]. Dieser Wille zu „universaler" Geltung ist Voraussetzung dafür, daß überhaupt ein Konkurrenzproblem entsteht, nicht auch Kriterium der Lösung dieses Problems. Es ist ja gerade die Frage, ob die „universale" Geltung uneingeschränkt gewollt ist oder ob nicht für bestimmte Fälle Ausnahmen zugunsten ausländischen Rechts (Ausnahmen hinsichtlich der „gewollten Geltung", nicht hinsichtlich der „faktischen Geltung" deutschen Rechts) gemacht werden (diese Frage durch Hinweis auf den Willen zu „universaler" Geltung lösen zu wollen, wäre nichts anderes als eine unzulässige *petitio principii*).

219 Der Gedanke, das internationale Konkursrecht Deutschlands mache selbst Ausnahmen hinsichtlich der gewollten Geltung materiellen deutschen Konkursrechts, wird durch den Umstand nahegelegt, daß das internationale Konkursrecht Deutschlands einem ausländischen Staat die nicht territorial beschränkte Sachregelungskompetenz nur unter Vorbehalten hinsichtlich der Zwangsvollstreckung in inländisches Vermögen einschließlich eines dieses Vermögen erfassenden Konkurses zuerkennt [Anm. 166—169, 211—212]. Das internationale Konkursrecht Deutschlands könnte dem ausländischen Konkursstaat das Recht zu eben solchen Vorbehalten gegenüber der Kompetenz Deutschlands einräumen und so selbst Ausnahmen hinsichtlich der Geltung deutschen Konkursrechts vorsehen.

220 Die genannten Vorbehalte hinsichtlich der Zwangsvollstreckung in inländisches Vermögen einschließlich eines dieses Vermögen erfassenden Konkurses ergeben sich aus mehreren einseitigen Kollisionsnormen des internationalen Konkursrechts Deutschlands: nämlich aus § 237 I in der Beschränkung auf die Einzelvollstreckung [vgl. Anm. 148] sowie aus dem den Kollisionsnormen über die internationale Sachregelungskompetenz Deutschlands [Anm. 121—122] zu entnehmenden Satz [Anm. 168]: „Der im Inland eröffnete Konkurs erfaßt stets zumindest das im Inland belegene Vermögen des Schuldners".

221 Der Gedanke, das Recht zu solchen Vorbehalten auch dem ausländischen Konkursstaat gegenüber Deutschland einzuräumen [Anm. 219], enthält also die Auffassung, die diese Vorbehalte begründenden einseitigen Kollisionsnormen des internationalen Konkursrechts Deutschlands [Anm. 220] seien zu allseitigen Kollisionsnormen auszubauen.

bb) Ausbau von § 237 I zur allseitigen Kollisionsnorm?

222 Daß § 237 I — die Vorschrift, in der für viele ein Bekenntnis des internationalen Konkursrechts Deutschlands zum Prinzip bloßer „Territorialität" des Auslandskonkurses zum Ausdruck kommt [Anm. 185] — zur allseitigen Kollisionsnorm ausgebaut werden sollte, scheint mit der allgemein vertretenen Auffassung, das internationale Konkursrecht Deutschlands folge für Inlandskonkurse dem „Universalitätsprinzip" [Anm. 42—43], unvereinbar. Trotzdem wird dieser Ausbau allgemein für geboten erachtet.

223 Dabei wird freilich — in der immer wieder festzustellenden Vernachlässigung allgemein-kollisionsrechtlicher Terminologie und Begriffsbildung [Anm. 171] — nicht vom „Ausbau einer einseitigen Kollisionsnorm zur allseitigen Kollisionsnorm"

gesprochen[1]); ja, die als Bejahung dieses Ausbaus zu betrachtenden Stellungnahmen[2]) werden regelmäßig nicht einmal begründet[3]).

Wie bei der allgemeinen Frage, ob das internationale Konkursrecht Deutschlands im Ausland belegenes Vermögen des Schuldners zur Konkursmasse rechnet [Anm. 218], so geht es auch bei der als „Ausbau von § 237 I zur allseitigen Kollisionsnorm?" zu bestimmenden Frage nicht darum, ob das Recht eines ausländischen Staates hinsichtlich der Zwangsvollstreckung in das in diesem Staat belegene Vermögen deutschem Konkursrecht die „faktische Geltung" versagt, sondern darum, inwieweit deutsches Konkursrecht für die Zwangsvollstreckung in ausländisches Vermögen „gelten will". 224

Von vornherein steht fest, daß das deutsche Konkursrecht die Zwangsvollstreckung von Konkursgläubigern in ausländisches Vermögen des Gemeinschuldners nicht als solche verbietet (: nicht als vollstreckungsrechtlich unzulässig ansieht). Die deutschen konkursrechtlichen Normen [Anm. 26—28] ordnen nur konkurstypische Rechtsfolgen an. Die Beschränkung der Konkursgläubiger in der Verfolgung ihrer Forderungsrechte, wie sie §§ 12 und 14 I vorsehen, ist zwar eine konkurstypische (sogar eine „wesentliche") Rechtsfolge, sie ist aber „konkursrechtlich" nur insoweit, als sie spezifische Fragen des Konkursrechts regelt. Dazu gehören, was § 14 I angeht (der hier nur insoweit interessiert, als er die Zwangsvollstreckung in die Konkursmasse betrifft), die Fragen, ob ein Konkursgläubiger das in einer „unzulässigen" Einzelvollstreckung Beigetriebene in die Konkursmasse einzuwerfen hat, ob er wegen dieser Beitreibung an die Konkursmasse Schadenersatz zu leisten hat oder ob er sich wenigstens das Beigetriebene auf seine Konkursdividende anrechnen lassen muß. Alle diese Fragen sind in § 14 I mitgeregelt, wie sichtbar wird, sobald das Verbot nicht beachtet worden ist. Für diesen Fall ist anerkannt, daß die verbotswidrige Vollstreckung „der bürgerlichrechtlichen Wirksamkeit" ermangelt[4]), „materiellrechtlich unwirksam" ist[5]), d. h.: daß der Konkursmasse hinsichtlich des verbotswidrig Beigetriebenen (zumindest) ein Bereicherungsanspruch gegen den Gläubiger zusteht[6]). 225

Dieser konkursrechtliche Kern von § 14 I (Zwangsvollstreckung in die Konkursmasse zugunsten einzelner Konkursgläubiger ist „materiellrechtlich unwirksam") ist in eine vollstreckungsrechtliche Regelung „eingekleidet"[7]), eine vollstreckungsrechtliche Regelung des Inhalts, daß eine solche Zwangsvollstreckung unzulässig ist, d. h.: daß den Vollstreckungsbehörden die Mitwirkung an einer solchen Zwangsvollstreckung verboten ist[8]). Diese Regelung ist reines Recht der Einzelvollstreckung, nicht Konkursrecht, kann also einen anderen internationalen Geltungsbereich haben als der konkursrechtliche „Kern"[9]) [s. Anm. 112 a. E.]: sie gilt als Verbot gegenüber Behörden schon nach dem Willen des deutschen Gesetzgebers nur für deutsche Vollstreckungsbehörden[10]); der konkursrechtliche „Kern" könnte nach dem Willen des deutschen Gesetzgebers „universal" gelten. 226

---

1) Ausnahme: Jürgen Schmidt, S. 138ff.

2) RGZ 54, 193; Jaeger, § 237 Anm. 3; Jaeger-Lent, § 14 Anm. 35; Mentzel-Kuhn, § 238 Anm. 6; Böhle-Stamschräder, § 238 Anm. 2; Nußbaum, S. 451f. (der deshalb von einer „unvollkommenen Universalität" des deutschen Konkurses spricht); Martin Wolff, S. 90f. — dagegen: v. Schwartzkoppen, Zwangsvollstreckung eines Konkursgläubigers in ausländisches Vermögen des Gemeinschuldners (Diss. Bonn, 1930), S. 15ff.; Müller-Freienfels, S. 361f.; Förger, Stellung des Konkursverwalters (1969), S. 147f.

3) Die einzige Ausnahme (zu Scheinbegründungen durch *petitiones principii* u. ä. treffend Jürgen Schmidt, S. 140f.) bildet Martin Wolff, S. 90, dessen Argumentation, man könne dem im Ausland die Zwangsvollstreckung betreibenden Gläubiger „in der Regel nichts vorwerfen", freilich am Problem vorbeigeht: die Erstreckung von § 14 I auf die Zwangsvollstreckung im Ausland könnte zur Folge haben, daß die Beitreibung von Konkursgut im Ausland als ungerechtfertigte Bereicherung auf Kosten der Konkursmasse (der anderen Konkursgläubiger) angesehen wird [vgl. Anm. 225]; einen Vorwurf gegen den bereicherten Gläubiger setzt diese Rechtsfolge nicht voraus.

4) Jaeger-Lent, § 14 Anm. 21.

5) Böhle-Stamschräder, § 14 Anm. 5.

6) Jaeger-Lent, § 14 Anm. 22; Böhle-Stamschräder, § 14 Anm. 5.

7) Jahr, S. 181f. und 184f.

8) Das Verbot ist von den (deutschen) Vollstreckungsbehörden von Amts wegen zu beachten (Jaeger-Lent, § 14 Anm. 22; Böhle-Stamschräder, § 14 Anm. 5).

9) § 14 enthält also zwei Normen (Anm. 27): eine Norm des Rechts der Einzelvollstreckung und eine konkursrechtliche Norm.

10) Jaeger-Lent, § 14 Anm. 35: „Das Verbot des § 14 . . . gilt nur für den Inlandskonkurs und wehrt nur dem Sonderzugriff auf Inlandsvermögen. Denn nur Inlandsbehörden kann das Inlandsgesetz die Ausübung der staatlichen Zwangsgewalt verbieten."

227 Einen solchen Willen bestreiten die Stellungnahmen, die als Bejahung der Frage „Ausbau von § 237 I zur allseitigen Kollisionsnorm?" zu bestimmen sind[1]). Da diese Stellungnahmen jedoch zwischen dem konkursrechtlichen „Kern" und der (nur an die deutschen Vollstreckungsbehörden gerichteten) „Einkleidung" nicht unterscheiden, ist freilich nicht auszuschließen, daß dabei die richtige Erkenntnis der territorial beschränkten Geltung der „Einkleidung" [Anm. 226 a. E.] unbesehen auf die gesamte Vorschrift, also auch auf den konkursrechtlichen „Kern" übertragen wird (: daß — weil übersehen wird, daß § 14 I zwei Normen enthält[2]) — für beide Normen ausgesagt wird, was nur für eine von ihnen mit Sicherheit gilt).

228 Diese Möglichkeit und das Fehlen von Begründungen schließen freilich nicht aus, daß den Stellungnahmen im Ergebnis zuzustimmen (: § 237 I zur allseitigen Kollisionsnorm auszubauen) ist. Die Zustimmung ist auch nicht durch den Umstand gehindert, daß § 237 I als „Spezialnorm des deutschen *ordre public*" zu bestimmen ist, denn auch solche Normen können zu allseitigen Kollisionsnormen ausgebaut werden[3]), wenn ihr Sinn und Zweck unter Berücksichtigung der Erfordernisse internationaler Gerechtigkeit den Ausbau erfordern.

229 Sinn und Zweck von § 237 I (Schutz der Gläubiger, die im Vertrauen auf inländisches Vermögen dem Gemeinschuldner Kredit gewährt hatten[4])) mögen heute — rechtspolitisch — kritisch beurteilt werden[5]), der Schutz ist jedenfalls geltendes Recht und er wäre unsinnig, wenn er den Gläubigern zwar die Einzelvollstreckung erlaubte, sie aber hinsichtlich des Beigetriebenen einer Haftung aus ungerechtfertigter Bereicherung o. ä. gegenüber der Konkursmasse des Auslandskonkurses auslieferte. § 237 I ist daher dahin zu interpretieren, daß er dem ausländischen Konkursrecht nicht nur die Befugnis verwehrt, Einzelvollstreckungen in Deutschland zu verbieten [i. S. von Anm. 226 a. Anf.] — ein Verbot gegenüber deutschen Vollstreckungsbehörden wird ein ausländisches Konkursrecht im Zweifel sowieso nicht aussprechen wollen —, sondern daß er dem ausländischen Konkursrecht die Anerkennung auch insoweit verweigert, als es (im konkursrechtlichen „Kern" einer § 14 I entsprechenden Vorschrift[6])) die nach § 237 I zulässige Zwangsvollstreckung in Deutschland für „materiellrechtlich unwirksam" [Anm. 225] erklären sollte. Diese Entscheidung aber („die nach dem Recht des Belegenheitsstaates prozeßrechtlich zulässige Einzelvollstreckung in Gegenstände der Konkursmasse ist auch materiellrechtlich wirksam") kann, wenn sie als gerecht angesehen werden soll, nicht auf einzelne (und zwar gerade in Deutschland belegene) Gegenstände beschränkt werden[7]).

230 Den [Anm. 222—223] erwähnten Stellungnahmen ist also im Ergebnis jedenfalls insoweit zuzustimmen, als nach ihnen der Konkursgläubiger eines Inlandskonkurses wegen einer Zwangsvollstreckung in ausländische Massegegenstände der inländischen Konkursmasse gegenüber nicht aus ungerechtfertigter Bereicherung oder gar auf Schadenersatz haftet.

231 Dieser Ausschluß einer Haftung des Konkursgläubigers rechnet das von diesem Beigetriebene nicht zur Konkursmasse als dem Vermögen, aus dem allen Konkursgläubigern „gemeinschaftliche Befriedigung" (§ 3 I) gebührt. Das läßt jedoch die Frage ganz offen, ob das Beigetriebene — wie es die [Anm. 222—223] erwähnten Stellungnahmen postulieren — auch auf die inländische Konkursdividende des Gläubigers nicht anzurechnen ist. Eine solche Anrechnung setzte nicht voraus, daß die Beitreibung im Ausland „materiellrechtlich unwirksam" ist; sie könnte wie eine Leistung des Gemeinschuldners aus seinem konkursfreien Vermögen (Neuerwerb) gewertet werden (: als echte Teilerfüllung) und wie diese die

---

[1]) S. Anm. 223[2].
[2]) S. Anm. 226[9].
[3]) Ebenso Dölle, S. 42; Neuhaus, S. 51; Jürgen Schmidt, S. 146f.
[4]) Zur kurzschlüssigen Gleichsetzung dieser Gläubiger mit „inländischen Gläubigern" s. Anm. 193[5].
[5]) Beachtliche und durchweg beifallswerte Ausführungen dazu bei Jürgen Schmidt, S. 142ff.; kritisch auch Nadelmann, SJZ 1946, 173; ZZP 66, 48 FN 40; KTS 58, 103f.; Böhle-Stamschräder, Einl. VII vor § 1.
[6]) S. Anm. 225—227.
[7]) Im wesentlichen ebenso Jürgen Schmidt, S. 150f.

Konkursdividende mindern[1]) (daß die Konkursdividende ganz ausgeschlossen wird, wenn der Gläubiger durch Zwangsvollstreckung im Ausland aus Massegegenständen volle Befriedigung erlangt hat, ist unstreitig[2])). Da keine Gründe ersichtlich sind, den Gläubiger, der durch Zwangsvollstreckung im Ausland aus Massegegenständen Teilbefriedigung erlangt hat, besser zu behandeln als den Gläubiger, der aus Neuerwerb Teilbefriedigung erlangt hat, ist den erwähnten Stellungnahmen nicht zuzustimmen. Der Konkursgläubiger, der durch Zwangsvollstreckung im Ausland aus Massegegenständen volle oder teilweise Befriedigung erlangt hat, haftet also nicht aus ungerechtfertigter Bereicherung (und erst recht nicht auf Schadenersatz), muß sich aber das im Ausland Beigetriebene auf die Konkursdividende des Inlandskonkurses anrechnen lassen.

Diese Einschränkung hinsichtlich der Anrechnung auf die Konkursdividende 232
läßt die grundsätzliche Entscheidung unberührt: § 237 I ist mit der Folge zur allseitigen Kollisionsnorm auszubauen, daß die im Wege der Zwangsvollstreckung erfolgte Befriedigung eines Konkursgläubigers aus inländischem Vermögen des Gemeinschuldners nicht als Befriedigung aus der Konkursmasse (: nicht als Befriedigung auf Kosten der anderen Konkursgläubiger) gewertet wird.

cc) Ergebnis

Ist § 237 I zur allseitigen Kollisionsnorm auszubauen, so ist ein gleicher Aus- 233
bau auch hinsichtlich der einseitigen Kollisionsnormen unbedenklich, die für das deutsche Recht gegenüber einem nicht beschränkten Auslandskonkurs Vorbehalte hinsichtlich eines Konkurses im Inland begründen [Anm. 220]. Das internationale Konkursrecht Deutschlands erkennt also jedem ausländischen Staat die Kompetenz zu, hinsichtlich des zur Zeit der Konkurseröffnung in ihm belegenen Vermögens des Schuldners auch nach Konkurseröffnung in Deutschland eine Zwangsvollstreckung (einschließlich eines dieses Vermögen erfassenden Konkurses) mit der Folge zuzulassen, daß die in dieser Zwangsvollstreckung ergriffenen Vermögensgegenstände nicht zur Konkursmasse des deutschen Konkurses als dem „zur gemeinschaftlichen Befriedigung" der Konkursgläubiger dienenden Vermögen gerechnet werden[3]).

c) Konkurrenz mit ausländischer Kompetenz

Gesteht das internationale Konkursrecht Deuschlands einem ausländischen 234
Staat die Kompetenz zu, das zur Zeit der Konkurseröffnung in diesem Staat belegene Vermögen von der Konkursmasse eines in Deutschland eröffneten nicht beschränkten Konkurses auszunehmen [Anm. 233], so muß diese Ausnahme auch gegenüber einem in einem dritten Staat eröffneten nicht beschränkten Konkurs gelten. § 237 I und die einseitigen Kollisionsnormen, die für das deutsche Recht gegenüber einem nicht beschränkten Auslandskonkurs Vorbehalte hinsichtlich eines Konkurses im Inland begründen [Anm. 220], sind also in vollem Umfange zu allseitigen Kollisionsnormen auszubauen.

4. Kompetenz eines ausländischen Staates hinsichtlich des in einem Drittstaat belegenen Vermögens

Ist die einseitige Kollisionsnorm über die nicht territorial beschränkte Sach- 235
regelungskompetenz Deutschlands [Anm. 121] mit der Folge zur allseitigen Kollisionsnorm auszubauen, daß die Zugehörigkeit des zur Zeit der Eröffnung eines nicht beschränkten Auslandskonkurses in Deutschland belegenen Vermögens zur Konkursmasse des Auslandskonkurses anerkannt wird [Anm. 212], so steht nichts entgegen, diesen Ausbau auch hinsichtlich des zur Zeit der Konkurseröffnung in einem Drittstaat (weder in Deutschland noch im ausländischen Konkursstaat) belegenen Vermögens vorzunehmen. Auch der Ausbau der einseitigen Kollisionsnormen

---

[1]) „Es gibt keinen allgemeinen Rechtssatz des Inhalts, daß für die Teilnahme eines Gläubigers am Konkursverfahren endgültig die Höhe seiner Forderung zur Zeit des Konkursbeginns maßgebend wäre" (Jaeger-Lent, § 68 Anm. 1, unter ausdrücklicher Hervorhebung, daß Teilzahlungen des Gemeinschuldners aus Neuerwerb den „Konkursteilnahmebetrag kürzen").
[2]) Vgl. BayObLG LZ 1908, 550; Mentzel-Kuhn, § 238 Anm. 6.
[3]) Im Ergebnis ebenso Jürgen Schmidt, S. 160.

hinsichtlich der Zwangsvollstreckung in inländisches Vermögen einschließlich eines dieses Vermögen erfassenden Konkurses [Anm. 233] ist auf Drittstaaten zu erstrecken, so daß zugunsten der Drittstaaten die gleichen Vorbehalte gegenüber der Zuerkennung nicht territorial beschränkter Sachregelungskompetenz an einen ausländischen Konkursstaat bestehen wie zugunsten Deutschlands [Anm. 211—212].

236 Unproblematisch ist weiter die Konkurrenz [Anm. 166] mehrerer nicht territorial beschränkter Auslandskonkurse hinsichtlich der Vermögensgegenstände des Schuldners, die außerhalb der Konkursstaaten und außerhalb Deutschlands liegen. Wie hinsichtlich der in Deutschland belegenen Vermögensgegenstände [Anm. 213] muß auch insoweit die Priorität der Konkurseröffnung den Ausschlag geben.

237 Es bleibt demnach — was den Ausbau der einseitigen Kollisionsnorm über die nicht territorial beschränkte Sachregelungskompetenz angeht — nur die Frage, was im Falle der Konkurrenz eines nicht beschränkten Auslandskonkurses mit einem nicht beschränkten Inlandskonkurs hinsichtlich des in einem Drittstaat belegenen Vermögens des Gemeinschuldners gilt. Daß bei dieser Konkurrenz dem Inlandskonkurs Vorrang gebührt, wenn er zuerst eröffnet worden ist, ist wiederum unproblematisch. Offen ist demnach nur, was zu gelten hat, wenn der Auslandskonkurs zuerst eröffnet worden ist: Vorrang des Auslandskonkurses kraft Priorität der Konkurseröffnung oder Vorrang des Inlandskonkurses trotz Priorität des Auslandskonkurses (: Vorrang des Inlandskonkurses ohne Rücksicht auf das Zeitverhältnis der Konkurseröffnungen)?

238 Da das internationale Konkursrecht Deutschlands der Eröffnung eines nicht beschränkten Auslandskonkurses nicht die Wirkung zuerkennt, die Eröffnung eines (kraft mehrfachen allgemeinen Gerichtsstandes des Schuldners zulässigen) nicht beschränkten Inlandskonkurses auszuschließen [Anm. 99—100], muß angenommen werden, daß es dem Inlandskonkurs in jedem Falle den Vorrang einräumen will[1]. Da der Drittstaat jedoch — wie Deutschland als Belegenheitsstaat hinsichtlich der Konkurrenz zweier ausländischer Konkursstaaten [Anm. 213] — die Priorität der Konkurseröffnung als ausschlaggebend ansehen dürfte, wird diese Auffassung regelmäßig zu einer Diskrepanz zwischen „gewollter Geltung“[2] (Zugehörigkeit des im Drittstaat belegenen Vermögens zur Konkursmasse des Inlandskonkurses) und „faktischer Geltung“[2] (Zugehörigkeit des im Drittstaat belegenen Vermögens zur Konkursmasse des zuerst eröffneten Auslandskonkurses) führen.

5. Territorial beschränkte Sachregelungskompetenz

239 Der Ausbau der einseitigen Kollisionsnorm über die territorial beschränkte Sachregelungskompetenz Deutschlands [Anm. 122] zur allseitigen Kollisionsnorm bedeutete, daß Deutschland einem ausländischen Staat, in dem der Schuldner keinen allgemeinen Gerichtsstand, sondern lediglich eine gewerbliche Niederlassung oder einen landwirtschaftlichen Betrieb hat, „nur“ die Kompetenz zuerkennte, das zur Zeit der Konkurseröffnung in diesem Staat belegene pfändbare Vermögen des Schuldners zur Konkursmasse zu rechnen. Die Frage des Ausbaus stellt sich daher nur, wenn ein ausländischer Staat, in dem der Schuldner lediglich eine gewerbliche Niederlassung oder einen landwirtschaftlichen Betrieb hat, den in ihm eröffneten Konkurs als „nicht beschränkten Konkurs“ ansieht, für die konkurstypischen Rechtsfolgen [Anm. 11—12] dieses Konkurses also extraterritoriale Geltung anstrebt.

240 Einem solchen Streben ist nach dem internationalen Konkursrecht Deutschlands von vornherein die Anerkennung zu versagen, wenn ein solcher Konkurs mit einem anderen Konkurs hinsichtlich von Vermögensgegenständen „konkurriert“ [Anm. 168], die im Staat des anderen Konkurses belegen sind, denn insoweit muß selbst ein kraft allgemeinen Gerichtsstandes eröffneter Konkurs dem Konkurs

[1]) Im Ergebnis ebenso Soergel-Kegel, Vorbem. 425 vor Art. 7, freilich mit der Begründung, daß der Auslandskonkurs (nach dem Territorialitätsprinzip) „im Inland nur sehr beschränkt wirkt“.
[2]) S. Anm. 51—52.

im Belegenheitsstaat weichen [Anm. 233—234]. Es ist daher nur fraglich, was in Bezug auf Gegenstände gilt, die in einem Staat belegen sind, in dem nicht Konkurs eröffnet wird. Daß diese Gegenstände von einer Vollstreckungssperre nicht betroffen werden, steht von vornherein fest — auch insoweit kann nichts anderes gelten als für einen kraft allgemeinen Gerichtsstandes eröffneten Konkurs [Anm. 233—234].

Die einseitige Kollisionsnorm über die territorial beschränkte Sachregelungs- 241
kompetenz Deutschlands [Anm. 122] enthält unzweifelhaft eine „Selbstbeschränkung"[1]) des deutschen Rechts, aber eine Beschränkung, die auf „internationalprivatrechtlichen Gerechtigkeitsvorstellungen"[2]) beruht. Daß diese Vorstellungen nur zur Beschränkung der eigenen Kompetenz geführt haben, macht gerade die Einseitigkeit der Kollisionsnorm aus, die — wenn der Ausbau zur Allseitigkeit überhaupt in Frage steht — für sich allein kein Argument gegen den Ausbau bieten kann. Da andere Argumente gegen diesen Ausbau nicht ersichtlich sind, ist die Norm zur allseitigen Kollisionsnorm auszubauen.

6. Zusammenfassung

Die einseitigen Kollisionsnormen des internationalen Konkursrechts Deutsch- 242
lands über die internationale Sachregelungskompetenz [Anm. 121—122] und die einseitigen Kollisionsnormen, die einer ausländischen Kompetenz Schranken setzen [Anm. 233—234], sind also zu allseitigen Kollisionsnormen auszubauen. Zur Lösung der dabei auftretenden Konkurrenzprobleme bedarf es zusätzlicher Normen [s. die Formulierungen in Anm. 257—263].

E. Die „Grundnorm" des internationalen Konkursrechts

Die „Grundnorm" des internationalen Konkursrechts Deutschlands [Anm. 120] 243
trifft als einseitige Kollisionsnorm nach dem Wortlaut der „sonstigen Vorschriften" der KO [Anm. 101—116] die Bestimmung:

Ist in Deutschland Konkurs eröffnet worden, so gelten für das Konkursver- 244
verfahren, die Konkursrechtsverhältnisse und die Rechtsfolgen in Ansehung des Vermögens des Gemeinschuldners ohne Rücksicht auf die Belegenheit der Rechtsverhältnisse oder Vermögensgegenstände oder auf das diese Rechtsverhältnisse oder Gegenstände bestimmende Recht die deutschen konkursrechtlichen Vorschriften.

Nach dem Wortlaut der „sonstigen Vorschriften der KO" [Anm. 101—116] 245
müßte diese einseitige Kollisionsnorm so verstanden werden, als ob sie das Wort „nur" enthielte (: „für einen in Deutschland eröffneten Konkurs gelten nur die konkursrechtlichen Normen Deutschlands"). Ob dieses Verständnis richtig ist, bedarf der Prüfung, bevor festgestellt werden kann, ob diese einseitige Kollisionsnorm zur allseitigen Kollisionsnorm auszubauen ist.

Vorbehalte gegenüber einer ausschließlichen Maßgeblichkeit des Konkurs- 246
rechts des Konkursstaates kommen für das Konkursverfahrensrecht mit Sicherheit nicht in Betracht; insoweit gilt nichts anderes als für jedes gerichtliche Verfahren, nämlich: ausschließliche Maßgeblichkeit der *lex fori*[3]).

Innerhalb des materiellen Konkursrechts ist nur eine einzige konkursrechtliche 247
Fragestellung ersichtlich, für die die ausschließliche Maßgeblichkeit des Konkursrechts des Konkursstaates problematisch ist: die Frage nach dem für die Konkursanfechtung maßgeblichen Recht.

Diese Frage war in der Literatur heftig umstritten und ist in der Recht- 248
sprechung, soviel zu sehen, bisher nur ganz vereinzelt entschieden worden. In der Diskussion haben einzelne Autoren allgemeine Verhältnisse des Gemeinschuldners

[1]) Jürgen Schmidt, S. 155, der deshalb — nicht überzeugend (vgl. alsbald im Text) — den Ausbau zur allseitigen Kollisionsnorm ablehnt.
[2]) Jürgen Schmidt, S. 154.
[3]) Ebenso Jaeger, § 237 Anm. 2; Soergel-Kegel, Vorbem. 426 vor Art. 7; Jürgen Schmidt, S. 161; Art. 19 I VE.

(Wohnsitz oder Sitz[1]), Staatsangehörigkeit[2])) als maßgebend angesehen, während andere die Antwort zu finden suchten, indem sie auf „Art und Inhalt" der aus der Anfechtung begründeten Rückgewährverbindlichkeit abstellten[3]). Da diese Verbindlichkeit keine Deliktsschuld, sondern eine „*obligatio ex lege*" sei, soll nicht der Ort der Handlung, sondern der Erfüllungsort maßgeblich sein, der, da die Verbindlichkeit „zur Konkursmasse" zu erfüllen sei, am Sitz des Konkursgerichts liege[4]).

249 Wird danach das Konkursrecht des Konkursstaates als maßgebend angesehen[5]), so ist dem Ergebnis zuzustimmen[6]), auch wenn die Begründung als verfehlte Begriffsjurisprudenz angesehen werden muß. Es bleibt jedoch die Frage, ob nicht auch dem Konkursrecht des Staates, dessen Recht über den anfechtbaren Erwerbsakt bestimmt, Bedeutung zukommt[7]).

250 Diese Frage ist aus Rücksicht auf die Verkehrssicherheit und auf begründetes Vertrauen des Erwerbers (Vermeidung unerwartbarer Anfechtbarkeit infolge Wohnsitzwechsels des Veräußerers o. ä.) in dem Sinne zu bejahen, daß ein Erwerbsvorgang nur dann der Konkursanfechtung unterliegt, wenn er sowohl nach dem Konkursrecht des Konkursstaates[8]) wie nach dem Konkursrecht des Staates, dessen Recht für den Erwerbsvorgang als solchen maßgebend ist (*lex rei sitae* bei Übereignung, Schuldstatut bei Forderungsabtretung usw.) anfechtbar ist[9]) (wobei „fraudulöse Anknüpfungen"[10]) nach den allgemein dafür entwickelten Regeln zu bekämpfen sind[11])).

251 Die Grundnorm ist daher nicht dahin zu verstehen, daß bei Konkurs in Deutschland nur die deutschen konkursrechtlichen Vorschriften gälten. Umgekehrt nimmt das internationale Konkursrecht Deutschlands, wenn ein fremdes internationales Konkursrecht für einen Konkurs in seinem Gebiet die entsprechende Einschränkung hinsichtlich der Maßgeblichkeit des eigenen Konkursrechts macht und deutsches Recht als das für den Erwerbsvorgang maßgebende Recht über die Anfechtbarkeit mitentscheiden läßt, diese Verweisung an [s. Anm. 34]. Deutsches Konkursrecht gilt daher auch nicht nur, wenn in Deutschland Konkurs eröffnet worden ist.

252 Die so zu interpretierende Grundnorm (ebenso die ergänzende Kollisionsnorm zur Relevanz des den Erwerbsvorgang bestimmenden Rechts für die Frage der Anfechtbarkeit) ist zur allseitigen Kollisionsnorm auszubauen, da keine Gründe ersichtlich sind, die gegen diesen Ausbau sprächen [Anm. 142].

F. Zusammenfassung

253 Da auch gegen den Ausbau der ergänzenden Normen [Anm. 126—134] keine Einwände bestehen können, sind alle einseitigen Kollisionsnormen des internationalen Konkursrechts Deutschlands zu allseitigen Kollisionsnormen auszubauen. Danach enthält das internationale Konkursrecht Deutschlands folgende Normen:

254 „Konkurs kann in jedem Staate eröffnet werden, in dessen Gebiet der Schuldner
- seinen allgemeinen Gerichtsstand oder
- eine gewerbliche Niederlassung oder
- einen landwirtschaftlichen Betrieb hat[12]).

---

[1]) Vor allem Meili, S. 175f.
[2]) Vor allem Frankenstein II, S. 248ff.
[3]) Jaeger-Lent, § 29 Anm. 42 mit weit. Nachw.
[4]) Jaeger-Lent, § 29 Anm. 43.
[5]) So im Ergebnis auch RG LZ 1916, 1443 Nr. 9; OLG Colmar OLGR 10, 376; OLG Düsseldorf Rhein Arch 107, 308; OLG Karlsruhe BadRsrp. 1911, 278.
[6]) Ebenso Nußbaum, S. 450ff.; Soergel-Kegel, Vorbem. 427 vor Art. 7; Jürgen Schmidt, S. 25ff.; Art. 19 II VE.
[7]) Als ausschließlich maßgebend sieht das Recht des Belegenheitsstaats an LG Köln KTS 1965, 48 (eine ganz vereinzelt gebliebene Entscheidung).
[8]) Nur auf das Recht des Konkursstaates stellt Art. 35 II VE ab.
[9]) Im Ergebnis und in der Begründung im wesentlichen ebenso Jaeger-Lent, § 29 Anm. 45 mit weit. Nachw.
[10])Etwa: Verbringung von Sachen in einen anderen Staat und Übereignung dort, weil das Konkursrecht dieses Staates anfechtbare Handlungen weniger streng bekämpft als das Konkursrecht des Staates der bisherigen Belegenheit oder das Konkursrecht des voraussichtlichen Konkursstaates.
[11])Vgl. Soergel-Kegel, Anm. 55—70 vor Art. 7.
[12])Vgl. Anm. 119 und 159.

Die Eröffnung eines Konkurses wird durch einen Konkurs in einem anderen Staat nicht gehindert[1]). 255

Für das Konkursverfahren, die Konkursrechtsverhältnisse und die Rechtsfolgen in Ansehung des Vermögens des Gemeinschuldners gelten die konkursrechtlichen Vorschriften des Konkursstaates ohne Rücksicht auf die Belegenheit der Rechtsverhältnisse oder Vermögensgegenstände oder auf das diese Rechtsverhältnisse oder Gegenstände bestimmende Recht. Der Konkursanfechtung unterliegt ein Erwerbsvorgang jedoch nur insoweit, als er auch nach dem Konkursrecht des Staates, nach dessen Recht sich der Erwerb vollzogen hat, anfechtbar ist[2]). 256

Die Rechtsfolgen des Konkurses erfassen, soweit nichts anderes bestimmt ist, das gesamte einer Zwangsvollstreckung unterliegende Vermögen des Schuldners, das ihm zur Zeit der Konkurseröffnung gehört, wenn der Schuldner im Konkursstaat seinen allgemeinen Gerichtsstand hat[3]). 257

Die Rechtsfolgen des Konkurses beschränken sich auf das im Konkursstaat belegene Vermögen des Schuldners, das ihm zur Zeit der Konkurseröffnung gehört, wenn der Schuldner im Konkursstaat lediglich eine gewerbliche Niederlassung oder einen landwirtschaftlichen Betrieb hat[4]). 258

Sind über das Vermögen eines Schuldners mehrere Konkurse in verschiedenen Staaten eröffnet worden, so wird 259

- das Vermögen, das in einem Konkursstaat belegen ist, nur von den Rechtsfolgen des in diesem Staat eröffneten Konkurses erfaßt[5]), 260
- das Vermögen, das in einem sonstigen Staat belegen ist, 261
- – von den Rechtsfolgen des in Deutschland eröffneten Konkurses erfaßt, wenn der Schuldner in Deutschland seinen allgemeinen Gerichtsstand hat, 262
- – im übrigen von den Rechtsfolgen des Konkurses erfaßt, der zuerst in einem Staat, in dem der Schuldner einen allgemeinen Gerichtsstand hat, eröffnet worden ist[6]). 263

Kein Konkurs hindert eine zwangsweise Befriedigung aus Vermögen, das in einem anderen Staat als dem Konkursstaat belegen ist, es sei denn, daß der andere Staat Gegenteiliges bestimmt[7]). 264

In Deutschland kann eine gegenteilige Bestimmung im Sinne des vorstehenden Absatzes von dem Bundesminister der Justiz (und dem Bundesminister des Auswärtigen ?) mit Zustimmung des Bundesrats (?) angeordnet werden[8]). 265

Ist im Ausland Konkurs eröffnet worden, so bedarf es zur Eröffnung eines weiteren Konkurses über das Vermögen des Schuldners in Deutschland nicht des Nachweises der Zahlungsunfähigkeit[9]). 266

Im Sinne dieser Bestimmungen sind in einem Staate belegen 267

- das Eigentum oder beschränkte dingliche Rechte an Sachen, die sich im Gebiet dieses Staates befinden, 268
- Patente und gewerbliche Schutzrechte, die von dem Recht dieses Staates verliehen worden sind, 269
- Urheberrechte und verwandte Schutzrechte soweit sie nach dem Recht dieses Staates bestehen, 270
- Beteiligungen an Personalgesellschaften und Kapitalgesellschaften mit Sitz im Gebiet dieses Staates (soweit die Beteiligung nicht in einer indossablen Aktienurkunde verbrieft ist, die sich im Gebiet eines anderen Staates befindet), 271
- Forderungsrechte und Mitgliedschaftsrechte, die in indossablen Wertpapieren verbrieft sind, die sich im Gebiet dieses Staates befinden, 272
- Forderungsrechte gegen Personen (Drittschuldner), die im Gebiet dieses Staates ihren Wohnsitz oder ihren Sitz haben, 273

---

1) Vgl. Anm. 123 S. 1 und Anm. 159.
2) Vgl. Anm. 120 und 252.
3) Vgl. Anm. 121, 212, 233—234.
4) Vgl. Anm. 122 und 241.
5) Vgl. Anm. 233 und 235.
6) Vgl. Anm. 238 und 236.
7) Vgl. Anm. 124, 232 und 234.
8) Vgl. Anm. 125.
9) Vgl. Anm. 123, 100 und 79.

274 – Forderungsrechte, soweit für sie ein im Gebiet dieses Staates befindlicher Vermögensgegenstand kraft Pfand- oder Zurückbehaltungsrechts oder kraft Sicherungsübereignung als Sicherheit haftet,

275 – Forderungsrechte, soweit sie speziell auf Leistung eines anderen Vermögensgegenstandes gerichtet sind, der sich im Gebiet dieses Staates befindet[1]).

276 Die Anerkennung einer im Ausland erfolgten Konkurseröffnung und die Anwendung ausländischer konkursrechtlicher Vorschriften sind ausgeschlossen, wenn die Anerkennung oder die Anwendung gegen die guten Sitten oder gegen den Zweck eines deutschen Gesetzes verstoßen würde[2])."

IV. Einzelfragen

A. Vorbemerkung

277 Die Formulierungen der Kollisionsnormen des internationalen Konkursrechts Deutschlands [Anm. 254—276] bedürfen, insoweit in ihnen sehr allgemein von „Konkursrechtsverhältnissen", „Rechtsfolgen des Konkurses", „Rechtsfolgen in Ansehung des Vermögens des Gemeinschuldners" oder „konkursrechtlichen Vorschriften" die Rede ist, der Verdeutlichung. Diese Verdeutlichung ist in einer Erörterung von Einzelfragen vorzunehmen, die zugleich dazu dienen soll, die Feststellungen zusammenzufassen, die im Hinblick auf konkrete Sachprobleme zu den Kollisionsnormen einerseits sowie zur Abgrenzung von Konkursrecht und sonstigem Recht[3]) bei Internationalität des Sachverhalts [Anm. 102—111] andererseits getroffen werden oder an anderer Stelle getroffen worden sind.

B. Allgemeine Rechtsverhältnisse des Gemeinschuldners

1. Allgemeines

278 Nicht alle an einen konkurstypischen Sachverhalt [Anm. 10] geknüpften den Gemeinschuldner treffenden Rechtsfolgen beruhen auf Normen des Konkursrechts (sind also „Rechtsfolgen des Konkurses" i. S. der Formulierungen der Kollisionsnormen des internationalen Konkursrechts Deutschlands [Anm. 254—275]), wie bereits bei der Abgrenzung nicht konkurstypischer Rechtsfolgen [Anm. 13—25] von konkurstypischen Rechtsfolgen [Anm. 11—12] dargelegt worden ist. Diese Abgrenzung erfolgte jedoch nur zur Begründung und Verdeutlichung dieser Unterscheidung; sie strebte keine Vollständigkeit an und betraf, soweit sie sich auf deutsches Recht bezog, nur Vorschriften außerhalb der KO. Auch die KO enthält jedoch einige Bestimmungen, die an die Konkurseröffnung Rechtsfolgen in Ansehung allgemeiner Rechtsverhältnisse des Gemeinschuldners knüpfen, deren Inhalt die Frage nahelegt, inwieweit diese Bestimmungen konkursrechtliche Normen enthalten, also „Rechtsfolgen des Konkurses" oder „konkurstypische Rechtsfolgen" anordnen.

2. Güterrechtliche Verhältnisse

279 Seit dem Inkrafttreten des Gleichberechtigungsgesetzes (1. Juli 1958) hat die Eröffnung des Konkurses über das Vermögen eines Ehegatten nach deutschem Güterrecht keine Rechtsfolgen in Bezug auf den Güterstand [Anm. 14]. § 2 I 1 schreibt jedoch vor, daß bei Gütergemeinschaft mit Alleinverwaltung durch einen Ehegatten das Gesamtgut zur Konkursmasse gehört, wenn der allein verwaltende Ehegatte in Konkurs fällt, und daß in diesem Falle eine Auseinandersetzung zwischen den Ehegatten „wegen des Gesamtgutes" nicht stattfindet. Nach § 2 III gilt Entsprechendes, wenn fortgesetzte Gütergemeinschaft eingetreten ist und der überlebende Ehegatte in Konkurs fällt.

---

[1]) Vgl. Anm. 126—134.

[2]) Vgl. Anm. 34. Zum *ordre public* im internationalen Konkursrecht s. auch Jürgen Schmidt, S. 159 FN 303.

[3]) Diese Abgrenzung ist bei internationalrechtlicher Fragestellung geboten (vgl. Jahr, S. 179 ff.), aber selbst nicht Gegenstand des internationalen Konkursrechts.

Beide Teile von § 2 I 1 hängen so eng zusammen, daß sie gemeinsam untersucht werden müssen. Die Vorschrift ist daher an dieser Stelle zu erörtern, auch wenn ihr erster Teil die Bildung der Konkursmasse betrifft, auf deren Probleme erst später [Anm. 302—314] einzugehen ist. 280

§ 2 I 1 geht, wie der Sprachgebrauch erkennen läßt, davon aus, daß „der Güterstand der Gütergemeinschaft" sich nach deutschem Ehegüterrecht richtet (was im Regelfall — Art. 15 I EGBGB — voraussetzt, daß der Ehemann zur Zeit der Eheschließung Deutscher war). Das braucht jedoch nicht zu bedeuten, daß § 2 I 1 nur eine ehegüterrechtliche Norm enthält. Es kommt vielmehr darauf an [vgl. Anm. 4], was nach deutschem Konkursrecht gelten soll, wenn der Güterstand des Gemeinschuldners sich nach ausländischem Recht richtet, aber den Voraussetzungen von § 2 I 1 vergleichbar ist, und was nach deutschem Güterrecht gelten soll, wenn der allein verwaltende bzw. überlebende Ehegatte einer nach deutschem Ehegüterrecht zu beurteilenden Gütergemeinschaft im Ausland in Konkurs fällt. 281

Ob und wann eine Auseinandersetzung wegen des Gesamtguts zwischen den Ehegatten bzw. zwischen dem überlebenden Ehegatten und den Abkömmlingen stattfindet, darüber entscheidet das Recht, nach dem sich der Güterstand beurteilt (das „Güterstatut"), also das deutsche Recht zumindest dann, wenn der Ehemann zur Zeit der Eheschließung Deutscher war. Nach deutschem Güterrecht findet eine Auseinandersetzung des Gesamtguts nur nach Auflösung der Gütergemeinschaft statt (§§ 1471 I, 1497 I BGB). Der Konkurs des allein verwaltenden bzw. des überlebenden Ehegatten ist aber kein Tatbestand der Auflösung der Gütergemeinschaft (vgl. §§ 1447, 1448, 1492—1495 BGB). Zumindest der zweite Teil von § 2 I 1 gilt daher, wenn deutsches Recht Güterstatut ist, auch bei Konkurs des allein verwaltenden bzw. des überlebenden Ehegatten im Ausland; d. h. diese Bestimmung enthält insoweit eine güterrechtliche, keine konkursrechtliche Norm. 282

Der zweite Teil von § 2 I 1 enthält daneben noch eine konkursrechtliche Norm, wenn er für den Fall, daß ein ausländisches Recht Güterstatut ist, konkursrechtliche Bedeutung hat. Eine solche Bedeutung kommt nur in Betracht, wenn das ausländische Güterstatut an den Konkurs in Deutschland die Beendigung des Güterstands (Auflösung der Gütergemeinschaft) knüpft und die danach notwendige Auseinandersetzung in das Konkursverfahren verweist. Für diesen Fall hat eine Bestimmung, die den deutschen Konkurs mit Befriedigung der Gläubiger als beendet ansieht und die Auseinandersetzung von Gemeinschaften wegen eines etwaigen Überschusses nicht als Sache des deutschen Konkurses und des in ihm amtierenden Konkursverwalters ansieht, einen guten Sinn. Sie stünde darüber hinaus mit Sinn und Zweck von § 16 I [Anm. 289] und § 202 sowie mit der Behandlung der Fragen der Auseinandersetzung bei Gesellschafts-, Nachlaß- und Gesamtgutskonkurs in Einklang. Der zweite Teil von § 2 I 1 ist daher in diesem Sinn zu interpretieren, enthält also auch eine konkursrechtliche Norm, die bei jedem in Deutschland eröffneten Konkurs ohne Rücksicht auf das maßgebliche Güterrecht gilt. 283

Der erste Teil von § 2 I 1 ist eine Konsequenz der deutschen güterrechtlichen Regelung, daß der allein verwaltende bzw. der überlebende Ehegatte für alle Gesamtgutsverbindlichkeiten (§§ 1437 I, 1438, 1488 BGB) persönlich haftet (§§ 1437 II 1, 1489 I BGB). Ob deshalb anzunehmen ist, er enthalte eine güterrechtliche Norm, hängt davon ab, welche Bedeutung er hat, wenn bei Maßgeblichkeit deutschen Güterrechts der allein verwaltende bzw. der überlebende Ehegatte (im folgenden kurz: „der deutsche Ehegatte") im Ausland in Konkurs fällt oder wenn im Inland über das Vermögen eines Ehegatten Konkurs eröffnet wird, der nach dem maßgeblichen ausländischen Güterrecht eine Rechtsstellung innehat, die der Rechtsstellung vergleichbar ist, die nach deutschem Güterrecht dem allein verwaltenden bzw. dem überlebenden Ehegatten zukommt (im folgenden kurz: „der ausländische Ehegatte"). 284

Was nach deutschem Güterrecht bei Auslandskonkurs eines „deutschen Ehegatten" [Anm. 284] hinsichtlich der Zugehörigkeit des Gesamtguts zur Konkursmasse zu gelten hat, ist keine Frage territorialer Begrenzung des Kon- 285 kursbeschlags, wie allein die Erwägung deutlich macht, daß sich diese Frage auch stellt, wenn alle Gegenstände des Gesamtguts zur Zeit der Konkurseröffnung im ausländischen Konkursstaat belegen sind. Deutsches Güterrecht kann sicherlich nicht die Zugehörigkeit zur Konkursmasse in dem Sinne anordnen, daß es über den Umfang des Konkursbeschlags und damit über den Umfang der Befugnisse und Pflichten des Verwalters sowie über den Umfang der Vollstreckungssperre entschiede. Es kann aber die Einbeziehung in die Konkursmasse in dem Sinne gestatten, daß es sie anerkennt, wenn das Konkursrecht des ausländischen Staates sie vornimmt. Da die Einbeziehung Konsequenz der haftungsrechtlichen Regelungen des deutschen Güterrechts ist [Anm. 284 a. Anf.], können vom deutschen Güterrecht her gegen eine solche Einbeziehung des vom deutschen Güterrecht bestimmten Gesamtguts in die Konkursmasse des Auslandskonkurses keine Bedenken bestehen. Das deutsche Güterrecht enthält also eine Norm des Inhalts, daß im Konkurs des allein verwaltenden bzw. des überlebenden Ehegatten das kompetente Konkursrecht das Gesamtgut zur Konkursmasse rechnen kann.

286 Was umgekehrt bei Inlandskonkurs eines „ausländischen Ehegatten" [Anm. 284 a. E.] hinsichtlich der Zugehörigkeit des Gesamtguts zur Konkursmasse zu gelten hat, hängt zunächst von der haftungsrechtlichen Regelung des ausländischen Güterrechts ab. Entspricht diese der Regelung des deutschen Güterrechts für die Gütergemeinschaft mit Alleinverwaltung durch einen Ehegatten und der fortgesetzten Gütergemeinschaft, so bestehen keine Bedenken, den ersten Teil von § 2 I 1 auf diesen Fall zu erstrecken, d. h.: auch das von einem ausländischen Güterrecht bestimmte Gesamtgut zur Konkursmasse des Inlandskonkurses zu ziehen.

287 Auch der erste Teil von § 2 I 1 hat also sowohl güterrechtliche wie konkursrechtliche Relevanz. Die Vorschrift im ganzen enthält sowohl güterrechtliche wie konkursrechtliche Normen [vgl. Anm. 299—300].

288 Die Berechtigung des überlebenden Ehegatten einer Gütergemeinschaft, die Fortsetzung der Gütergemeinschaft abzulehnen (§ 1484 I BGB), wird in § 9 S. 2 den in § 9 S. 1 erwähnten erbrechtlichen Befugnissen gleichgestellt. Ob § 9 S. 2 nur eine konkursrechtliche Norm enthält (also von der Grundnorm des internationalen Konkursrechts Deutschlands zur Geltung berufen wird, wenn und nur wenn in Deutschland Konkurs eröffnet worden ist), ist daher erst nach Erörterung von § 9 S. 1 [Anm. 290—294] festzustellen [vgl. Anm. 295].

3. Sonstige Gemeinschaftsverhältnisse

289 Nach § 16 I erfolgen, wenn der Gemeinschuldner sich „mit Dritten in einem Miteigentume, in einer Gesellschaft oder in einer anderen Gemeinschaft" befindet, „Teilung oder sonstige Auseinandersetzung außerhalb des Konkursverfahrens". Die Vorschrift entspricht also im wesentlichen dem zweiten Teil von § 2 I 1 [Anm. 282—283] mit der Maßgabe, daß an die Stelle des Güterstatuts das Personalstatut der Gesellschaft bzw. das für den Gegenstand der Bruchteilsgemeinschaft maßgebende Sachstatut tritt. Sie enthält wie der zweite Teil von § 2 I 1 sowohl nichtkonkursrechtliche Normen (Normen des deutschen Gesellschaftsrechts und des deutschen Rechts der Bruchteilsgemeinschaften) wie eine konkursrechtliche Norm, die bei jedem Konkurs in Deutschland gilt [vgl. Anm. 283 und 298—299].

4. Erbrechtliche Verhältnisse

290 § 9 S. 1 schreibt vor, daß die Entscheidung über „die Annahme oder Ausschlagung einer vor der Eröffnung des Verfahrens dem Gemeinschuldner angefallenen Erbschaft sowie eines vor diesem Zeitpunkte dem Gemeinschuldner angefallenen Vermächtnisses" allein Sache des Gemeinschuldners ist, d. h.: daß er und nur er (nicht der Konkursverwalter) entscheidet, daß er nach Belieben (ohne haftbar

zu werden) entscheiden kann[1]) und daß seine Entscheidung nicht der Konkursanfechtung oder der Gläubigeranfechtung unterliegt[2]).

Soll die Regelung des § 9 S. 1[3]) (der Gemeinschuldner darf einen ihm vor Konkurseröffnung angefallenen Erwerb in persönlicher von Konkursverwalter und Gläubigern nicht zu beeinflussender Entscheidung ausschlagen) für jede nach deutschem Recht zu beurteilende Erbfolge gelten ohne Rücksicht darauf, ob der Erbe oder Vermächtnisnehmer in Deutschland oder im Ausland in Konkurs fällt, so enthält sie eine rein erbrechtliche Norm. Soll die Regelung für jeden deutschen Konkurs gelten ohne Rücksicht darauf, ob sich die Erbfolge, zu der der Gemeinschuldner berufen ist, nach deutschem oder nach ausländischem Erbrecht beurteilt, so enthält sie eine rein konkursrechtliche Norm. Soll die Regelung für Erbfolgen gelten, die nach deutschem Erbrecht zu beurteilen sind, aber nur wenn über den Erben oder Vermächtnisnehmer ein deutsches Konkursverfahren eröffnet worden ist, so enthält sie zwei gegenüber den vorerwähnten modifizierte Normen: eine erbrechtliche Norm, modifiziert durch die Beschränkung des Geltungsanspruchs auf Fälle der Konkurseröffnung in Deutschland, und eine konkursrechtliche Norm, modifiziert durch die Beschränkung des Geltungsanspruchs auf Fälle der Maßgeblichkeit des deutschen Erbrechts. 291

§ 9 S. 1 enthält eine Norm des deutschen Erbrechts, denn er steht in einer Linie mit § 517 BGB und § 1406 Nr. 1 BGB a. F.[4]). Es kann daher nur fraglich sein, ob diese Norm für jede nach deutschem Recht zu beurteilende Erbfolge gelten soll oder nur für die nach deutschem Recht zu beurteilenden Anfälle von Erbschaften oder Vermächtnissen an Personen, die im Inland in Konkurs gefallen sind [Anm. 291 a. E.]. Da die § 9 S. 1 tragende Wertung, die Entschließung des Erben oder Vermächtnisnehmers solle nicht von seinen Gläubigern beeinflußt oder gar ersetzt werden[5]), nicht sinnvoll auf im Inland drohende Gläubigerzugriffe beschränkt werden kann, muß sie ohne Rücksicht auf den Ort einer Einzelvollstreckung oder eines Konkurses gelten[6]). Ist deutsches Recht Erbstatut, so ist demnach eine Entscheidung des ausländischen Konkursverwalters über Annahme oder Ausschlagung im Inland (ohne Rücksicht auf die Frage der territorialen Begrenzung des Konkursbeschlags[7])) überall da als unbeachtlich zu behandeln, wo deutsches Recht als Erbstatut akzeptiert wird (sicherlich also in Deutschland selbst). 292

Ist ein ausländisches Recht Erbstatut, so bestimmt dieses Recht zunächst, ob die Ausschlagungsbefugnis (für Rechtsordnungen, die dem Antretungsgrundsatz folgen: die Annahmebefugnis) des Gemeinschuldners überhaupt vom Konkurs berührt wird. Ist nämlich die Berechtigung des Erben oder Vermächtnisnehmers nach dem Erbstatut (unter Lebenden) unübertragbar, so bleibt weder für eine Regelung durch das Konkursrecht noch für die Frage nach der Anerkennung der konkursrechtlichen Regelung in anderen Staaten Raum (die Berechtigung fällt nicht in die Masse, weil sie nach der für ihre Entstehung, ihren Inhalt und ihre Änderung maßgebenden Rechtsordnung, dem Sachstatut, unübertragbar ist[8]) und daher nicht zu dem „einer Zwangsvollstreckung unterliegenden Vermögen" des Gemeinschuldners zählt). Versuchte das Konkursrecht, die von dem (als Erbstatut) maßgeblichen Recht als unübertragbar bezeichnete Berechtigung zur Masse zu rechnen und diese Regelung im Gebiet des Konkursstaates durchzusetzen, so wäre 293

[1]) RGZ 54, 295; Jaeger-Lent, § 9 Anm. 1; Böhle-Stamschräder, § 9 Anm. 1; Mentzel-Kuhn, § 9 Anm. 2.
[2]) RGZ 54, 289; RGZ 67, 431; Jaeger-Lent, § 9 Anm. 7 mit weit. Nachw.; Böhle-Stamschräder, § 9 Anm. 1; Mentzel-Kuhn, § 9 Anm. 3.
[3]) Die Regelung soll [so Jaeger-Lent, § 9 Anm. 9 unter Hinweis auf §§ 2346 ff.; Böhle-Stamschräder, § 9 Anm. 1; Mentzel-Kuhn, § 9 Anm. 3] auch für den Erbverzicht gelten. Dabei bleibt freilich dunkel, wie der Konkursverwalter dazu kommen sollte, einen solchen Verzicht für den Gemeinschuldner zu erklären (Annahme eines vor Konkurseröffnung abgegebenen Angebots?).
[4]) So wohl auch im Ergebnis Staudinger-Lehmann, BGB[11], § 1942 Anm. 9; Jaeger, § 237 Anm. 3; Jaeger-Lent, § 9 Anm. 1—9.
[5]) Staudinger-Lehmann, BGB[11], § 1942 Anm. 10.
[6]) Im Ergebnis ebenso Jaeger, § 237 Anm. 3.
[7]) Auf diese wird bei Jaeger-Lent, § 9 Anm. 17, abgestellt.
[8]) Zu dieser Beschlagsfreiheit kraft Unübertragbarkeit („Beschlagsfreiheit nach Sachstatut") s. Anm. 304.

das eine Leugnung der Maßgeblichkeit des Erbstatuts, eine Ersetzung des Erbstatuts durch das Recht des Konkursstaates[1]).

294 Ist ein ausländisches Recht Erbstatut und ist nach diesem Recht die Entscheidung über Annahme oder Ausschlagung Sache des Konkursverwalters, wie dies etwa in Frankreich und Österreich der Fall ist[2]) (keine „Beschlagsfreiheit nach Sachstatut“), so stellt sich, wenn der zur Erbfolge o. ä. Berufene in Deutschland in Konkurs fällt, die Frage, ob § 9 S. 1 auch eine konkursrechtliche Norm enthält, d. h. ob der Berechtigung „Beschlagsfreiheit nach Vollstreckungsrecht“[3]) (aus sozialrechtlichen Erwägungen, aus Gründen des *ordre public* u. ä.) zukommt. Die Frage ist für Deutschland wohl zu verneinen.

295 § 9 S. 1 enthält demnach nur eine erbrechtliche Norm, entsprechend § 9 S. 2 nur eine güterrechtliche Norm [vgl. Anm. 297]. Beide Vorschriften gelten daher nicht nur bei Konkursen in Deutschland und nicht bei jedem Konkurs in Deutschland. Ihr internationaler Geltungsbereich wird nicht durch die Grundnorm des internationalen Konkursrechts Deutschlands bestimmt.

5. Zusammenfassung

296 Öffentlich-rechtliche Befugnisse des Gemeinschuldners (politische Wahlrechte, Fähigkeit zur Bekleidung öffentlicher Ämter u. ä.), die sich nach ausländischem Recht bestimmen, werden durch einen in Deutschland eröffneten Konkurs nur berührt, wenn das für diese Befugnisse maßgebliche Staats-, Verwaltungs- oder Gerichtsverfassungsrecht dies vorsieht. Soweit für solche Befugnisse deutsches Staats-, Verwaltungs- oder Gerichtsverfassungsrecht maßgebend ist, ist nach diesem Recht zu entscheiden, ob der Tatbestand von Rechtssätzen, die an „die Konkurseröffnung“ Rechtsfolgen in Ansehung solcher Befugnisse knüpfen, auch durch einen im Ausland eröffneten Konkurs verwirklicht wird[4]).

297 Die dem Gemeinschuldner vor Konkurseröffnung angefallene Befugnis zur Ausschlagung einer Erbschaft oder eines Vermächtnisses oder zur Ablehnung der Fortsetzung der Gütergemeinschaft kann, wenn sich die Befugnis nach deutschem Recht beurteilt (: wenn deutsches Recht Erbstatut bzw. Güterstatut ist), nur vom Gemeinschuldner ausgeübt werden, auch wenn der Gemeinschuldner im Ausland in Konkurs gefallen ist und das Recht des Konkursstaates die Ausübung dieser Befugnis dem Konkursverwalter überläßt. Umgekehrt kann der Konkursverwalter eines in Deutschland eröffneten Konkurses diese Befugnisse ausüben, wenn das als Erbstatut oder Güterstatut maßgebende Recht die Ausübung dem Konkursverwalter überläßt[5]).

298 Ist der Gemeinschuldner persönlich haftender Gesellschafter einer Gesellschaft, die sich nach deutschem Recht beurteilt, so ist nach deutschem Gesellschaftsrecht zu entscheiden, welche Rechtsfolgen der Eröffnung des Konkurses im Ausland hinsichtlich der Auflösung der Gesellschaft oder des Ausscheidens des Gesellschafters zukommen. Beurteilt sich ein solches Gesellschaftsverhältnis nach ausländischem Recht, so entscheidet ausschließlich dieses Recht darüber, ob ein Konkurs in Deutschland die Auflösung der Gesellschaft oder das Ausscheiden des Gesellschafters zur Folge hat[6]).

299 Steht der Gemeinschuldner in einem Gemeinschaftsverhältnis (Gütergemeinschaft, Gesellschaft, Bruchteilsgemeinschaft), das sich nach deutschem Recht (als Güterstatut, Personalstatut der Gesellschaft oder Sachstatut des Gegenstands der Bruchteilsgemeinschaft) beurteilt, so hat die Auseinandersetzung der Gemeinschaft außerhalb des Konkurses zu erfolgen, auch wenn der Konkurs im Ausland eröffnet

---

[1]) Ebenso würde deutsches Deliktsrecht durch fremdes Recht ersetzt, wenn entgegen § 847 I 2 BGB eine aus einem Delikt in Deutschland begründete Forderung auf Schmerzensgeld vor Anerkenntnis oder Rechtshängigkeit im Ausland gepfändet und an den Vollstreckungsgläubiger überwiesen würde.
[2]) Vgl. Jaeger-Lent, § 9 Anm. 18.
[3]) S. dazu Anm. 304.
[4]) Vgl. Anm. 19—20 und 50.
[5]) Vgl. Anm. 287, 289—294 und 27.
[6]) Vgl. Anm. 25.

worden ist. Umgekehrt ist die Auseinandersetzung des Gemeinschuldners mit Gemeinschaftern in einem in Deutschland eröffneten Konkurs auch dann ausgeschlossen, wenn das für das Gemeinschaftsverhältnis maßgebende ausländische Recht sie zuläßt[1]).

Ist der Gemeinschuldner allein verwaltender Ehegatte in einer Gütergemein- 300
schaft oder überlebender Ehegatte in einer fortgesetzten Gütergemeinschaft und beurteilt sich die Gütergemeinschaft nach deutschem Recht, so kann das Gesamtgut vom Konkursrecht des Konkursstaates zur Konkursmasse gerechnet werden, auch wenn der Ehegatte im Ausland in Konkurs fällt. Beurteilt sich die Gütergemeinschaft nach einem ausländischen Recht, das eine der des deutschen Güterrechts entsprechende Haftung des allein verwaltenden bzw. des überlebenden Ehegatten für Gesamtgutsverbindlichkeiten kennt, so fällt das Gesamtgut in die Konkursmasse des in Deutschland eröffneten Konkurses, auch wenn das ausländische Güterrecht zu dieser Frage keine Bestimmung trifft[2]).

Andere [als in Anm. 298 und 299 erwähnte] familienrechtliche Befugnisse des 301
Gemeinschuldners (ehemännliche Nutznießung an Frauenvermögen; elterliche Nutzung am Kindesvermögen; elterliche Gewalt im allgemeinen; Fähigkeit zum Amt eines Vormunds, eines Pflegers o. ä.) werden durch einen in Deutschland eröffneten Konkurs nur berührt, wenn das für diese Befugnisse maßgebende Recht (als Ehewirkungsstatut, Gewaltstatut, Vormundschaftsstatut, Pflegschaftsstatut) dies vorsieht. Die von dem maßgebenden Recht an den Konkurs geknüpfte Rechtsfolge wird in Deutschland ohne Rücksicht darauf anerkannt, ob der Konkurs im Gebiet dieses Staates, in Deutschland oder in einem Drittstaat eröffnet worden ist. Ist für solche Befugnisse deutsches Recht maßgebend, so ist nach deutschem Familienrecht zu entscheiden, ob die Tatbestände von Rechtssätzen, die an die „Konkurseröffnung" Rechtsfolgen in Ansehung solcher Befugnisse knüpfen, auch durch einen im Ausland eröffneten Konkurs verwirklicht werden[3]).

C. Konkursmasse

1. Grenzen der Massezugehörigkeit

Von den Problemen, die durch Internationalität von Sachverhalten [Anm. 302
102—111] in Ansehung der Konkursmasse aufgeworfen werden, steht die Belegenheit von Vermögensgegenständen, an die sich die Auseinandersetzung um „Universalität" oder „Territorialität" des Konkurses [Anm. 48—55, 178—212] knüpft, so sehr im Vordergrund, daß die anderen Probleme fast vollständig vernachlässigt werden. So wird in der Erörterung von Fragen der Massezugehörigkeit der Umstand, daß Vermögensgegenstände des Gemeinschuldners von einem anderen als dem Recht des Konkursstaates als „Sachstatut" [Anm. 103] bestimmt werden können, regelmäßig nicht erwähnt[4]), obwohl ihm für die Frage der Beschlagsfreiheit und andere Fragen der Massezugehörigkeit erhebliche Bedeutung zukommen kann.

Zur Konkursmasse gehört wie nach deutschem Recht so überall nur „das 303
einer Zwangsvollstreckung unterliegende Vermögen des Gemeinschuldners" (§ 1 I). Diese Einschränkung, die „unpfändbare" (: „beschlagsfreie"[5])) Gegenstände von den Rechtsfolgen des Konkurses ausschließt, wird regelmäßig so interpretiert, als sei es ausgemacht, daß über „Unpfändbarkeit" oder „Beschlagsfreiheit" immer nur das Recht des Konkursstaates entscheide[6]).

Die Problematik dieser Unbedenklichkeit zeigt schon der Umstand, daß die 304
ZPO, auf deren Bestimmungen § 1 I abstellt[6]), teils die Unpfändbarkeit selbständig

[1]) Vgl. Anm. 279—283 und 289.
[2]) Vgl. Anm. 284—287.
[3]) Vgl. Anm. 14—18.
[4]) Vgl. etwa Jaeger-Lent, § 1 Anm. 4—47.
[5]) Vgl. Anm. 57[4].
[6]) Vgl. Jaeger-Lent, § 1 Anm. 18-47.

bestimmt (§§ 811, 850a—850d, §§ 859—863 ZPO[1])), teils in der Weise regelt, daß sie unübertragbare Rechte für unpfändbar erklärt (§§ 851 I, 857 I und III ZPO). Ob ein Vermögensgegenstand übertragbar ist oder nicht, darüber entscheidet das für diesen Gegenstand maßgebende „Sachstatut" [Anm. 102]. Soweit Unpfändbarkeit auf Unübertragbarkeit beruht, liegt also eine „Beschlagsfreiheit nach Sachstatut" vor. Soweit die ZPO die Voraussetzungen der Unpfändbarkeit selbständig bestimmt (mit Ausnahme wohl von §§ 859—863[1])), sind für diese Bestimmung soziale Erwägungen und Gründe des *ordre public* maßgebend; entscheidend sind die Würde und der Bedarf des Schuldners sowie Nutzen oder Wert eines Vermögensgegenstandes; welches Recht als Sachstatut den Gegenstand bestimmt, ist für diese „Beschlagsfreiheit nach Vollstreckungsrecht" unerheblich.

305 Diese Unterscheidung ist für Rechte an Sachen ohne Bedeutung, weil insoweit das Recht des Staates der Belegenheit sowohl für die Pfändung zuständig wie sachenrechtliches Sachstatut ist. Anders jedoch für Forderungen, die nach dem internationalen Zwangsvollstreckungsrecht Deutschlands in dem Staat der Pfändung unterliegen, in dem ihr Schuldner wohnhaft ist[2]), für die aber das Recht eines anderen Staates (als „Schuldvertragsstatut", als „Deliktsstatut" o. ä.) maßgebend sein kann[3]). Hier ist die Unterscheidung von Bedeutung (zumal auch der Unübertragbarkeit bei Forderungen eine weit größere Bedeutung zukommt als bei Rechten an Sachen). Sie stellt die Frage, ob etwa §§ 850a—850d ZPO auch dann gelten, wenn das Arbeitsverhältnis zwischen Vollstreckungsschuldner und (in Deutschland wohnhaftem) Drittschuldner nicht vom deutschen Recht bestimmt wird (was z. B. bei der Beschäftigung eines Ausländers in der deutschen Filiale eines heimischen Unternehmens der Fall sein kann). Die Frage ist nach Wortlaut sowie Sinn und Zweck der Vorschriften zu bejahen; die Vorschriften sind also dem Vollstreckungsrecht zuzurechnen.

306 Für Forderungen, die vom deutschen Recht bestimmt werden, wird die Unterscheidung auch dadurch geboten, daß § 400 BGB (genau umgekehrt wie § 851 I ZPO) an die Unpfändbarkeit die Unübertragbarkeit knüpft. Was gilt nach dieser Vorschrift, wenn über die Frage, ob eine nach deutschem Recht zu beurteilende Forderung „der Pfändung unterworfen ist", kraft Wohnsitzes des Schuldners im Ausland ein anderes als das deutsche Recht entscheidet? Was folgt daraus für die Grenzen der Massezugehörigkeit bei Konkurs in Deutschland? Was gilt für diese Grenzen, wenn dem in Deutschland in Konkurs gefallenen Gemeinschuldner Sachen gehören, die im Ausland belegen sind und dort als unübertragbar angesehen werden, während sie nach deutschem Vollstreckungsrecht als unpfändbar, vom Recht des ausländischen Belegenheitsstaates aber als pfändbar angesehen werden?

307 Schon der Wortlaut von § 1 I legt die Annahme nahe, daß es für die Zugehörigkeit zur Konkursmasse darauf ankommt, ob ein Vermögensgegenstand zur Zeit der Konkurseröffnung der Zwangsvollstreckung unterliegt[4]). Diese Frage aber kann nur nach dem Recht beantwortet werden, das zu diesem Zeitpunkt über die Zwangsvollstreckung in diesen Gegenstand zu entscheiden hat, d. h. nach dem Recht des Staates, in dem dieser Gegenstand zur Zeit der Konkurseröffnung belegen ist (Vollstreckungsstatut)[5]). Diese Auslegung entspricht auch allein Sinn und Zweck der Vorschrift, den praktischen Erfordernissen und den Bedürfnissen internationaler Gerechtigkeit, denn sie vermeidet Diskrepanzen zwischen „gewollter Geltung" (Sache des Konkursstaates) und „faktischer Geltung" (Sache des Belegenheitsstaates) einer Zurechnung zur Konkursmasse[6]).

---

[1]) Die Vorschriften der §§ 859—863 ZPO dürften freilich dem materiellen Recht zuzurechnen sein, weil sie auch für eine ausländische Zwangsvollstreckung in die dort genannten Gegenstände gelten müssen.
[2]) Vgl. Anm. 190[6] und 199 a. E.
[3]) Vgl. etwa Soergel-Kegel, Anm. 220—291 vor Art. 7 (zum „Schuldvertragsstatut"); Anm. 333—338 vor Art. 7 (zum „Bereicherungsstatut"); Art. 12 Anm. 1—33 (zum „Deliktsstatut").
[4]) Daß die Pfändbarkeit „im Zeitpunkt der Konkurseröffnung" bestehen muß, wird bei Jaeger-Lent, § 1 Anm. 18, hervorgehoben.
[5]) Vgl. Anm. 190[6] und 199 a. E.; im übrigen s. Anm. 267—275.
[6]) Für Maßgeblichkeit des Rechts des Staates der Belegenheit einer Forderung — allerdings nur bei Auslandskonkurs —: BGH NJW 1960, 774 = BGH MDR 60, 578 = BGH KTS 1960, 74 = BGH WM 1960, 374 = BGH AWD 1960, 101.

308 Entsprechendes muß auch für § 400 BGB gelten: Sinn und Zweck der Beschränkung der Übertragbarkeit erfordern ein Abstellen darauf, ob die Forderung nach dem zur Zeit der Fragestellung kompetenten Vollstreckungsrecht der Pfändung unterliegt oder nicht. Ganz unabhängig von dieser Relevanz des für die Zwangsvollstreckung in einen Vermögensgegenstand des Gemeinschuldners maßgeblichen Rechts ist zu berücksichtigen, ob einem Vermögensgegenstand „Beschlagsfreiheit nach Sachstatut" [Anm. 304] zukommt, ob er also nach dem Sachstatut (aus anderen Gründen als wegen einer „Rezeption" von Pfändungsbeschränkungen in das Recht der Verfügungsbeschränkungen, wie sie § 400 BGB vornimmt) unübertragbar ist. Hierbei ist die Entscheidung des Sachstatuts für Deutschland allenfalls dann unverbindlich, wenn ihrer Anerkennung der deutsche *ordre public*[1]) entgegensteht[2]).

309 Soweit die Konkursmasse durch Konkursanfechtung ergänzt werden soll, ist bei beschränktem Konkurs [Anm. 162] die Konkursanfechtung nur gegeben, wenn der anfechtbar erworbene Gegenstand ohne den anfechtbaren Erwerbsvorgang im Zeitpunkt der Konkurseröffnung im Konkursstaat belegen gewesen wäre (: zur Konkursmasse des beschränkten Konkurses gehört hätte)[3]).

310 Wird dem in Deutschland eröffneten Konkurs vom Belgenheitsstaat zwar die „Erfassung" dort belegener beweglicher Gegenstände gestattet, die „Erfassung" dort belegener unbeweglicher Gegenstände aber verweigert (wie dies etwa in Österreich nach § 66 öst. KO der Fall ist), so sind die „rechtsgeschäftlichen Surrogate" unbeweglicher Vermögensgegenstände kein konkursfreier Neuerwerb i. S. des deutschen Konkursrechts[4]), da von diesem Geltung auch für die unbeweglichen Vermögensgegenstände gewollt war, schon diese also nach deutscher Auffassung zur Konkursmasse rechneten. Soweit in einem Auslandskonkurs nach dem Recht des Konkursstaates echter Neuerwerb des Gemeinschuldners zur Konkursmasse gerechnet wird, fehlt dem Konkursstaat nach deutscher Auffassung die konkursrechtliche internationale Sachregelungskompetenz [Anm. 257]. Eine Anerkennung dieser Zurechnung kommt also nur insoweit in Betracht, als das über den Erwerbsvorgang bestimmende Recht die vom Konkursrecht angestrebte Überleitung des Erwerbs vom Gemeinschuldner auf die Konkursmasse als Sondervermögen des Gemeinschuldners akzeptiert (vergleichbar der Anerkennung dinglicher Surrogationen) und diese Überleitung nicht auf eine Leugnung der Rechtsfähigkeit des Gemeinschuldners hinausläuft (was dem deutschen *ordre public* widerspräche)[5]).

311 Besondere Fragen nach den Grenzen der Massezugehörigkeit stellen sich für die hier abgelehnte [Anm. 196—213] Meinung, einem Auslandskonkurs komme keine Wirkung (genauer: „konkurstypische Rechtsfolge") hinsichtlich des zur Zeit der Konkurseröffnung in Deutschland belegenen Vermögens zu [Anm. 172]. Diese Meinung muß Forderungen des Gemeinschuldners, deren Schuldner (der Drittschuldner) zur Zeit der Konkurseröffnung in Deutschland wohnhaft ist [Anm. 63 und 137], vom Konkursbeschlag ausnehmen[6]). Das mag ohne weitere Komplikationen hingehen, wenn der Drittschuldner keinen Gerichtsstand im Ausland hat und wenn der Konkursverwalter des Auslandskonkurses auch sonst keine Möglichkeit hat, die nach seinem Konkursrecht bestehende Zugehörigkeit der Forderung zu der von ihm verwalteten Konkursmasse im Konkursstaat oder in einem Drittstaat, der den Konkursbeschlag anerkennt, geltend zu machen. Hat der Konkursverwalter diese Möglichkeit, so zeigt sich, daß die Gegenmeinung schwierige Probleme aufwirft.

312 Hat der Drittschuldner im ausländischen Konkursstaat oder in einem Drittstaat, der den Konkursbeschlag in Ansehung der Forderung anerkennt, einen

[1]) Etwa in dem denkbaren Falle, daß das Sachstatut Unübertragbarkeit gerade vorsieht, um den Vermögensgegenstand (im Regelfall: die Forderung) der Haftung gegenüber ausländischen Gläubigern zu entziehen.
[2]) Eine Zusammenfassung der Erörterungen in Anm. 303—308 enthält Anm. 340.
[3]) Ebenso Jaeger-Lent, § 29 Anm. 44.
[4]) Im Ergebnis ebenso RGZ 90, 125; Mentzel-Kuhn, § 1 Anm. 107.
[5]) Zu § 59 S. 2 VerglO vgl. Jahr, Rabels Z 1972, Heft 4 (F2*b*).
[6]) So ausdrücklich BGH NJW 1960, 774 = BGH MDR 1960, 578 = BGH KTS 60, 74 = BGH WM 1960, 347 = BGH AWD 1960, 101; Böhle-Stamschräder, § 237 Anm. 3.

Gerichtsstand des Vermögens (entsprechend § 23 ZPO) und wird er dort vom Konkursverwalter erfolgreich in Anspruch genommen, so stellt sich die Frage, ob die im Ausland erfolgte Befriedigung auch in Deutschland Rechtsfolgen auslöst oder ob der Drittschuldner in Deutschland zu nochmaliger Leistung gezwungen werden kann. Man mag in diesem Falle die Auffassung, das „inländische" Forderungsrecht des Gemeinschuldners eines Auslandskonkurses werde von konkurstypischen Sachverhalten nicht berührt, trotz der manifesten Unbilligkeit der Konsequenzen konsequent durchhalten und den Drittschuldner in Deutschland zur nochmaligen Zahlung zwingen. Es bleiben doch Fälle, in denen das aus Rechtsgründen unmöglich wird, Fälle, in denen konkurstypische Sachverhalte, die sich im Ausland kraft ausländischen Rechts ereignen, aufgrund eines im materiellen Recht begründeten und in Deutschland zu respektierenden Zusammenhangs das Forderungsrecht berühren.

313 Handelt es sich bei der Forderung des Gemeinschuldners um eine nach deutschem Recht zu beurteilende und in Deutschland belegene Bürgschaftsforderung (der Bürge wohnt in Deutschland), deren Hauptforderung im Konkursstaat belegen ist (der Hauptschuldner wohnt dort), und zieht der ausländische Konkursverwalter die Hauptforderung im Konkursstaat ein, so verliert der Gemeinschuldner trotz Nichtanerkennung des Konkursbeschlags die Bürgschaftsforderung, die nach dem Akzessorietätsprinzip den Untergang der Hauptforderung nicht überdauern kann. Macht der Gemeinschuldner vor Einziehung der Hauptforderung die Bürgschaftsforderung geltend, so kann der Bürge (trotz „Nichtanerkennung" des Konkursbeschlags) die Erfüllung verweigern[1]), weil er nur zu leisten braucht, wenn dadurch der Hauptschuldner frei oder kraft *cessio legis* (§ 774 I 1 BGB) dem Bürgen gegenüber verpflichtet wird (keine dieser Rechtsfolgen würde gegenüber dem im Ausland wohnhaften Hauptschuldner eintreten, da der Gläubiger über die Hauptforderung nicht verfügen kann). Ist umgekehrt die Hauptforderung in Deutschland belegen, während die (von deutschem Recht bestimmte) Bürgschaftsforderung im ausländischen Konkursstaat belegen ist und deshalb nach jeder Auffassung zum deutschen Recht vom Auslandskonkurs erfaßt wird, so müßte die Anerkennung der Verfügungsbefugnis des Konkursverwalters die Konsequenz haben, daß das deutsche Recht bei Einziehung der Bürgschaftsforderung durch den Konkursverwalter auch den Übergang der Hauptforderung auf den Bürgen anerkennt (sonst müßte der Bürge im Ausland die Leistung an den Konkursverwalter verweigern dürfen[2]), womit die deutsche Anerkennung der Einziehungsbefugnis des ausländischen Verwalters zur Farce würde).

314 Ein ähnlicher Zwang zur Anerkennung der Einziehungsbefugnis des ausländischen Konkursverwalters (trotz Festhaltens am „Territorialitätsprinzip") besteht, wenn für eine nach deutschem Recht zu beurteilende und in Deutschland belegene Forderung (der Schuldner wohnt in Deutschland) an einem ausländischen Grundstück des Schuldners eine Hypothek bestellt worden ist, der Gläubiger im Ausland in Konkurs fällt und der Konkursverwalter des Auslandskonkurses die Hypothek verwertet. Dann kann der Schuldner die Zahlung auf die persönliche Forderung verweigern[3]), mag diese Zahlung auch vom Gemeinschuldner unter Berufung auf die Nichtanerkennung des Konkursbeschlags verlangt werden.

2. Verwaltung

315 Auch hinsichtlich der Verwaltung der Konkursmasse gilt, daß von den Problemen, die durch Internationalität von Sachverhalten [Anm. 102—111] aufgeworfen werden, regelmäßig nur diejenigen erörtert werden, für deren Lösung es —

[1]) Einrede der Leistung erfüllungshalber (Jahr-Kropf, JuS 1963, 358f. und 361 FN 33); zum Problem des Textes s. auch Jürgen Schmidt, S. 85ff.

[2]) S. Anm. 313[1].

[3]) Die Bestellung einer Realsicherheit ist eine Leistung erfüllungshalber, die den Schuldner berechtigt, die Erfüllung zu verweigern, solange die Sicherheit nicht entweder mit der Erfüllung *ipso iure* an ihn zurückfällt (so bei streng akzessorischen Sicherheiten) oder Zug um Zug gegen Erfüllung zurückgewährt wird (so bei nicht akzessorischen Sicherheiten: Sicherungseigentum, Sicherungsgrundschuld, denen die Hypothek im Falle einer Spaltung gleichzustellen ist). Zum Ganzen vgl. Jahr-Kropf, JuS 1963, 358f.

angeblich — auf die Stellungnahme zu „Universalität" oder „Territorialität" des Konkurses [Anm. 48—55, 178—212] ankommt. Dem entspricht es, daß in der Erörterung von §§ 6—15 und §§ 117—128 durchweg der Möglichkeit nicht gedacht wird, Verwaltungsmaßnahmen könnten im Ausland oder in Bezug auf Gegenstände vorzunehmen sein, die von einem fremden Recht als Sachstatut bestimmt werden. Dieser Möglichkeit ist auch in der Abfassung des Gesetzes nicht Rechnung getragen[1]), besonders deutlich in §§ 7 I, 13, 15 S. 2 und § 128, wo auf Vorschriften des BGB verwiesen wird. Diese Abfassung des Gesetzes ist nicht aus der Vorstellung bloßer „Territorialität" des Inlandskonkurses[2]) zu erklären, wie allein § 128 zeigt, dessen Nichtberücksichtigung möglicher Maßgeblichkeit ausländischen Rechts ganz unabhängig von der Belegenheit von Massegegenständen bedenklich ist: Vorerbe nach Auslandsrecht kann der Gemeinschuldner eines in Deutschland eröffneten Konkurses auch dann sein, wenn alle Nachlaßgegenstände in Deutschland belegen sind (es genügt, daß der Erblasser Angehöriger eines Staates war, der wie Deutschland die Erbfolge dem Heimatrecht des Erblassers unterstellt[3]) und der wie Deutschland eine Nacherbfolge kennt).

Ob Verfügungsverbote und Verfügungsbeschränkungen, denen der Gemein- 316
schuldner in Ansehung von Massegegenständen außerhalb des Konkursverfahrens unterworfen war und ist, auch für Verfügungen des Konkursverwalters gelten, ist in § 13 und § 128 nur für den Fall geregelt, daß das Verfügungsverbot oder die Verfügungsbeschränkung nach deutschem Recht besteht (daß deutsches Recht als Sachstatut über Verfügungen ganz allgemein bestimmt oder als Vollstreckungsstatut [Anm. 307; vom Sachstatut verschieden nur bei Forderungen[4])] durch Pfändung ein Verfügungsverbot auferlegt hat). Ebenso werden in § 7 I und § 15 S. 2 Vorbehalte zugunsten eines Erwerbs kraft guten Glaubens nur unter Erwähnung der einschlägigen Vorschriften des deutschen Sachenrechts (§§ 892, 893 BGB; §§ 16, 17 SchiffsRG) gemacht.

Die Vorbehalte zugunsten eines Erwerbs kraft guten Glaubens (§ 7 I, § 15 317
S. 2) beruhen auf einer Wertung, die das Interesse des gutgläubigen Erwerbers und die Rücksicht auf die Verkehrssicherheit höher achtet als die Interessen der Konkursgläubiger. Diese Wertung kann nicht auf Inlandskonkurse beschränkt werden (die Interessen der Konkursgläubiger eines Auslandskonkurses werden jedenfalls nicht höher geachtet als die der Konkursgläubiger eines Inlandskonkurses). Sie muß daher, wenn in Deutschland belegene Sachen zur Konkursmasse eines Auslandskonkurses gerechnet werden[5]), für die Veräußerung dieser Sachen in Deutschland ebenso gelten. Das aber heißt, daß die diese Wertung enthaltenden Rechtssätze keine konkursrechtlichen, sondern sachenrechtliche Normen sind.

Umgekehrt ist es Sache des für einen sachenrechtlichen Erwerbsvorgang 318
maßgeblichen ausländischen Rechts, die entsprechende Wertung hinsichtlich der Interessen der Konkursgläubiger des deutschen Konkurses vorzunehmen[6]). § 7 I und § 15 S. 2 wollen gar nicht für Erwerbsvorgänge gelten, die nach ausländischem Recht zu beurteilen sind. Sie enthalten also ausschließlich sachenrechtliche Normen [Anm. 317 a. E.][7]).

Setzen § 7 I und § 15 S. 2 die Interessen der Konkursgläubiger gegenüber denen 319
des Erwerbers zurück, so werden in § 13 die Interessen der Konkursgläubiger

[1]) Vgl. dazu Anm. 113 und 114 a. Anf.
[2]) Dazu, daß dies nicht die Vorstellung des historischen Gesetzgebers war, s. Anm. 192—195.
[3]) Also keine „Rückverweisung" auf deutsches Recht, die zu dessen Maßgeblichkeit als „Erbstatut" führte.
[4]) Vgl. Anm. 305.
[5]) Das ist nach unserer Auffassung generell der Fall [s. Anm. 212—213]. Das im Text erörterte Problem stellt sich aber auch für die Gegenmeinung [Anm. 172]; wenn nämlich eine zur Zeit der Konkurseröffnung im Konkursstaat belegene, also auch nach dieser Meinung vom Konkurs erfaßte [Anm. 143—146 und 175] bewegliche Sache vom Gemeinschuldner alsbald nach Deutschland verbracht und hier an einen Gutgläubigen veräußert wird.
[6]) In diese Richtung geht auch Art. 27 VE, wo es heißt: „Die Wirkungen des Konkurses auf Sachen und Rechte, die der Eintragung in ein öffentliches Register unterliegen, bestimmen sich hinsichtlich der erforderlichen Eintragungen und der sich daraus ergebenden Rechtsfolgen nach dem Recht des Vertragsstaates, in dem dieses Register geführt wird."
[7]) Eine Zusammenfassung der Ergebnisse der Erörterungen in Anm. 317—318 enthalten Anm. 341—342.

höher gewertet als die der durch ein Verfügungsverbot Begünstigten. Soweit darin eine Einschränkung der §§ 135, 136 BGB liegt, enthält § 13 eine Norm des bürgerlichen Rechts[1]); soweit darin eine Bestimmung der Rechtsstellung der Konkursmasse liegt, enthält § 13 eine konkursrechtliche Norm. Es stellt sich jedoch die Frage, ob diese Normen denselben internationalen Geltungsbereich haben, wie er sonst Normen dieser Art zukommt, oder ob die Geltungsbereiche durch wechselseitige Beschränkung der Geltungsansprüche der Normen [vgl. Anm. 26 a. E.] modifiziert sind[2]).

320 Das heißt konkret: Ist die Einschränkung von §§ 135, 136 BGB durch § 13 nur bei Inlandskonkurs zu beachten[3]) oder auch dann, wenn der Verfügungsgegenstand zur Konkursmasse eines Auslandskonkurses gehört und das Recht des Konkursstaates eine § 13 entsprechende konkursrechtliche Regelung enthält[4])? Ist die Bestimmung der Rechtsstellung der Konkursmasse gegenüber Personen, die durch Verfügungsverbote geschützt sind, nur zu beachten, wenn sich das Verfügungsverbot nach deutschem Recht bestimmt[5]) oder auch dann, wenn ein ausländisches Recht als Sachstatut über Verfügung und Verfügungsverbot bestimmt und eine § 13 entsprechende bürgerlich-rechtliche Norm enthält[6])?

321 Zumindest die zweite Frage ermöglicht eine eindeutige Antwort. Es ist nicht einzusehen, warum „ausländische" Verfügungsverbote „der in den §§ 135, 136 BGB bezeichneten Art" bei Konkurs in Deutschland stärker wirken sollten als „deutsche". Die in § 13 enthaltene konkursrechtliche Norm gilt ohne Einschränkung. Das braucht nicht unbedingt dafür zu sprechen, auch den internationalen Geltungsbereich der bürgerlich-rechtlichen Norm nicht einzuschränken, legt diese Entscheidung aber doch so nahe, daß sie — da Gegenargumente (außer Versuchen, angebliche nationale Eigeninteressen durchzusetzen[7]), die grundsätzlich problematisch und dazu oft untauglich sind[8])) nicht ersichtlich sind — als geltendes Recht behauptet werden kann[9]).

322 Von den Veräußerungsverboten im Sinne von § 13 sind Verfügungsbeschränkungen, wie sie den Rechtsinhaber als Vorerben (§§ 2113—2115 BGB), Erben im Falle der Testamentsvollstreckung (§§ 2211—2214 BGB) o. ä. treffen[10]), zu unterscheiden. Insoweit geht die Verfügungsmacht des Gemeinschuldners mit den Beschränkungen, die sie im Zeitpunkt der Konkurseröffnung trafen (solange ihr Grund nicht wegfällt), auf den Konkursverwalter über („der Konkursverwalter erwirbt grundsätzlich nicht andere und nicht mehr Rechte, als der Gemeinschuldner hatte")[11]). Das muß auch insoweit gelten, als die Verfügungsbeschränkung auf ausländischem Recht als Einzelstatut (für den einzelnen Gegenstand maßgebliches Recht) oder als Gesamtstatut (für den Nachlaß als Ganzes maßgebliches Recht) beruht. Umgekehrt sind solche Verfügungsbeschränkungen, soweit sie auf deutschem Recht beruhen, auch in Auslandskonkursen zu beachten. Diesen Ver-

[1]) D. h., wie gerade in internationalrechtlichen Fällen besonders deutlich wird, immer: des Sachenrechts oder des Schuldvertragsrechts oder des Deliktsrechts (so werden, wenn eine Schadensforderung abgetreten wird, für die deutsches Recht als „Deliktsstatut" maßgeblich ist, §§ 116—185 und §§ 398—411 BGB zur Anwendung berufen).

[2]) Vgl. Anm. 320[3], 320[5].

[3]) In diesem Falle läge die in Anm. 319 a. E. erwähnte Modifikation des Geltungsbereichs der bürgerlich-rechtlichen Norm vor (Beschränkung der Geltung deutschen bürgerlichen Rechts auf den Fall der Maßgeblichkeit deutschen Konkursrechts).

[4]) In diesem Falle käme der bürgerlich-rechtlichen Norm der „normale" Geltungsbereich solcher Normen zu.

[5]) In diesem Falle läge die in Anm. 319 a. E. erwähnte Modifikation des Geltungsbereichs der konkursrechtlichen Norm vor (Beschränkung der Geltung deutschen Konkursrechts auf den Fall der Maßgeblichkeit deutschen bürgerlichen Rechts).

[6]) In diesem Falle käme der konkursrechtlichen Norm der „normale" — durch die Grundnorm [Anm. 256] bestimmte — Geltungsbereich solcher Normen zu.

[7]) Etwa: die durch das „deutsche" Verfügungsverbot geschützten Personen dürften nicht hinter den Gläubigern des ausländischen Konkurses zurückstehen, weil das deutsche Recht deutsche Interessen vorrangig schützen müsse o. ä.

[8]) Die durch ein „deutsches" Verfügungsverbot geschützten Personen können Deutschland und dem deutschen Recht ferner stehen als die oder jedenfalls einzelne Gläubiger des Auslandskonkurses.

[9]) Eine Zusammenfassung der Ergebnisse der Erörterungen in Anm. 319—321 enthalten Anm. 343—344.

[10]) Zum Fortbestand dieser Verfügungsbeschränkungen: LG Aachen NJW 1960, 46 mit Anm. Buch = LG Aachen KTS 1960, 62; Böhle-Stamschräder, § 6 Anm. 6; a. M. (Nachlaß gehört insoweit nicht zur Konkursmasse): OLG Düsseldorf KTS 1962, 115; Jaeger-Weber, § 234 Anm. 6.

[11]) Böhle-Stamschräder, § 6 Anm. 6; im Ergebnis ebenso Jaeger-Lent, § 6 Anm. 21.

fügungsbeschränkungen ist auch die besondere Beschränkung des Konkursverwalters nach § 128 zuzurechnen, deren Sinn vereitelt würde, wenn sie einen ausländischen Konkursverwalter nicht träfe, die aber keine Anwendung verlangt, wenn ein nach Auslandsrecht zum Vorerben Berufener in Deutschland in Konkurs fällt (§ 128 enthält also eine erbrechtliche Norm)[1]).

3. Aussonderung und Verfolgungsrecht

Nach § 43 bestimmt sich die „Aussonderung eines dem Gemeinschuldner nicht gehörigen Gegenstandes", d. h.: die Geltendmachung der Nichtzugehörigkeit eines Gegenstandes zur Konkursmasse mangels Rechtszuständigkeit des Gemeinschuldners[2]), „nach den außerhalb des Konkurses geltenden Gesetzen". Die höchst unglückliche Formulierung der Vorschrift („Ansprüche auf Aussonderung auf Grund eines dinglichen oder persönlichen Rechts") läßt nicht klar erkennen, daß in ihrem Bereich zwei verschiedene Fragen zu beantworten sind (deren Antworten freilich mitunter auf demselben Sachverhalt beruhen können): Gehört ein vom Konkursverwalter als massezugehörig behandelter (zur „Ist-Masse" gerechneter) Gegenstand dem Gemeinschuldner? Steht einem Prätendenten gegen den Gemeinschuldner bzw. gegen den Konkursverwalter ein (dinglicher oder persönlicher) Anspruch auf Herausgabe dieses Gegenstandes zu? Beide Fragen sind — das will § 43 sagen — „nach den außerhalb des Konkurses geltenden Gesetzen" (d. h. aber: unter Umständen nach anderen als den deutschen Gesetzen)[3]) zu beantworten. **323**

Daß neben diesen Fragen für eine besondere Frage nach der „Aussonderungskraft"[4]) oder „Aussonderungsfähigkeit"[5]) einer Rechtsstellung — etwa der eines Verkäufers, der die Kaufsache nach deutschem Recht unter Eigentumsvorbehalt übereignet hat — kein Raum ist, wird bei Internationalität des Sachverhaltes besonders deutlich. Wird die unter Eigentumsvorbehalt verkaufte Sache ins Ausland verbracht und fällt der Käufer dort in Konkurs, so bestimmt sich die „Aussonderung" nach ausländischem Konkursrecht, das nicht eine nach deutschem Konkursrecht bestehende „Aussonderungskraft", sondern die vom deutschen materiellen Recht (bis zur Verbringung ins Ausland) gegebenen Antworten auf die — im Ausland wie nach § 43 [Anm. 323] aufgeworfenen — Fragen nach der Rechtszuständigkeit des Gemeinschuldners und Herausgabeansprüchen des Verkäufers zu berücksichtigen hat, wie bei Konkurs in Deutschland die durch § 43 aufgeworfenen Fragen nach ausländischem materiellen Recht zu entscheiden sein können. **324**

Dabei steht regelmäßig die erste dieser Fragen (: die Frage nach der Rechtszuständigkeit des Gemeinschuldners) im Vordergrund, bei deren Beantwortung zu berücksichtigen ist, daß Aussagen zu materiellem Recht als Aussagen zu konkursrechtlichen Fragestellungen formuliert sein können. Wird der Rechtsstellung des Verkäufers, der nach deutschem Recht unter Eigentumsvorbehalt veräußert hat, „Aussonderungskraft" zuerkannt[6]), so wird damit eine die Zugehörigkeit zur Konkursmasse begründende Rechtszuständigkeit des Gemeinschuldners hinsichtlich des Eigentums[7]) verneint; diese Verneinung muß auch im Auslandskonkurs des Käufers berücksichtigt werden (: der Verkäufer muß auch dort „aussondern" können). **325**

Schwierigkeiten bereiten insoweit ausländische Regelungen, die die Zugehörigkeit zur Konkursmasse aus Gründen bejahen, die eine Beschränkung der Regelung auf einen Konkurs im Gebiet des eigenen Staates nahelegen. Dies gilt vor allem für **326**

---

[1]) Eine Zusammenfassung der Ergebnisse der Erörterung in Anm. 322 enthalten Anm. 345—346.
[2]) Vgl. Jaeger-Lent, § 43 Anm. 2; Mentzel-Kuhn, § 43 Anm. 1; Böhle-Stamschräder, § 43 Anm. 1.
[3]) Das wird wiederum ganz regelmäßig in den Erörterungen zu § 43 nicht beachtet; kennzeichnend etwa Jaeger-Lent, § 43 Anm. 3: „... die außerhalb des Konkursverfahrens geltenden Gesetze; d. h. das sonstige Reichs- oder Landesrecht."
[4]) So vor allem Jaeger-Lent, § 43 Anm. 3.
[5]) So vor allem Böhle-Stamschräder, § 43 Anm. 5.
[6]) Vgl. dazu Anm. 324 mit Nachw.
[7]) Nicht hinsichtlich der sog. „Anwartschaft auf Eigentumserwerb".

die sogenannte *reputed ownership clause* des englischen Rechts, nach der die einem anderen gehörenden, aber mit dessen Zustimmung im Gewerbebetrieb des Gemeinschuldners befindlichen und diesem Betrieb dienenden Vermögensgegenstände als Vermögen des Gemeinschuldners (Masseaktiven) behandelt werden, während der Berechtigte auf eine Konkursforderung auf Wertersatz beschränkt wird[1]). In dieser Regelung kommt eine Wertung der Interessen des Berechtigten und der Interessen der persönlichen Gläubiger, die auf die — durch die Benutzung nicht erkennbar fremder Sachen gesteigerte — Kreditwürdigkeit des Schuldners vertraut haben, zum Ausdruck, die dem deutschen Recht so fremd ist (Schutz des guten Glaubens von Gläubigern), daß ihre „Qualifikation" (konkursrechtlich oder bürgerlich-rechtlich?) Schwierigkeiten bereitet. Die Regelung steht im englischen Konkursgesetz[2]), dürfte auf jeden Fall auf in England überlassene und zur Zeit der Konkurseröffnung dort befindliche Sachen zu beschränken und wohl nur bei Konkurs in England anzuwenden sein[3]).

327 Zum Verfolgungsrecht (§ 44) wird bei Jaeger-Lent [Anm. 33] ausgeführt: „Die Frage, ob und inwieweit das Verfolgungsrecht nach dem Rechte des Konkursgerichts oder nach dem der Versendung oder der Bestimmung oder nach dem für Kauf oder Kommission maßgebenden Rechte oder endlich nach dem Rechte des Ortes, an dem die Ware sich befindet, beurteilt werden muß, ist sehr bestritten ... und nur im Wege zwischenstaatlicher Übereinkunft gedeihlich zu lösen. Wir müssen davon ausgehen, daß die Rückforderung der Ware im Konkurs als Aussonderung wirkt, also jedenfalls im Erfolge die Zugehörigkeit der Ware zur Konkursmasse verneint. Nun bestimmt sich aber nach dem Grundsatze des § 238 die Zugehörigkeit eines Gegenstandes zur Masse des Inlandskonkurses nach deutschem Konkursrecht, auch wenn der Gegenstand sich im Auslande befindet. Von diesem Standpunkt aus kann gegenüber der Inlandskonkursmasse das Verfolgungsrecht dann und nur dann geltend gemacht werden, wenn die Voraussetzungen des § 44 erfüllt sind ... Für Auslandskonkurse ist unser § 44 KO nicht maßgebend (OLG Hamburg JW 1917 S. 820 Nr. 3) ... Ob der Absender die Waren nach dem im Einzelfalle maßgebenden Frachtrecht unterwegs anhalten und zurückrufen kann ..., ist eine Frage für sich."

328 Diese Ausführungen sind zunächst insoweit zumindest unklar, als sie „nach dem Grundsatze des § 238 die Zugehörigkeit eines Gegenstandes zur Masse des Inlandskonkurses nach deutschem Konkursrecht" bestimmen wollen, „auch wenn der Gegenstand sich im Ausland befindet". Deutsches Konkursrecht bestimmt insoweit nur, daß die Rechtsfolgen des nicht beschränkten Inlandskonkurses auch im Ausland belegene Sachen erfassen, die zur Zeit der Konkurseröffnung dem Gemeinschuldner gehören [Anm. 93, 121 und 257] und nach dem zuständigen Recht [Anm. 307] einer Zwangsvollstreckung unterliegen. Es geht aber nicht um diese Kollisionsnorm, sondern um die Auslegung von § 44 bei internationalen Sachverhalten, die wiederum die Regelung der Grundnorm [Anm. 92, 110, 120 und 256] voraussetzt: § 44 gilt — soweit er eine konkursrechtliche Norm enthält — bei jedem Inlandskonkurs und nur bei Inlandskonkursen (insoweit ist Jaeger-Lent im Ergebnis zuzustimmen). Die wesentlich schwierigeren Fragen aber sind die, zu denen die beiden letzten [Anm. 327] zitierten Sätze Stellung nehmen: Gilt § 44 auch bei Auslandskonkurs? Welche Bedeutung hat für die Anwendung von § 44 ein ausländisches den Kauf- oder Kommissionsvertrag als Schuldvertragsstatut bestimmendes Recht?

329 Die Bejahung der ersten Frage setzt zunächst voraus, daß § 44 auch eine Norm des deutschen Schuldvertragsrechts enthält. Insoweit ist nicht zu bestreiten, daß § 44 eine Forderung (einen persönlichen Anspruch) des Verkäufers oder Einkaufskommissionärs auf Rückübereignung der gelieferten Ware begründet[4]), also

[1]) Vgl. Jahr bei Jaeger-Lent, S. LXXVf.; Jürgen Schmidt, Aktionsberechtigung und Vermögensberechtigung (1969), S. 150f. FN 184.
[2]) Section 15 Bankruptcy and Deeds of Arrangement Act.
[3]) Eine Zusammenfassung der Ergebnisse der Erörterungen in Anm. 323—326 enthält Anm. 347.
[4]) RGZ 32, 19; RGZ 41, 334; Jaeger-Lent, § 44 Anm. 5—8; Mentzel-Kuhn, § 44 Anm. 11; Böhle-Stamschräder, § 44 Anm. 1.

eine Änderung des Schuldverhältnisses zwischen Verkäufer und Käufer bzw. Kommissionär und Kommittenten zur Folge hat[1]). Die Regelung ist daher unzweifelhaft schuldrechtlicher Natur. Sie gilt trotzdem nicht bei Auslandskonkurs, wenn sie die Änderung des Schuldverhältnisses nur für den Fall des Konkurses in Deutschland vorsieht. Daß sie das tue, ist aus der Aufnahme in die KO nicht zwingend zu folgern, denn die KO enthält — wie die Untersuchung ihrer Vorschriften gezeigt hat[2]) und noch weiter zeigen wird[3]) — eine Vielzahl von bürgerlich-rechtlichen Normen. Triftige sachliche Gründe dafür, die Änderung auf den Fall des Inlandskonkurses zu beschränken, sind nicht ersichtlich. Die in § 44 enthaltene schuldvertragsrechtliche Norm gilt daher auch bei Auslandskonkurs. Ob das ausländische Konkursrecht der nach ihr begründeten Forderung „Aussonderungskraft" zuerkennt (was seine Sache ist[4])), ist eine andere Frage.

Die zweite der durch § 44 aufgeworfenen Fragen ist entsprechend dahin zu 330
beantworten, daß die in § 44 enthaltene konkursrechtliche Norm auch dann gilt, wenn Kaufvertrag oder Kommissionsvertrag nach ausländischem Recht als Schuldvertragsstatut zu beurteilen sind und wenn dieses Recht eine Regelung trifft, die der Regelung der in § 44 enthaltenen schuldvertragsrechtlichen Norm [Anm. 329] entspricht[5]).

4. Abgesonderte Befriedigung

Nach § 4 I ist abgesonderte Befriedigung (das Gesetz spricht — wie in § 43 331
[Anm. 323] — sehr unglücklich von einem dahingehenden „Anspruch") „aus Gegenständen, welche zur Konkursmasse gehören ... nur in den von diesem Gesetz zugelassenen Fällen" geltend zu machen. Ganz entsprechend ist in § 50 S. 1 [vgl. dazu Anm. 37] davon die Rede, daß ein Gläubiger „nach dem Rechte des Auslandes entgegen den Bestimmungen dieses Gesetzes ein Absonderungsrecht an (einem zur Konkursmasse gehörigen) Gegenstande ausübt".

Dennoch ist zwischen „abgesonderter Befriedigung" und (konkursrechtlich) 332
„zulässiger abgesonderter Befriedigung" zu unterscheiden, wobei unter „abgesonderter Befriedigung" jedwede Verwertung eines Massegegenstandes durch einen Gläubiger (nicht notwendig Konkursgläubiger) zum Zwecke der Befriedigung wegen seiner Forderung zu verstehen ist.

Wie § 50 S. 1 erkennen läßt, wird vom deutschen Recht auch die (konkurs- 333
rechtlich) unzulässige abgesonderte Befriedigung als wirksam angesehen, wenn sie nach dem (maßgeblichen) „Recht des Auslands" erfolgt ist. Maßgeblich für Verwertungsrechte (Pfand- und Zurückbehaltungsrecht) ist nach dem internationalen Privatrecht Deutschlands, dem das internationale Konkursrecht Deutschlands nicht widersprechen kann, hinsichtlich Sachen das Recht des Staates, in dem die Sachen belegen sind[6]), hinsichtlich Forderungen das Schuldstatut[7]) (auch „Forderungsstatut" genannt[8])), allgemein: das Sachstatut. Daß die nach diesem Statut erfolgte Verwertung als wirksam angesehen wird, heißt, daß die Rechtsfolgen des Rechtsübergangs auf den Ersteher und des Erlöschens des Verwertungsrechts in Deutschland anerkannt werden.

Die konkursrechtliche Unzulässigkeit trotz Wirksamkeit nach 334
Sachstatut hat im Falle des § 50 S. 1 die Rechtsfolge der Entstehung eines Ersatzanspruches der Masse gegen den Gläubiger. Der Fall des § 50 S. 1 (Begründung eines Verwertungsrechts erst nach Konkurseröffnung durch Erwerb einer Forderung gegen den Gemeinschuldner) ist jedoch bei weitem nicht der einzig

---

1) Bei Jaeger-Lent, § 44 Anm. 5—8 wird die „Rückforderung nach § 44" dem Rücktritt mit der Folge der Geltung von §§ 346 ff. BGB gleichgestellt.
2) S. vor allem Anm. 13—18; 21—25; 279—295.
3) S. vor allem Anm. 353—372.
4) So sind wohl die Stellungnahme von Jaeger-Lent [Anm. 327] und die in ihr zitierte Entscheidung des OLG Hamburg zu verstehen; sie gelten nur für die in § 44 enthaltene konkursrechtliche Norm.
5) Eine Zusammenfassung der Ergebnisse der Erörterungen in Anm. 323—330 enthalten Anm. 347—349.
6) Soergel-Kegel, Vorbem. 340 vor Art. 7 mit weit. Nachw.
7) Raape, S. 476.
8) Vgl. Soergel-Kegel, Vorbem. 315 vor Art. 7.

denkbare Fall einer abgesonderten Befriedigung, die nach dem Sachstatut wirksam ist, aber „entgegen den Bestimmungen" der KO erfolgt.

335 § 49 I stellt gewisse Rechtsstellungen einem durch Rechtsgeschäft bestellten Pfandrecht (§ 48) gleich, freilich mit erheblichen Einschränkungen. So wird das gesetzliche Pfandrecht des Vermieters oder Verpächters „nach den §§ 559, 581, 585 BGB" (abgesehen von dem Fall der Verpachtung eines landwirtschaftlichen Grundstücks) nur in Ansehung des Miet- oder Pachtzinses für das letzte Jahr vor Konkurseröffnung gleichgestellt (§ 49 I Nr. 2), das Verwertungsrecht wegen nützlicher Verwendungen auf eine Sache nur in Ansehung „des den noch vorhandenen Vorteil nicht übersteigenden Betrags ihrer Forderung aus der Verwendung" (§ 49 I Nr. 3). § 49 I Nr. 4 sieht die erwähnte Gleichstellung für das Zurückbehaltungsrecht vor, das einem Gläubiger „nach dem Handelsgesetzbuche zusteht".

336 Diese Bestimmungen legen die Frage nahe, was nach deutschem Konkursrecht zu gelten hat, wenn bei einem in Deutschland eröffneten Konkurs Gläubigern nach ausländischem Recht als Sachstatut Rechtsstellungen zukommen, die denen des § 49 I entsprechen. Sie werfen weiter die Frage auf, was zu gelten hat, wenn gesetzliche Pfandrechte von Vermietern oder Verpfändern, kaufmännische Zurückbehaltungsrechte oder Ansprüche auf Ersatz von Verwendungen nach deutschem Recht als Sachstatut gegenüber einem Gemeinschuldner begründet sind, der im Ausland in Konkurs gefallen ist[1]).

337 Die zweite dieser Fragen stellt sich nicht nur, wenn dem Auslandskonkurs „Wirkung" hinsichtlich des zur Zeit der Konkurseröffnung in Deutschland belegenen Vermögens zuerkannt wird; ihr kann durch Festhalten am „Territorialitätsprinzip" nicht entgangen werden. Verbringt der Mieter eines in Deutschland belegenen Grundstücks, dessen Mietvertrag sich nach deutschem Recht als Sachstatut beurteilt, eingebrachte Sachen ohne Wissen des Vermieters (und ohne daß die Voraussetzungen des § 560 S. 2 BGB vorliegen) in einen ausländischen Staat, in dem er seinen Wohnsitz hat und wo er nach der Verbringung der Sachen in Konkurs fällt, so ist mit Sicherheit kein Problem „extraterritorialer Wirkung" des Auslandskonkurses aufgeworfen. Es fragt sich aber, ob — wenn das Recht des Konkursstaates als das nunmehr für sachenrechtliche Fragen zuständige Recht (*lex rei sitae*) das Vermieterpfandrecht[2]) anerkennt[3]) — der Inhalt dieses Rechts durch § 49 I Nr. 2 bestimmt wird. Entsprechendes gilt hinsichtlich § 49 I Nr. 3 und 4, wenn Sachen, hinsichtlich derer nach deutschem Recht ein Verwertungsrecht wegen eines Anspruchs auf Verwendungsersatz oder ein kaufmännisches Zurückbehaltungsrecht begründet worden ist, in einen ausländischen Staat verbracht werden, in dem danach über das Vermögen des Eigentümers Konkurs eröffnet wird.

338 Daß § 49 I eine Vorschrift der KO ist und auf Vorschriften des deutschen materiellen Privatrechts verweist, ist lediglich ein weiterer Beleg für die immer wieder festzustellende Unbedenklichkeit des Gesetzgebers bei der Abfassung privatrechtlicher oder privatrechtlich bedeutsamer Gesetze [Anm. 113—114], für die Entscheidung der aufgeworfenen Fragen aber [Anm. 336] ohne Bedeutung. Die erste dieser Fragen (Was gilt nach deutschem Konkursrecht, wenn bei Konkurs in Deutschland Gläubigern nach ausländischem Recht als Sachstatut Rechtsstellungen zukommen, die denen des § 49 I entsprechen?) muß nach Sinn und Zweck von § 4 I dahin beantwortet werden, daß die Einschränkungen, die § 49 I für die

---

[1]) Art. 40—44 VE versuchen, die im Text angeschnittenen Fragen für alle Länder der EWG durch generellen Rekurs auf die *lex rei sitae* zu lösen. Die Begründung (S. 113ff.) gibt einen guten Überblick über die Komplexität des Problems, über den Stand der Meinungen in anderen Staaten der EWG sowie über die Praxis einzelner internationaler Abkommen.

[2]) Die Entstehung des gesetzlichen Vermieterpfandrechts bestimmt sich nach Schuldvertragsstatut und *lex rei sitae* [vgl. Raape, S. 610f.]. Das Schuldvertragsstatut bestimmt über die Rechte und Pflichten der Parteien in ihrem Verhältnis zueinander, also darüber, ob dem Vermieter ein Pfandrecht an Sachen des Mieters „gebührt". Aufgrund welcher Tatbestände ein Pfandrecht entsteht (dem Vermieter „zusteht"), entscheidet die *lex rei sitae*.

[3]) Ein im Ausland wirksam begründetes Pfandrecht wird von der neuen *lex rei sitae* anerkannt, es sei denn, daß es sich „der sachenrechtlichen Ordnung der neuen *lex rei sitae* nicht einfügt" [Soergel-Kegel, Vorbem. 351 vor Art. 7]. Der Inhalt bestimmt sich nach einem solchen „Statutenwechsel" in den Grenzen des Rechts der für die Entstehung maßgeblichen *lex rei sitae* nach dem neuen Statut.

abgesonderte Befriedigung aufgrund der dort bezeichneten Rechtsstellungen vorsieht, auch für entsprechende nach ausländischem Recht begründete Rechtsstellungen gelten, freilich nur, wenn die verwertete Sache zur Zeit der Konkurseröffnung und der Verwertung in Deutschland belegen ist. Befindet sich die Sache im Ausland, so würde das deutsche Konkursrecht aufgrund des Ausbaus von § 237 I zur allseitigen Kollisionsnorm [Anm. 222—232] eine Befriedigung im Wege der Zwangsvollstreckung hinnehmen. Die Befriedigung im Ausland kraft privatrechtlicher Verwertungsberechtigung kann nicht anders beurteilt werden.

Gilt § 49 I für die Verwertung von Massegegenständen in Deutschland kraft 339
eines nach ausländischem Recht begründeten Vermieterpfandrechts, Zurückbehaltungsrechts usw., so enthält die Vorschrift eine sachenrechtliche (: nicht für jeden Konkurs in Deutschland, sondern nur für in Deutschland belegene Sachen geltende) Norm, die freilich nur im Fall des Konkurses zur Anwendung kommt. Daß diese Norm bei Auslandskonkurs nicht gilt, ist wiederum [vgl. Anm. 338 a. E.] § 237 I zu entnehmen. Beides muß auch für § 127 gelten, der die „Pfandverwertung" durch den Konkursverwalter zuläßt[1]).

5. Zusammenfassung

Die Konkursmasse umfaßt alle Vermögensgegenstände des Gemeinschuldners, 340
die ihm zur Zeit der Konkurseröffnung gehören, nach dem für sie als Sachstatut maßgeblichen Recht übertragbar sind und nach dem zur Zeit der Eröffnung des Konkurses für die Einzelvollstreckung zuständigen Recht des Staates der Belegenheit einer Zwangsvollstreckung unterliegen[2]).

Über den Erwerb von Rechten an den zu einer Konkursmasse gehörigen 341
Gegenständen entscheidet das Recht, das für den Erwerbsvorgang maßgeblich ist. Dies gilt auch, soweit ein Erwerb kraft guten Glaubens zum Nachteil der Konkursmasse in Betracht kommt[3]).

§ 7 I und § 15 S. 2 gelten ohne Rücksicht darauf, ob der Konkurs in Deutsch- 342
land oder im Ausland eröffnet worden ist, für jeden Erwerb von Rechten an solchen zu einer Konkursmasse gehörigen Gegenständen, die zur Zeit des Erwerbsvorganges in Deutschland belegen sind (: für jeden Erwerb solcher Rechte, für den deutsches Sachenrecht maßgeblich ist)[4]).

Gegen den Gemeinschuldner bestehende gesetzliche, gerichtliche oder behörd- 343
liche Veräußerungsverbote, die nur den Schutz bestimmter Personen bezwecken, sind gegenüber den Konkursgläubigern eines in Deutschland eröffneten Konkurses auch insoweit unwirksam, als für die Veräußerung eines Massegegenstandes und für Veräußerungsverbote in Ansehung dieses Gegenstandes ein ausländisches Recht als Sachstatut maßgebend ist[5]).

Veräußerungsverbote nach §§ 135, 136 BGB sind auch gegenüber den Konkurs- 344
gläubigern eines im Ausland eröffneten Konkurses unwirksam, wenn das Recht des Konkursstaates eine § 13 entsprechende Vorschrift enthält[6]).

Gesetzliche Verfügungsbeschränkungen, die nach dem als Einzelstatut oder 345
als Gesamtstatut maßgeblichen Recht den Gemeinschuldner als Rechtsinhaber treffen, gelten für den Konkursverwalter auch dann, wenn der Konkurs in einem Staat eröffnet worden ist, dessen Recht nicht als Einzelstatut oder als Gesamtstatut maßgeblich ist[7]).

Das Verbot des § 128 gilt auch, wenn ein nach deutschem Erbrecht berufener 346
Vorerbe im Ausland in Konkurs fällt. Es gilt in Deutschland nur, wenn der Gemeinschuldner nach deutschem Erbrecht als Vorerbe berufen ist[8]).

---

[1]) Eine Zusammenfassung der Ergebnisse der Erörterungen in Anm. 331—339 enthalten Anm. 350—352.
[2]) Vgl. Anm. 302—308.
[3]) Vgl. Anm. 317—318.
[4]) Vgl. Anm. 317.
[5]) Vgl. Anm. 319—321.
[6]) Vgl. Anm. 321.
[7]) Vgl. Anm. 322.
[8]) Vgl. Anm. 322 a. E.

347 Die Voraussetzungen einer Aussonderung eines Gegenstandes aus der Masse (Nichtzugehörigkeit des Gegenstandes zur Konkursmasse mangels Rechtszuständigkeit des Gemeinschuldners — persönlicher oder dinglicher Anspruch gegen Gemeinschuldner bzw. Konkursverwalter auf Herausgabe des Gegenstands) bestimmen sich nach dem Recht, das als Sachstatut über diese Fragen außerhalb eines Konkurses entscheidet. Dabei ist zu berücksichtigen, daß Aussagen über einen die Zugehörigkeit zur Konkursmasse ausschließenden Mangel der Rechtszuständigkeit des Gemeinschuldners (Aussagen zum maßgeblichen bürgerlichen Recht) häufig als Aussagen über „Aussonderungskraft" anderer Rechtsstellungen (Aussagen zum nicht maßgeblichen Konkursrecht) formuliert sind[1]).

348 § 44 enthält eine Norm des deutschen Schuldvertragsrechts (Recht des Kauf- und des Kommissionsvertrages), nach der dem Verkäufer bzw. Einkaufskommissionär bei Konkurs des Käufers bzw. Kommittenten eine Forderung auf Rückübereignung der gelieferten Ware zusteht. Diese Norm gilt auch bei Auslandskonkursen. Über die konkursrechtliche Behandlung der durch sie begründeten Forderung entscheidet das maßgebliche Konkursrecht[2]).

349 § 44 enthält auch eine Norm des deutschen Konkursrechts, die der vom maßgeblichen Schuldvertragsrecht für den Fall des Konkurses begründeten Forderung auf Rückübereignung „Aussonderungskraft" verleiht[3]).

350 Über die konkursrechtliche Zulässigkeit einer abgesonderten Befriedigung entscheidet das Recht des Konkursstaates. Dieses Recht kann auch eine abgesonderte Befriedigung, die nach dem (für die dabei erfolgte Veräußerung eines Massegegenstandes) als Sachstatut maßgeblichen Recht wirksam ist, mit der Folge als unzulässig ansehen, daß der Gläubiger der Konkursmasse zum Ersatz verpflichtet ist[4]).

351 Die Vorschriften des § 49 I gelten für die abgesonderte Befriedigung aus der Konkursmasse eines in Deutschland eröffneten Konkurses auch dann, wenn die Berechtigung des Gläubigers durch ein als Sachstatut maßgebliches ausländisches Recht entsprechend den Regelungen des § 49 I begründet worden ist, vorausgesetzt, daß die verwertete Sache zur Zeit der Konkurseröffnung und der Verwertung im Inland belegen war[5]).

352 § 49 I gilt nicht bei einem im Ausland eröffneten Konkurs und nicht, soweit bei einem im Inland eröffneten Konkurs Sachen im Ausland verwertet werden, die zur Zeit der Konkurseröffnung und der Verwertung im Ausland belegen waren. Das gleiche gilt für § 127[6]).

D. Besondere Schuldverhältnisse des Gemeinschuldners

1. Allgemeines

353 An die Konkurseröffnung werden in den Konkursgesetzen aller Staaten Rechtsfolgen in Bezug auf besondere Schuldverhältnisse des Gemeinschuldners geknüpft, deren Inhalt im wesentlichen den in §§ 17—23 vorgesehenen Rechtsfolgen entspricht. Danach kommen in erster Linie folgende Gestaltungen in Betracht:

354 – Beendigung des Schuldverhältnisses *ipso iure* (§ 23 I und II für Auftrag und Geschäftsbesorgungsvertrag bei Konkurs des Auftraggebers; § 18 I für Fixgeschäfte);

355 – Begründung von Gestaltungsrechten für Konkursverwalter oder Gegenpartei, deren Ausübung die Beendigung des Schuldverhältnisses zur Folge hat (§ 22 I 1 für bestimmte Dienstverträge bei Konkurs des Dienstberechtigten; § 19 S. 1 für Miet- und Pachtverträge des Gemeinschuldners als Mieter oder Pächter, wenn diesem der Miet- oder Pachtgegenstand bei Konkurseröffnung schon überlassen war);

[1]) Vgl. Anm. 323—326.
[2]) Vgl. Anm. 327—330. Ganz entsprechend enthält § 46 S. 1 eine schuldrechtliche (§§ 687 II 1, 681, 667 BGB und § 816 I 1 BGB ergänzende) Norm.
[3]) Vgl. Anm. 380. Ganz entsprechend enthält § 46 S. 1 neben einer schuldrechtlichen Norm (s. die vorausgehende FN) eine konkursrechtliche Norm.
[4]) Vgl. Anm. 331—334.
[5]) Vgl. Anm. 335—338.
[6]) Vgl. Anm. 338—339.

- Begründung eines solchen Gestaltungsrechts [Anm. 355] nur für die Gegenpartei (§ 20 I für Miet- und Pachtverträge des Gemeinschuldners als Mieter oder Pächter, wenn diesem der Miet- oder Pachtgegenstand bei Konkurseröffnung noch nicht überlassen war); 356
- Begründung eines solchen Gestaltungsrechts [Anm. 355] nur für den Konkursverwalter (§ 20 II 2 für die in Anm. 356 erwähnten Verträge, wenn die Gegenpartei trotz Aufforderung von ihrem Gestaltungsrecht keinen Gebrauch macht; § 17 für sonstige gegenseitige Verträge, insbesondere Kauf- und Werkverträge); 357
- keine dieser Rechtsfolgen (für Auftrag, Geschäftsbesorgungsvertrag und Dienstvertrag bei Konkurs des Beauftragten bzw. des zur Dienstleistung Verpflichteten; § 21 für Miet- und Pachtverträge des Gemeinschuldners als Vermieter oder Verpächter mit der Maßgabe, daß nach § 21 IV 1 eine Veräußerung eines vermieteten oder verpachteten Grundstücks oder eingetragenen Schiffs durch den Konkursverwalter dem Erwerber das Kündigungsrecht nach § 57a ZVG verschafft). 358

Für jede dieser Rechtsfolgen stellt sich die Frage, ob sie nach §§ 17—23 bei Konkurs in Deutschland ohne Rücksicht darauf eintreten, nach welchem Recht als Schuldstatut (regelmäßig[1]): Schuldvertragsstatut) sich das Schuldverhältnis beurteilt, und umgekehrt, ob sie nach §§ 17—23 auch eintreten, wenn der Konkurs im Ausland eröffnet wird, für das Schuldverhältnis aber deutsches Recht als Schuldstatut maßgeblich ist. D. h. konkret: Was gilt nach deutschem Konkursrecht, wenn ein noch von keiner Seite vollständig erfüllter Kaufvertrag des inländischen Gemeinschuldners nach einem ausländischen Recht zu beurteilen ist, nach welchem in diesem Falle das Vertragsverhältnis *ipso iure* aufgehoben wird? Was geschieht nach deutschem bürgerlichen Recht mit einem nach diesem Recht zu beurteilenden Auftrag oder Geschäftsbesorgungsvertrag, wenn der Auftraggeber im Ausland in Konkurs fällt? Enthalten § 23 I und § 23 II je zwei Normen: eine einen Inlandskonkurs voraussetzende Norm des deutschen Schuldvertragsrechts und eine konkursrechtliche Norm, die auch dann gilt, wenn Auftrag oder Geschäftsbesorgungsvertrag des Gemeinschuldners nicht nach deutschem Recht zu beurteilen sind und deren Inhalt im Wege der „Anpassung"[2]) aus § 23 und Vorschriften des BGB zu entwickeln ist? 359

2. Die Regelung des VE

Die mit den in Anm. 359 gestellten Fragen angesprochenen Probleme werden in der Gesetzgebung, wie in der juristischen Diskussion regelmäßig ganz übergangen. Um so bemerkenswerter ist es, daß sie in Art. 36ff. VE eine eingehende Regelung gefunden haben[3]), die — obwohl sie bewußt als Neuregelung eines bisher weitgehend ungeklärten Komplexes und nicht als Kodifikation bestehender Regelungen konzipiert ist — auch für die Erörterung des geltenden deutschen Rechts Beachtung verdient und deshalb hier wiedergegeben wird: 360

„Artikel 36 (Arbeitsvertrag) 361

(1) Die Wirkungen des Konkurses auf den Arbeitsvertrag bestimmen sich nach dem auf den Arbeitsvertrag anzuwendenden Recht, sofern es sich um das Recht eines Vertragsstaates handelt.

---

[1]) Soergel-Kegel, Vorbem. 71—78 vor Art. 7; Jahr, S. 180ff.

[2]) Soergel-Kegel, Vorbem. 71—80 vor Art. 7.

[3]) In der Begründung dazu heißt es (S. 101f.): „. . . kann der Konkurs zwei Wirkungen auf die vom Gemeinschuldner vor Konkurseröffnung abgeschlossenen Verträge und Rechtsgeschäfte haben. Er kann entweder zu ihrer Aufhebung (oder Kündigung) führen oder ihren Inhalt verändern. Grundsätzlich werden nur die *intuitu personae* geschlossenen Verträge (Auftrag, Personalgesellschaften usw.) durch den Konkurs *ipso iure* aufgelöst. Bei den übrigen synallagmatischen Verträgen kann der Konkursverwalter meist zwischen Aufrechterhaltung und ihrer Aufhebung wählen. . . . Da es um die Frage geht, ob, von wem und unter welchen Voraussetzungen die laufenden Verträge aufgehoben bzw. aufrechterhalten werden können oder auch, ob Kündigungsklauseln bei Konkurs Wirkung entfalten können, wäre normalerweise ausschließlich auf das Recht des Konkurseröffnungsstaates abzustellen. . . . Aus den bereits dargelegten Gründen konnte der Ausschuß diese Grundsätze aber nicht in vollem Umfang anwenden, sondern mußte hiervon bei bestimmten Verträgen abweichen, die indessen den Vorteil objektiver Anknüpfungskriterien aufweisen, die im allgemeinen ein Zusammenfallen von gerichtlicher Zuständigkeit und anwendbarem Recht erlauben . . .".

(2) In den anderen Fällen ist das Recht des Konkurseröffnungsstaates anzuwenden[1]).

362 Artikel 37 (Miet- und Pachtverträge)

(1) Die Wirkungen des Konkurses auf Miet- und Pachtverträge über unbewegliche Sachen bestimmen sich nach dem Recht der Belegenheit dieser Sachen.

(2) Die Wirkungen des Konkurses auf Miet- und Pachtverträge über bewegliche Gegenstände, die einzutragen, einzuschreiben oder zu registrieren sind, bestimmen sich nach dem Recht des Vertragsstaates, in dem sie eingetragen, eingeschrieben oder registriert sind. Das gleiche gilt für Lizenzverträge mit Bezug auf Rechte am gewerblichen Eigentum.

(3) Die Wirkungen des Konkurses auf Miet- und Pachtverträge über andere als die in Absatz 2 bezeichneten Gegenstände bestimmen sich nach dem Recht des Konkurseröffnungsstaates.

(4) Das Recht der Belegenheit des Gegenstandes bestimmt, ob es sich um einen beweglichen oder unbeweglichen Gegenstand handelt[2]).

363 Artikel 38 (Kaufvertrag)

(1) Die Wirkungen des Konkurses von Verkäufer oder Käufer auf den Kaufvertrag bestimmen sich nach dem Recht des Vertragsstaates, in dessen Hoheitsgebiet sich das Geschäftszentrum des Gemeinschuldners befindet, wenn der Vertrag mit dem Geschäftszentrum geschlossen ist. Ist der Vertrag mit einer Niederlassung des Gemeinschuldners geschlossen, bestimmen sich die Wirkungen des Konkurses nach dem Recht des Vertragsstaates, in dessen Hoheitsgebiet sich diese Niederlassung befindet. In allen anderen Fällen bestimmen sie sich nach dem Recht des Konkurseröffnungsstaates.

(2) Den Kaufverträgen im Sinne dieses Übereinkommens sind die Lieferverträge über die Herstellung oder Erzeugung beweglicher Sachen gleichgestellt, es sei denn, der Besteller hat einen wesentlichen Teil des für die Herstellung oder Erzeugung erforderlichen Stoffes zu beschaffen."

364 Soweit diese Regelung des VE die Rechtsfolgen eines Konkurses (gemeint ist offensichtlich[3]): eines Konkurses des Arbeitgebers) auf das Arbeitsverhältnis nach dem für dieses maßgebliche Recht beurteilt (was nach Art. 36 I nur für Konkurse in Vertragsstaaten geschieht)[4]), verweist sie primär — wie die Begründung zeigt[5]) — „auf die konkursrechtlichen Bestimmungen" dieses Rechts. Damit sind konkursgesetzliche Sondervorschriften des maßgeblichen Rechts gemeint (wie § 22), denen in der erwähnten Regelung gerade nicht der internationale Geltungsbereich „konkursrechtlicher Normen" [Anm. 26—28], sondern der internationalrechtliche Geltungsbereich arbeitsrechtlicher Normen zuerkannt wird, d. h. aber (da sonstige Gründe der Systembildung keine Entscheidungsrelevanz besitzen[6])): damit werden die konkursgesetzlichen Vorschriften (der Vertragsstaaten) als arbeitsrechtliche Normen angesehen.

365 Entsprechendes gilt, soweit nach Art. 37 und 38 Rechtsfolgen des Konkurses auf Miet- oder Pachtverhältnisse und Kaufvertragsverhältnisse der Bestimmung durch das Recht unterstellt werden, das für den Schuldvertrag maßgeblich ist.

---

[1]) Dazu heißt es in der Begründung (S. 103): „Das Arbeitsrecht berührt außerdem viel zu sehr die Sozialordnung jedes Staates, als daß man es selbst bei einem Konkurs beeinträchtigen könnte. Demnach bestimmten sich die Wirkungen des Konkurses auf den Arbeitsvertrag nach den konkursrechtlichen Bestimmungen des für den Arbeitsvertrag maßgebenden Rechts und, bei Fehlen solcher Bestimmungen nach den allgemeinen Bestimmungen dieses Rechts. . . . Ist das Recht, das nach den Kollisionsnormen des Konkurseröffnungsstaates den Arbeitsvertrag beherrscht, nicht das eines Vertragsstaates, so findet das Recht des Forums, d. h. das Recht des Konkurseröffnungsstaates Anwendung."

[2]) Dazu heißt es in der Begründung (S. 104): „In Abweichung vom Recht des Konkurseröffnungsstaates hat der Ausschuß die Wirkungen des Konkurses des Mieters/Pächters oder des Vermieters/Verpächters auf die Grundstücksmiet- und Pachtverträge der *lex rei sitae* unterstellt, genauer gesagt den konkursrechtlichen Bestimmungen dieses Rechtes . . .".

[3]) Der Konkurs des Arbeitnehmers oder des zur Dienstleistung Verpflichteten hat regelmäßig keinen Einfluß auf Arbeitsvertrag bzw. Dienstvertrag (vgl. § 22 I 1).

[4]) Vgl. Anm. 361. Die verschiedene Behandlung von Vertragsstaaten und sonstigen Staaten ist mit Sicherheit nicht aus den Erfordernissen internationalprivatrechtlicher oder internationalkonkursrechtlicher Gerechtigkeit zu begründen.

[5]) S. Anm. 361[1].

[6]) Jahr, S. 179ff.

Auch hier ist primär an die Geltung der konkursgesetzlichen Vorschriften dieses Rechts gedacht[1]). Insoweit werden also vom VE konkursgesetzliche Vorschriften als mietrechtliche, pachtrechtliche oder kaufrechtliche Normen angesehen.

3. Auftrags- und Geschäftsbesorgungsverhältnisse

Die Erörterungen zum geltenden deutschen Recht behandeln die hier auf- 366
geworfenen Fragen [Anm. 359] durchweg so, als sei es ausgemacht, daß alle Schuldverhältnisse des Gemeinschuldners eines in Deutschland eröffneten Konkurses vom deutschen Recht bestimmt würden[2]). Dieser Vorstellung leistet freilich das Gesetz Vorschub, das in § 23 I 2 die entsprechende Anwendung von Bestimmungen des BGB (§ 672 S. 2 und § 674) vorschreibt und auch in § 27 diese Bestimmungen erwähnt.

Die Formulierung von § 23 I 1 („der Auftrag erlischt") und die in § 23 I 2 367
enthaltene Verweisung auf Vorschriften des BGB sprechen eindeutig dafür, diese Bestimmungen als bürgerlich-rechtlich zu qualifizieren, d. h.: sie dem Auftragsrecht zuzurechnen. Andererseits ist Zweck des § 23 unverkennbar der Schutz der Konkursmasse vor Rechtsverlusten infolge von Maßnahmen des Beauftragten nach Konkurseröffnung[3]). Das spricht dafür, § 23 — auch soweit er eine Norm des bürgerlichen Rechts enthält — auf den Fall des in Deutschland eröffneten Konkurses zu beschränken und diese Norm bei Auslandskonkurs nur gelten zu lassen, wenn das ausländische Konkursrecht eine § 23 entsprechende Regelung trifft.

Danach bleibt offen, was bei Konkurs in Deutschland gilt, wenn der Auftrag des 368
Gemeinschuldners oder der von ihm geschlossene Geschäftsbesorgungsvertrag sich nach ausländischem Schuldvertragsrecht richten. Der von § 23 angestrebte Schutz der Konkursmasse vor Rechtsverlusten infolge von Maßnahmen des Beauftragten muß selbstverständlich auch dann stattfinden. Ob er genau in der Form stattfinden kann, die § 23 vorsieht, ist dagegen zweifelhaft, denn das deutsche Konkursrecht kann das nach ausländischem Recht begründete Schuldverhältnis zumindest dann nicht aufheben, wenn dies zur Erreichung seiner Ziele gar nicht erforderlich ist. Ein Schutz der Konkursmasse wird aber schon dadurch erreicht, daß Verfügungen, die der Beauftragte nach Konkurseröffnung im Namen des Gemeinschuldners über Massegegenstände trifft, wie solche des Gemeinschuldners behandelt werden[4]) (so daß Fortbestand des Vertrages und Fortbestand einer Vollmacht keinerlei Bedeutung für die Masse haben[5])). Darüber hinaus ist die Masse nur vor Ersatzansprüchen des Beauftragten zu schützen. Ob solche Ansprüche entstehen, darüber hat das Schuldvertragsstatut zu entscheiden. Ob sie aus der Konkursmasse zu befriedigen sind und (bejahendenfalls) Masseschulden darstellen, darüber entscheidet das Konkursrecht. § 27 beschränkt die Befriedigung aus der Konkursmasse auf solche Ansprüche des Beauftragten bzw. Geschäftsbesorgers, die z. Zt. der Konkurseröffnung bestanden oder durch Fortführung der Geschäfte wegen Unaufschiebbarkeit (§ 672 S. 2 BGB) oder in Unkenntnis der Konkurseröffnung (§ 674 BGB) entstehen[6]). Diese Beschränkung ist ganz unabhängig von der Entscheidung über den Bestand des Rechtsverhältnisses. Sie bildet den konkursrechtlichen „Kern"[7]) der Regelung des § 23, der von der vertragsrechtlichen „Einkleidung"[7]) wegen des verschiedenen internationalen Geltungsbereiches abzuheben ist.

---

[1]) S. Anm. 362[3].
[2]) So beginnt der Kommentar von Jaeger-Lent zu § 23 mit den Worten: „Auftrag im Sinne des BGB ist . . .", zu § 22 mit der Definition des Dienstvertrags nach § 611 BGB. Ähnlich Böhle-Stamschräder, § 23 Anm. 1 a. Anf: „Voraussetzung des § 23 ist das Vorliegen eines Auftragsverhältnisses i. S. des BGB . . .".
[3]) Jaeger-Lent, § 23 Anm. 1; Mentzel-Kuhn, § 23 Anm. 1.
[4]) Jaeger-Lent, § 23 Anm. 9—13.
[5]) Ein Fortbestand der Vollmacht (§ 23 I 2 KO, § 168 S. 1 BGB) ist daher nur für die Haftung des Gemeinschuldners aus konkursfreiem Vermögen und nur für die Frage, ob der Beauftragte als *falsus procurator* zu behandeln ist, von Bedeutung [vgl. Jaeger-Lent, § 23 Anm. 11—12].
[6]) Im ersten Falle ist der Anspruch auf Verwendungsersatz Masseschuld, im zweiten Falle bloße Konkursforderung (§ 27).
[7]) Jahr, S. 181 f.

369 § 23 enthält also in seinem konkursrechtlichen „Kern" die Bestimmung, daß aufgrund eines vom Gemeinschuldner erteilten Auftrags oder eines von ihm als „Geschäftsherrn" geschlossenen Geschäftsbesorgungsvertrags Ansprüche des Beauftragten oder des Geschäftsbesorgers aus Handlungen nach Eröffnung eines Inlandskonkurses nur dann aus der Konkursmasse zu befriedigen (: Masseschulden oder Konkursforderungen) sind, wenn mit dem Aufschub der Handlung Gefahr für die Konkursmasse verbunden gewesen wäre oder wenn der Handelnde von der Konkurseröffnung keine Kenntnis hatte oder haben mußte[1]). Mit welchem Inhalt danach Auftrag oder Geschäftsbesorgungsvertrag noch fortbestehen, entscheidet das als Schuldvertragsstatut maßgebliche Recht (das dabei im Interesse des Beauftragten bzw. des Geschäftsbesorgers der konkursrechtlichen Regelung Rechnung zu tragen hat).

4. Sonstige Schuldverhältnisse

370 Die zu den Auftrags- und Geschäftsbesorgungsverhältnissen [Anm. 366—369] erörterten Fragen stellen sich für alle Schuldverhältnisse des Gemeinschuldners, die nach §§ 17—22 eine besondere Regelung erfahren. Auch insoweit liegt aber der Gedanke nahe, die Fragen durch eine Differenzierung zwischen konkursrechtlichem „Kern" und vertragsrechtlicher „Einkleidung"[2]) zu lösen.

371 Was dabei zum konkursrechtlichen „Kern" zu rechnen wäre, ist bei der Erörterung der Auftrags- und Geschäftsbesorgungsverhältnisse sichtbar geworden: der „unabdingbare" oder „zwingende" Gehalt der Vorschriften[3]). Soweit nach deutscher konkursrechtlicher Auffassung bei Maßgeblichkeit deutschen Schuldvertragsrechts Abweichungen von §§ 17—22 vereinbart werden können[4]), soweit müssen bei Konkurs in Deutschland auch abweichende gesetzliche Regelungen eines maßgeblichen ausländischen Schuldvertragsrechts Beachtung finden. Umgekehrt wäre im Zweifel anzunehmen, daß §§ 17—22 ergänzendes dispositives deutsches Schuldvertragsrecht enthalten und insoweit auch bei Auslandskonkurs gelten, soweit nicht das ausländische Konkursrecht (: eine ausländische — „zwingende" — konkursrechtliche Norm) Abweichendes bestimmt.

372 Diese Regelung trägt sowohl den Interessen der Beteiligten wie den Erfordernissen internationaler Gerechtigkeit und den in der Praxis der nationalen Kollisionsrechte zum Geltungsbereich eigenen und fremden Rechts entwickelten Maßstäben Rechnung. Wortlaut sowie Sinn und Zweck der §§ 17—22 lassen keine Gegenargumente ersichtlich werden. Die Regelung [Anm. 371] ist daher als geltendes deutsches Recht anzusehen.

5. Zusammenfassung

373 Die Vorschriften der §§ 17—23 enthalten Normen des deutschen Schuldvertragsrechts, die bei Maßgeblichkeit deutschen Rechts als Schuldvertragsstatut auch im Auslandskonkurs gelten, soweit dieser Geltung nicht zwingende Bestimmungen des Konkursrechts des Konkursstaates entgegenstehen[5]).

374 Die Vorschriften der §§ 17—23 enthalten daneben, soweit sie „zwingendes" oder „unabdingbares" Recht setzen, auch konkursrechtliche Normen und sind insoweit bei Konkurs in Deutschland auch dann anzuwenden, wenn die Schuldverhältnisse des Gemeinschuldners von einem ausländischen Recht als Schuldver-

---

[1]) In diesem „Kern" ist § 23 als konkursrechtliche Norm der Parteivereinbarung entzogen, „zwingendes" (öffentliches) Recht. Das ist der richtige Kern von Jaeger, § 23 Anm. 1 und 8 (wo die Unabdingbarkeit auf das Erlöschen bezogen wird); ebenso — unter Berufung auf Jaeger — RGZ 145, 256; Jaeger-Lent, § 23 Anm. 1 und 8; Böhle-Stamschräder, § 23 Anm. 5 unter Hinweis auf eine unveröffentlichte Entscheidung des BGH vom 13. 6. 1957, Aktz. VII ZR 27/56.

[2]) Jahr, S. 181 f.

[3]) Vgl. Anm. 368—369.

[4]) Vgl. dazu (durchweg überzeugend, aber eben ganz auf deutsches Schuldvertragsrecht beschränkt) Jaeger-Lent, § 17 Anm. 55b; § 18 Anm. 26; § 19 Anm. 2; § 20 Einl.; § 22 Anm. 22—24; jeweils mit weit. Nachw.

[5]) Vgl. Anm. 364—365, 367, 370—372.

tragsstatut bestimmt werden. Soweit deutsche konkursrechtliche Normen keine Geltung beanspruchen, bestimmen sich die Rechtsfolgen der Konkurseröffnung in Deutschland für besondere Schuldverhältnisse des Gemeinschuldners nach dem als Schuldvertragsstatut maßgeblichen ausländischen Recht[1]).

E. Masseschulden

1. Allgemeines

375 Die „Eigenschaft", „Masseschuld" (d. h. nach § 57: eine „aus der Konkursmasse vorweg zu berichtigende Schuld") zu sein, wird in § 59[2]) bestimmten Schulden beigelegt: Schulden „aus Geschäften oder Handlungen des Konkursverwalters" (§ 59 Nr. 1), Schulden „aus zweiseitigen Verträgen, deren Erfüllung zur Konkursmasse verlangt wird oder für die Zeit nach der Eröffnung des Verfahrens erfolgen muß" (§ 59 Nr. 2) und Schulden „aus einer rechtlosen Bereicherung der Masse" (§ 59 Nr. 3).

376 Diese Schulden sind unabhängig von der Zuerkennung der „Eigenschaft" „Masseschuld" zu sein [Anm. 375], begründet. § 59 enthält also keine Tatbestände der Entstehung von Schulden[3]). Die „Masseschulden" sind aber auch von vornherein, d. h.: ohne Rücksicht auf § 59, als Schulden des Gemeinschuldners in seiner Eigenschaft als Rechtsträger der Konkursmasse begründet[4]). § 59 schafft nicht eine Haftung des Gemeinschuldners, sondern schreibt nur vor, daß bestimmte (als „Massegläubiger" bezeichnete) Gläubiger vor anderen Gläubigern des Gemeinschuldners (: den Konkursgläubigern) zu befriedigen sind.

377 Demnach ist eine Unterscheidung geboten zwischen den Rechtssätzen, die die Schulden (des Gemeinschuldners als Rechtsträger der Konkursmasse) begründen, deren Behandlung als „Masseschulden" in Frage steht, und den Rechtssätzen, die die Behandlung der nach den ersterwähnten Rechtssätzen begründeten Schulden als „Masseschulden" (mit dem Inhalt: Befriedigung vor den Konkursgläubigern) vorschreiben. Die zuletzt erwähnten Rechtssätze sind unzweifelhaft konkursrechtliche Normen, deren internationalen Geltungsbereich die Grundnorm des internationalen Konkursrechts [Anm. 92, 115, 120 und 256] bestimmt: über die „Eigenschaft" [Anm. 375] einer Schuld, „Masseschuld" zu sein, über das Rangverhältnis der Masseschulden und über das Verhältnis zu den Massekosten entscheidet das Konkursrecht des Konkursstaates[5]).

378 Die Qualifikation der Rechtssätze, die die „Masseschulden" begründen, ist demgegenüber viel problematischer. Wie immer, so bestimmt auch hier nicht die Qualifikation den internationalen Geltungsbereich (: der Begriff die Entscheidung), sondern der internationale Geltungsbereich die Qualifikation. Es kommt daher darauf an [Anm. 4], für welche Sachverhalte die in Betracht kommenden Rechtssätze nach ihrem Sinn und Zweck unter Berücksichtigung der Erfordernisse internationaler Gerechtigkeit gelten sollen.

2. Schulden aus Verträgen oder aus ungerechtfertigter Bereicherung

379 Diese Frage [Anm. 378] bietet keine Probleme hinsichtlich der in § 59 Nr. 2 und 3 bezeichneten Schulden. „Ansprüche aus zweiseitigen Verträgen" bestimmen sich nach dem für den Vertrag (als Schuldvertragsstatut) maßgeblichen Recht, auch wenn „Erfüllung zur Konkursmasse verlangt wird oder für die Zeit nach der Eröffnung des Verfahrens erfolgen muß" (§ 59 Nr. 2). Dieses Recht muß nicht das Recht des Konkursstaates sein [vgl. Anm. 373—374]. Ob ein Sachverhalt eine „rechtlose Bereicherung der Masse" zur Folge hat und ob diese Folge einen Anspruch be-

---

[1]) Vgl. Anm. 368—372.
[2]) Zu den besonderen Masseschulden des Nachlaßkonkurses (§ 224) s. Anm. 507.
[3]) Im Ergebnis ebenso Jaeger-Lent, § 59 Anm. 1.
[4]) Vgl. Jaeger-Lent, § 57 Anm. 2—3.
[5]) Im Ergebnis ebenso Jaeger-Lent, § 58 Anm. 19.

gründet[1]), entscheidet das Bereicherungsstatut, nach deutscher Auffassung: bei Eingriffstatbeständen das die Vermögensverschiebung oder die Eingriffshandlung bestimmende Recht, bei Leistungen das Recht, das das zugrundeliegende Rechtsverhältnis bestimmt oder bei Gültigkeit bestimmt hätte (nach anderen: das Recht, das das Leistungsgeschäft bestimmt[2])). Auch das danach maßgebliche Recht kann ein anderes als das Recht des Konkursstaates sein (etwa bei Verbindung einer Sache mit einer Massesache im Ausland oder bei Übereignung an den Konkursverwalter im Ausland aufgrund irriger Annahme des Bestehens einer nach dem Recht dieses Staates zu beurteilenden Schuld gegenüber dem Gemeinschuldner).

380 Auch hinsichtlich der in § 59 Nr. 1 bezeichneten Schulden bietet die Frage nach der Qualifikation der diese Schulden begründenden Rechtssätze kein Problem, soweit Schulden aus „Geschäften des Konkursverwalters" in Betracht stehen. Unter welchen Voraussetzungen und mit welchem Inhalt solche Schulden begründet werden, bestimmt das für das jeweilige Geschäft (als Schuldvertragsstatut) maßgebliche Recht, also wiederum nicht notwendig das Recht des Konkursstaates[3]), dem jedoch die Bestimmung der Voraussetzungen verbleibt, unter denen die Konkursmasse aus Rechtsgeschäften des Verwalters haftet[4]) (: der Gemeinschuldner als Rechtsträger der Konkursmasse durch Rechtsgeschäfte des Verwalters verpflichtet wird).

3. Sonstige Schulden

381 Offen ist demnach nur die Qualifikation der Rechtssätze, die eine Haftung der Konkursmasse aus Handlungen des Konkursverwalters, die keine Rechtsgeschäfte sind, begründen. Solche Handlungen sind — von Ausnahmefällen[5]), die hier außer Betracht bleiben können, abgesehen — die Prozeßführung sowie pflichtwidrige oder eine Gefährdungshaftung begründende Handlungen des Konkursverwalters.

382 Wer für die Kosten eines vom Konkursverwalter als solchem geführten Prozesses haftet, bestimmt das Recht des Staates, vor dessen Gerichten der Prozeß geführt worden ist (die *lex fori*)[6]). Ist dieser Staat Deutschland, so ergibt sich die Haftung der Konkursmasse für die Kosten eines von einem inländischen Konkursverwalter geführten Prozesses aus der Behandlung des Verwalters als „Partei kraft Amtes"[7]) (: aus dem Umstand, daß die Konkursmasse „Streitvermögen"[8]) ist).

383 Nur eine Haftung der Konkursmasse (des Gemeinschuldners als Rechtsträger der Konkursmasse) lösen nach deutschem Recht Sachverhalte der Gefährdungshaftung aus, wenn der Konkursverwalter für die Konkursmasse gehandelt hat (Betrieb

---

[1]) Das ist — auch wenn in der deutschen Literatur zum internationalen Privatrecht regelmäßig der Anschein des Gegenteils erweckt wird — nicht notwendig der Fall. Das Problem der ungerechtfertigten Bereicherung kann von dem maßgeblichen Recht auch anders als durch Begründung eines Rückgewährschuldverhältnisses gelöst werden, etwa durch dingliche Surrogation (so das deutsche Recht in § 2019 BGB, wenn dieser mit §§ 816 I oder II 1 BGB konkurriert), sonstige sachenrechtliche Rechtsfolgen (so das deutsche Recht in §§ 947—948 BGB) oder Gestaltungen, die „obligatorische" und „dingliche" Wirkung verbinden (so das englische Recht mit *constructive trust* und *resulting trust*).

[2]) Vgl. Soergel-Kegel, Vorbem. 333—335 vor Art. 7; dort eine ausführliche Darlegung des Meinungsstandes mit umfassenden Hinweisen auf Rechtsprechung und Literatur.

[3]) Der Konkursverwalter darf, wenn dies zur ordnungsmäßigen Verwaltung der Masse erforderlich ist, seine Geschäfte einem anderen Recht als dem des Konkursstaates unterstellen, ja, er muß das in einer Vielzahl von Fällen (so etwa bei Verwertung im Ausland belegener Liegenschaftsrechte, Patentrechte usw.).

[4]) Kollisionsrechtlich gilt insoweit die gleiche Differenzierung wie hinsichtlich von Rechtsgeschäften eines Stellvertreters [vgl. Soergel-Kegel, Vorbem. 204—212 vor Art. 7 mit weit. Nachw.]: die Stellvertretung beurteilt sich nicht nach dem Geschäftsstatut, sondern nach eigenem Recht. Die Parallele ist keine zufällige. Wenn die Rechtsfolgen rechtsgeschäftlichen Handelns des Konkursverwalters als solchen nicht ihm (zu persönlicher Haftung), sondern dem Gemeinschuldner oder auch der „Konkursmasse" zugerechnet werden, so liegt Stellvertretung jedenfalls in einem Sinne vor, der die Frage der Geltung von Vorschriften über gesetzliche Vertreter, Prozeßvertretung u. ä. noch offenläßt.

[5]) Etwa: Geschäftsführung ohne Auftrag durch den Konkursverwalter als solchen.

[6]) Soergel-Kegel, Vorbem. 388 vor Art. 7.

[7]) Vgl. zum Ausdruck „Partei kraft Amtes": § 114 III ZPO.

[8]) Vgl. die umfangreichen Darlegungen von Jaeger-Lent, Vorbem. zu §§ 6—9 mit weit. Nachw.; Mentzel-Kuhn, § 6 Anm. 17; Böhle-Stamschräder, § 6 Anm. 2. Zur Stellung des Konkursverwalters als „Partei mit der Konkursmasse als Streitvermögen" vgl. insbesondere: Weber, KTS 55, 102ff. (106) sowie Linke, KTS 66, 215. Vgl. auch Anm. 413—417.

von Kraftfahrzeugen, Halten eines Tieres u. ä.[1]). Diese Haftung beruht auf einer Auslegung der haftungsbegründenden Normen, die im Ergebnis „die Konkursmasse“ als Veranstalter des gefährlichen Betriebs (Fahrzeughalter, Tierhalter u. ä.) ansieht, nicht auf konkursrechtlichen Erwägungen. Über sie entscheidet daher das Recht des Begehungsortes[2]), also bei Auslandssachverhalten ein ausländisches Recht. Rechnet das Haftungsrecht des Begehungsortes die Haftung nicht „der Konkursmasse“, sondern dem Konkursverwalter zu, so ist, soweit es um einen in Deutschland eröffneten Konkurs geht, aus der geschilderten Auffassung im Wege der „Anpassung“[3]) ein konkursrechtlicher Satz zu entwickeln, der dem Konkursverwalter einen Rückgriff gegen die Konkursmasse gewährt[4]).

Pflichtwidrige Handlungen des Konkursverwalters begründen zunächst eine 384
persönliche Haftung des Verwalters aus § 82, der unzweifelhaft für jeden in Deutschland eröffneten Konkurs, aber auch nur für solche Konkurse gilt[5]) (also eine konkursrechtliche Norm ist). Ist zugleich der Tatbestand einer unerlaubten Handlung verwirklicht, worüber das Recht des Begehungsortes entscheidet[6]), so konkurriert die konkursrechtliche Haftung mit der deliktsrechtlichen. All das ist ebenso unproblematisch wie der Fall, daß die pflichtwidrige Handlung des Verwalters eine Haftung „der Konkursmasse“ (des Gemeinschuldners als Rechtsträger der Konkursmasse) aus ungerechtfertigter Bereicherung begründet, die nach § 59 Nr. 3 bei Inlandskonkurs als Masseschuld zu behandeln ist [Anm. 379].

Wesentlich problematischer ist die Frage einer Haftung der Konkurs- 385
masse, wenn zunächst nur die persönliche Haftung des Konkursverwalters aus Konkursrecht und/oder Deliktsrecht begründet ist. Nach deutschem Recht wird eine solche Haftung der Konkursmasse in unmittelbarer oder analoger Anwendung von § 278 S. 1 BGB bejaht[7]). Ist das richtig, so liegt der Anwendung von § 278 S. 1 BGB zwar Konkursrecht insoweit zugrunde, als es das Verhältnis des Verwalters zur Masse bestimmt, das dem eines gesetzlichen Vertreters zum Vertretenen gleichgesetzt wird, die Haftung der Masse aber ergibt sich, wenn deutsches Recht über die Haftung bestimmt, aus § 278 S. 1 BGB in Zusammenhang mit der haftungsbegründenden Norm[8]), die dem Konkursrecht (§ 82) oder auch dem Deliktsrecht angehören kann [Anm. 384].

4. Zusammenfassung

Ob Schulden, die aus der Konkursmasse zu befriedigen sind, vor den Konkurs- 386
forderungen zu befriedigen (: Masseschulden) sind, entscheidet das Konkursrecht des Konkursstaates. Dieses Recht bestimmt auch über das Rangverhältnis der Masseschulden untereinander und zu den Massekosten, wenn die Masse zur vollen Befriedigung nicht ausreicht[9]).

Unter welchen Voraussetzungen diese Schulden entstehen, bestimmt sich nach 387
dem für die Begründung des entsprechenden Schuldverhältnisses maßgeblichen Recht. Dies ist bei den in § 59 Nr. 2 bezeichneten Schulden sowie bei den in § 59 Nr. 1 bezeichneten Schulden aus Geschäften des Konkursverwalters das Schuld-

[1]) Vgl. Jaeger-Lent, § 59 Anm. 3; Böhle-Stamschräder, § 59 Anm. 2.
[2]) Soergel-Kegel, Art. 12 Anm. 1 und 40 mit weit. Nachw.
[3]) Soergel-Kegel, Vorbem. 71—80 vor Art. 7.
[4]) Dem Rückgriff dürfte die Beschränkung der Ersatzansprüche auf „bare Auslagen“ (§ 85 I 1) nicht entgegenstehen, zumal diese Beschränkung auch sonst i. S. von § 670 BGB überwunden werden muß.
[5]) Vgl. Soergel-Kegel, Art. 12 Anm. 1.
[6]) Im Ergebnis ebenso Jaeger-Weber, § 82 Anm. 1 und 15; Böhle-Stamschräder, § 82 Anm. 1 („§ 82 begründet ein gesetzliches Schuldverhältnis zwischen Konkursverwalter und Beteiligten“).
[7]) RG JW 1907, 58; RG JW 1936, 2406; RG JW 1939, 434; RGZ 144, 401; OLG Nauenburg OLGE 15, 240; KG JW 1938, 239; Enneccerus-Lehmann, § 44 II 1; Jaeger-Lent, § 59 Anm. 1; Jaeger-Weber, § 82 Anm. 15; Böhle-Stamschräder, § 59 Anm. 2; Bötticher, ZZP 77, 71 ff.
[8]) Die Haftung aus §§ 280 I, 278 S. 1 BGB tritt nicht ein, wenn zwar die gesetzliche Vertretung sich nach deutschem Recht richtet, für das vom Vertreter verletzte Forderungsrecht aber ein ausländisches Recht maßgeblich ist. Bestimmt sich das vom Vertreter verletzte Forderungsrecht nach deutschem Recht, so tritt Haftung aus §§ 280 I, 278 S. 1 BGB auch dann ein, wenn für die gesetzliche Vertretung ein ausländisches Recht maßgeblich ist.
[9]) Vgl. Anm. 377.

vertragsstatut, bei den in § 59 Nr. 3 bezeichneten Schulden das Bereicherungsstatut[1]).

388 Über Schulden „der Konkursmasse" (des Gemeinschuldners als Rechtsträger der Konkursmasse) aus einer Prozeßführung des Verwalters entscheidet das für den Prozeß maßgebliche Prozeßrecht. Über Schulden der Konkursmasse aus Gefährdungshaftung entscheidet das Haftungsrecht des Begehungsortes[2]).

389 Die Haftung der Konkursmasse aus pflichtwidrigen Handlungen des Konkursverwalters beruht nur insoweit auf Konkursrecht, als der Konkursverwalter nach Konkursrecht (für Deutschland: nach § 82) haftet[3]).

F. Konkursforderungen

1. Konkursteilnahmerecht

390 Nach deutschem Konkursrecht sind nicht alle „zur Zeit der Eröffnung des Verfahrens begründeten Vermögensansprüche an den Gemeinschuldner", die „persönlichen Gläubigern" zustehen (§ 3 I), Konkursforderungen. Ausgeschlossen sind kraft Gesetzes — abgesehen von den Fällen des § 3 II und des § 63 Nr. 1 und 2, in denen der Ausschluß einer einschränkenden Auslegung des Erfordernisses „zum Zeitpunkt der Konkurseröffnung begründet" gleichkommt — vor allem „Forderungen aus einer Freigebigkeit des Gemeinschuldners unter Lebenden oder von Todes wegen" (§ 63 Nr. 4), in erster Linie also Forderungen aus Schenkungsversprechen und Vermächtnissen. Solche Forderungen sind „unanmeldbar"[4]), dem Gläubiger fehlt das Konkursteilnahmerecht[5]).

391 Ob eine zur Zeit der Konkurseröffnung gegen den Gemeinschuldner begründete Forderung „anmeldbar" oder „unanmeldbar" ist (: ob dem Gläubiger das Konkursteilnahmerecht zusteht oder nicht), ist zunächst nach dem Konkursrecht des Konkursstaates zu beurteilen. Ist nach diesem Recht die Forderung von der Geltendmachung im Konkurs ausgeschlossen, so kommt es auf den Standpunkt des Rechts, das über Entstehung, Inhalt und Änderung (Übertragung, Aufhebung, Inhaltsänderung) der Forderung entscheidet (Schuldstatut; bei Forderungen aus Schenkungsversprechen: das Schuldvertragsstatut; bei Vermächtnisforderungen: das Erbstatut), nicht an. Das Konkursteilnahmerecht des Gläubigers besteht nur nach Maßgabe des Konkursrechts des Konkursstaates; daß ein ausländisches Recht (als Schuldstatut) ein Konkursteilnahmerecht gewährt, ist gleichgültig, da dieses Recht nicht Befugnisse zur Teilnahme an Verfahren vor Gerichten eines anderen Staates regeln kann[6]).

392 Eine andere Frage ist es, ob Forderungen, die nach den konkursgesetzlichen Vorschriften des ausländischen Staates, dessen Recht Schuldstatut ist, aus anderen als den vom deutschen Konkursrecht anerkannten Gründen (§§ 3 II, 5 II, 63) nicht „anmeldbar" sind, in einem deutschen Konkurs geltend gemacht werden können. So ist etwa eine noch nicht liquide Schadensersatzforderung (*unliquidated damage*) nach englischem Konkursrecht, auch wenn das Delikt vor Konkurseröffnung in England begangen worden ist, keine Konkursforderung[7]). Die Verweigerung des Konkursteilnahmerechts in der Rechtsordnung, die Schuldstatut ist (im Beispielsfalle: im englischen Recht als Deliktsstatut), kann nicht nur eine konkursrechtliche (nur für das Verfahren vor den Konkursgerichten dieses Staats geltende) Norm, sondern auch eine materiell-rechtliche Norm enthalten: eine Regelung von Einzelbefugnissen des Gläubigers, die im „Forderungsrecht" nur nominal zusammengefaßt werden (als Teil der Bestimmung der gesamten als „For-

---

1) Vgl. Anm. 379—380.
2) Vgl. Anm. 382—383.
3) Vgl. Anm. 384—385.
4) Vgl. Jaeger-Lent, § 63 Einl., wo die Überschrift „Unanmeldbare Forderungen" lautet.
5) Jahr, ZZP 79, 377 ff.
6) Im Ergebnis ebenso Jaeger-Lent, § 63 Anm. 14.
7) Section 80 I Bankruptcy Act, 1914; vgl. auch Williams' Law and Practice in Bankruptcy, 18 th ed. by M. Hunter and D. Graham (1968), S. 174 f.

derungsrecht" bezeichneten Rechtsstellung des Gläubigers[1])). Ist dies der Fall, so müßte das Konkursteilnahmerecht auch in Deutschland versagt werden (: enthält die englische konkursgesetzliche Vorschrift eine allgemeinschuldrechtliche Norm, deren Anwendung in Deutschland als Konkursstaat keinen Bedenken begegnet).

Da die englische Regelung auf speziell verfahrensrechtlichen Erwägungen 393
beruht, dürfte sie wohl nur für den Konkurs in England gelten (: nur eine konkursrechtliche Norm enthalten). Auch die deutsche Regelung, die Forderungen aus Schenkungsversprechen und Vermächtnissen das Konkursteilnahmerecht versagt, dürfte nur für den Konkurs in Deutschland gelten, also keine Norm des deutschen Schenkungsrechts oder des deutschen Erbrechts enthalten. Das [Anm. 392] aufgeworfene Problem stellt sich daher — was privatrechtliche Forderungen angeht — praktisch wohl vor allem[2]) in Ansehung von Forderungen, deren Gläubiger — etwa in einem Sanierungsvergleich — für den Fall des Konkurses des Schuldners auf Befriedigung (: auf das Konkursteilnahmerecht) verzichtet hat[3]). Sofern nicht besondere Gründe für die Annahme sprechen, daß ein Wechsel des Konkursgerichtsstandes über nationale Grenzen hinweg den Verzicht hinfällig machen soll, ist ein solcher Verzicht auf jedweden Konkurs des Schuldners zu beziehen (: in jedem Staat zu beachten, in dem Konkurs über das Vermögen des Schuldners eröffnet werden kann), nicht kraft einheitlichen Konkursrechts aller Konkursstaaten (das deutsche Konkursrecht etwa läßt diesen Fall ungeregelt), sondern weil nach dem maßgeblichen Recht eine Voraussetzung der Geltendmachung als Konkursforderung (eben das Konkursteilnahmerecht) fehlt und dieses Fehlen von jedem Konkursrecht zu beachten ist.

Daß nach deutschem Konkursrecht das Vorrecht des § 61 Nr. 2 und 3 nur 394
öffentlich-rechtlichen Verbindlichkeiten gegenüber deutschen Körperschaften usw. zukommt, ergibt sich schon aus dem Wortlaut des Gesetzes. Entsprechende Forderungen ausländischer Körperschaften genießen aber nicht nur das Vorrecht nicht[4]), sondern können — sofern nicht zwischenstaatlich etwas anderes vereinbart ist — überhaupt nicht in Deutschland geltend gemacht werden (so wenig eine Einzelvollstreckung wegen ausländischer öffentlicher Abgaben im Inland stattfindet[5])). Den Gläubigern von Forderungen, die sich nach ausländischem Abgabenrecht (Steuerrecht, Zollrecht, Sozialversicherungsrecht usw.) beurteilen, wird in Deutschland jedwedes (subjektive) Vollstreckungsrecht, also auch das Konkursteilnahmerecht versagt.

2. Rang

Zum Rang der Konkursforderungen gilt zunächst das Gleiche wie zum 395
Konkursteilnahmerecht [Anm. 391], denn der „Rang der Forderung" ist Bestimmung des Inhalts des Konkursteilnahmerechts[6]). Demnach kann ein ausländisches Recht als Schuldstatut einer Forderung keinen besseren Rang verleihen, als ihr nach dem Konkursrecht des Staates zusteht, in welchem die Forderung als Konkursforderung geltend gemacht wird[7]). Eine andere Frage ist es, ob das Konkursrecht des Konkursstaates hinter ausländischem Recht als Schuldstatut zurücktritt, wenn der Forderung nach dem Schuldstatut ein minderer Rang zukommt, als ihn das Konkursrecht Forderungen dieser Art zuerkennt. Auch diese Frage dürfte, da die konkursgesetzlichen Regelungen über den Rang wie die über das Konkursteilnahmerecht [Anm. 393 a. Anf.] regelmäßig wohl nur konkursrechtliche Normen

---

[1]) Vgl. Anm. 454[a].
[2]) Zu Fällen, in denen das Erbrecht als Schuldstatut über die Konkursteilnahme besonderer Nachlaßverbindlichkeiten im Nachlaßkonkurs bestimmt, s. Anm. 489—495, 503 und 519.
[3]) Ein solcher Verzicht ermöglicht es dem Schuldner, die Schuld in Bilanzen, die zur Klärung einer etwaigen Überschuldung zu erstellen sind (vgl. etwa § 92 I AktG), unberücksichtigt zu lassen; vgl. Jahr, ZZP 79, 377 ff.
[4]) OLG Hamm OLGE 25, 333; OLG Karlsruhe JW 1929, 2362 Nr. 5 mit zust. Anm. Stier-Somlo; Schneider, KuT 1931, 102 f.; Jaeger-Lent, § 61 Anm. 40.
[5]) Nußbaum, S. 385 ff.
[6]) Vgl. Jahr, ZZP 79, 379 f.
[7]) Im Ergebnis ebenso Jaeger-Lent, § 61 Anm. 40.

enthalten, in erster Linie[1]) bei Vereinbarungen zwischen Gläubiger und Schuldner praktisch werden, die konkursrechtlich dann beachtlich sein können, wenn der Gläubiger in ihnen auf einen Vorrang verzichtet.

396 Für einen solchen „vereinbarten Rangrücktritt" [Anm. 395 a. E.] muß Entsprechendes gelten wie für den Verzicht auf das Konkursteilnahmerecht [Anm. 393 a. E.]: er ist als Änderung materiell-rechtlicher Befugnisse im Regelfall von jedem Konkursrecht zu beachten.

397 Von diesem Vorbehalt abgesehen gilt der Satz, daß über den Rang der Konkursforderungen das Konkursrecht des Konkursstaates entscheidet[2]). Kollisionen dieses Rechts mit dem Recht des Staates der Belegenheit von Massegegenständen können jederzeit zugunsten des Rechts des Belegenheitsstaates aufgelöst werden, indem im Belegenheitsstaat ein beschränkter Konkurs durchgeführt wird[3]) [Anm. 225, 260, 264].

3. Konkursaufrechnung

398 Welches Recht über die Aufrechnung, d. h.: über ihre Zulässigkeit, ihre Voraussetzungen und ihre Wirkungen entscheidet (: „Aufrechnungsstatut" ist), ist in der Diskussion zum internationalen Privatrecht Deutschlands[4]) umstritten. Die überwiegende Meinung hält das „Schuldstatut" der Forderung für maßgeblich, für die die Aufrechnung die Erfüllung ersetzt (Hauptforderung)[5]); die Mindermeinung hält daneben auch das Statut der anderen Forderung (Gegenforderung) für maßgeblich. Dieser Streit braucht hier nicht weiter erörtert zu werden, da es für die Abgrenzung zwischen konkursrechtlichen und privatrechtlichen Fragen auf seine Entscheidung nicht ankommt. Diese Abgrenzung kann auch deutlich gemacht werden, wenn zur Vereinfachung angenommen wird, daß Hauptforderung und Gegenforderung nach demselben Recht zu beurteilen sind (so daß nach jeder Meinung nur dieses Recht Aufrechnungsstatut ist) und daß dieses Recht nicht das des Konkursstaates ist.

399 Die Vorschriften der KO lassen erkennen, daß — wie bei der abgesonderten Befriedigung [Anm. 332—333], mit der die Konkursaufrechnung ja auch sonst zu vergleichen ist — zwischen materiell-rechtlicher Wirksamkeit der Aufrechnung und ihrer konkursrechtlichen Zulässigkeit zu unterscheiden ist (besonders deutlich § 56). Diese Unterscheidung impliziert — wiederum wie bei der abgesonderten Befriedigung [vgl. Anm. 333] —, daß für die materiell-rechtliche Wirksamkeit nichts anderes gilt als außerhalb des Konkurses (d. h.: Maßgeblichkeit des Aufrechnungsstatuts[6])) und daß über die konkursrechtliche Zulässigkeit (einschließlich der Rechtsfolgen einer wirksamen, aber konkursrechtlich unzulässigen Aufrechnung[7])) das Konkursrecht des Konkursstaates entscheidet.

400 In diese klare und einfache Unterscheidung ist § 54 nicht ohne weiteres einzufügen, der für den Konkursgläubiger[8]) gewisse Erleichterungen der Aufrechnung vorsieht. Diese Erleichterungen knüpfen an die Regelungen in § 65 (Abs. 1: „Betagte Forderungen gelten als fällig"; Abs. 2: Abzinsung betagter unverzinslicher Forderungen), § 69 (Umwandlung sonstiger Forderungen in Geldforderungen) und § 70 (Kapitalisierung von Ansprüchen auf wiederkehrende Leistungen). Sie stellen wie diese Vorschriften die Frage, was insoweit gilt, wenn sich die Konkursforderungen nach einem anderen als dem deutschen Recht (als Schuldstatut) bestimmen.

---

[1]) Zu Fällen, in denen das Erbrecht als Schuldstatut über den Rang besonderer Nachlaßverbindlichkeiten im Nachlaßkonkurs bestimmt, s. Anm. 489—495, 503 und 519.
[2]) Jaeger-Lent, § 61 Anm. 40. Weitere Hinweise in der Begründung zum VE (S. 144 FN 158).
[3]) Die sehr komplizierte Regelung der Art. 40—42 VE (s. die Begründung S. 113ff.), die im Verhältnis der Vertragsstaaten zueinander das Recht des Belegenheitsstaates für maßgeblich erklärt, kommt damit zu dem gleichen Ergebnis wie die — nach dem VE ausgeschlossene — Durchführung beschränkter Konkurse in jedem dieser Staaten.
[4]) Vgl. Soergel-Kegel, Vorbem. 309—310 vor Art. 7 mit weit. Nachw.
[5]) Gegen sie spricht, daß das Aufrechnungsstatut wechselt, je nachdem, wer von den beiden Schuldnern zuerst die Aufrechnung erklärt, und daß sie mit einer Aufrechnung ohne Gestaltungsakt (*compensatio ipso iure*) nicht fertig werden kann.
[6]) Ebenso Jaeger-Lent, § 53 Anm. 35.
[7]) Vgl. Anm. 37 (zu § 56).
[8]) Nicht auch für den Konkursverwalter [vgl. Jaeger-Lent, § 54 Anm. 1].

401 Die Regelungen der §§ 65, 69 und 70 müssen auch für solche Forderungen gelten, da diese sonst von der Teilnahme am Konkurs ausgeschlossen wären: Sie gelten aber auch nur bei Konkurs in Deutschland, sind also konkursrechtliche Normen [Anm. 26—27]. Demnach erkennt das deutsche Recht dem Konkursrecht des Konkursstaates die Kompetenz zu, Forderungen, die einem ausländischen Recht als Schuldstatut unterliegen, mit der Feststellung zur Konkurstabelle[1]) inhaltlich zu ändern, soweit dies von der Zweckbestimmung des Konkurses gefordert wird[2]) (das ist internationalrechtlich ebenso unbedenklich wie die Kompetenz des Belegenheitsstaates, im Wege der Zwangsvollstreckung oder der Enteignung eine Subjektsänderung an Forderungen herbeizuführen, die einem ausländischen Recht als Sachstatut unterliegen).

402 Eine solche Inhaltsänderung ohne Rücksicht darauf, welchem Recht (als Schuldstatut) die Konkursforderung unterliegt, wird auch in § 54 vorgesehen, freilich nur für den Fall (: davon bedingt), daß der Konkursgläubiger aufrechnet. § 54 enthält daher wie §§ 65, 69 und 70 keine Norm des deutschen Schuldrechts, sondern nur eine konkursrechtliche Norm.

4. Zusammenfassung

403 Ob dem Gläubiger einer Forderung das Konkursteilnahmerecht zusteht (: ob eine zur Zeit der Konkurseröffnung gegen den Gemeinschuldner begründete Forderung eine „Konkursforderung“ ist) und welcher Rang der Forderung zukommt, bestimmt das Konkursrecht oder das allgemeine Vollstreckungsrecht[3]) des Konkursstaates. Das für die Forderung (als Schuldstatut) maßgebliche Recht kann das Konkursteilnahmerecht oder einen Vorrang mit der Folge der Maßgeblichkeit für alle Konkursrechte versagen. Eine solche Versagung wird insbesondere[4]) bei Verzicht auf das Konkursteilnahmerecht oder bei vereinbartem Rangrücktritt bedeutsam[5]).

404 Die materiellrechtliche Wirksamkeit einer Konkursaufrechnung wird ebenso wie die Wirksamkeit einer Aufrechnung außerhalb des Konkurses vom Aufrechnungsstatut bestimmt. Das Konkursrecht des Konkursstaates entscheidet über die konkursrechtliche Zulässigkeit einer materiellrechtlich wirksamen Aufrechnung. Es kann an eine wirksame, aber unzulässige Aufrechnung die Verpflichtung knüpfen, der Masse Ersatz zu leisten[6]).

405 Das Konkursrecht des Konkursstaates kann Konkursforderungen zum Zwecke der Durchführung des Konkurses mit der Maßgabe inhaltlich ändern, daß die Änderungen über den Konkurs hinaus Bestand haben, ohne Rücksicht darauf, nach welchem Recht (als Schuldstatut) sich die Konkursforderung bestimmt. Solche Inhaltsänderungen können auch zum Zwecke der Konkursaufrechnung vorgesehen werden. Sie treten in diesem Fall mit der Aufrechnung durch den Konkursgläubiger, sonst mit der Feststellung der Forderung zur Konkurstabelle ein[7]).

G. Rechtsstreitigkeiten

1. Allgemeines

406 Die Vorschrift des § 240 ZPO, daß der Konkurs über das Vermögen einer Partei das Verfahren unterbricht, „wenn es die Konkursmasse betrifft“, gilt nur, soweit die ZPO gilt, d. h.: nur für Verfahren vor deutschen Gerichten[8]). Soweit diese Regelung durch Vorschriften der KO über die Fortsetzung der unterbrochenen Prozesse

---

[1]) Jaeger-Weber, § 164 Anm. 10 a. Anf.
[2]) Die Änderungen bleiben über den Konkurs hinaus bestehen [vgl. Jaeger-Lent, § 69 Anm. 6; Jaeger-Weber, § 164 Anm. 10].
[3]) Vgl. Anm. 394.
[4]) S. Anm. 393[3] und 395.
[5]) Vgl. Anm. 390—397.
[6]) Vgl. Anm. 398—399.
[7]) Vgl. Anm. 400—402. Zu internationalrechtlichen Fragen hinsichtlich des Anmeldungsverfahrens vgl. Jaeger-Weber, § 146 Anm. 48 (Nr. 1) mit weit. Nachw.; zu den Rechtsfolgen eines Zwangsvergleichs s. Anm. 425—432 (dort auch zu besonderen ausländischen Regelungen in Bezug auf den Ausfall).
[8]) Soergel-Kegel, Vorbem. 388 vor Art. 7.

(§§ 10, 11, 146 III) ergänzt wird, kann für die Ergänzung nichts anderes gelten. §§ 10, 11 und 146 III enthalten also allgemein-zivilprozeßrechtliche (nur für das Verfahren vor deutschen Gerichten geltende) Normen[1]). Das schließt jedoch nicht aus, daß sie auch konkursrechtliche Normen (konkursrechtliche „Kerne"[2])) enthalten, die auch für Prozesse im Ausland gelten sollen [vgl. Anm. 112]. Umgekehrt stellt sich für die allgemein-zivilprozeßrechtlichen Normen die Frage, ob sie auch bei Auslandskonkurs einer Partei gelten[3]).

407 Was für die Unterbrechung von Rechtsstreitigkeiten gilt, die bei Konkurseröffnung anhängig sind, gilt entsprechend für neue Rechtsstreitigkeiten in Ansehung der Konkursmasse (Teilungsmasse und Schuldenmasse). Soweit das deutsche Recht für solche Rechtsstreitigkeiten die Parteistellung dem Konkursverwalter zuweist (Prozeßstandschaft oder gesetzliche Prozeßführungsbefugnis[4])), stellt sich die Frage, was für „neue" Auslandsprozesse des deutschen Konkursverwalters gelten soll. Soweit das Konkursrecht eines ausländischen Konkursstaates eine der des deutschen Rechts entsprechende Regelung trifft, stellt sich die Frage, was gelten soll, wenn nach Eröffnung des Auslandskonkurses vom Gemeinschuldner oder vom Konkursverwalter Rechtsstreitigkeiten in Ansehung der Konkursmasse vor deutschen Gerichten anhängig gemacht werden.

408 Nicht zu den hier zu erörternden Fragen gehört der Fall, daß ein Gläubiger nach Anmeldung seiner Forderung im Auslandskonkurs den Gemeinschuldner vor einem deutschen Gericht auf Leistung verklagt, soweit er die Frage aufwirft, ob der Klage im Inland der Einwand der Rechtshängigkeit entgegensteht. Die Frage ist schon nach § 263 I ZPO zu verneinen[5]).

2. Schuldenmassestreitigkeiten

409 Ist in Deutschland Konkurs eröffnet worden, so können Konkursgläubiger ihr Forderungsrecht gegenüber der Masse „nur nach Maßgabe der Vorschriften für das Konkursverfahren verfolgen" (§ 12), d. h. (§§ 138—146): durch Anmeldung der Forderung zur Konkurstabelle und — sofern die Forderung nicht „tituliert" (§ 146 VI) ist [s. dazu Anm. 410] — durch Klage auf Feststellung zur Konkurstabelle. Für diese Klage sieht § 146 II 2 die ausschließliche Zuständigkeit eines inländischen Gerichts vor. Diese Bestimmung, die zunächst nur die örtliche Zuständigkeit betrifft, ist auf die internationale Zuständigkeit zu erstrecken[6]). Diese Erstreckung wiederum kann sinnvollerweise nicht auf Prozesse nach Konkurseröffnung beschränkt werden, sondern muß auch für Prozesse gelten, die zur Zeit der Konkurseröffnung anhängig sind[7]) (ohne Rücksicht darauf, ob diese nach ausländischem Prozeßrecht durch den Inlandskonkurs unterbrochen werden oder nicht[8])).

410 Für den in Deutschland eröffneten Konkurs bieten also nur die „titulierten" Forderungen ein Problem: es stellt sich die Frage, ob die Bestimmung des § 146 VI, nach der ein Widerspruch gegen eine titulierte Forderung von dem Widersprechenden zu verfolgen ist, auch für Titel ausländischer Gerichte gilt. Diese Frage ist zu bejahen, wenn die ausländische Entscheidung ein rechtskräftiges Endurteil oder ein

---

[1]) Im Ergebnis ebenso (zu § 146 III) Jaeger-Weber, § 146 Anm. 48 Nr. 2: „. . . denn das Gebot der Widerspruchsverfolgung durch Aufnahme eines anhängigen Rechtsstreits bezieht sich als Vorschrift des inländischen Prozeßrechts nur auf Prozesse, welche bei einem deutschen Gericht anhängig sind".
[2]) Jahr, S. 181f.
[3]) Entsprechende Fragen stellen sich für § 239 V und §§ 242—243 ZPO (Geltung auch, wenn ein ausländisches Recht Erbstatut ist?).
[4]) Vgl. Anm. 382[2].
[5]) So OLG Hamburg OLGE 15, 115f. (mit der zutreffenden Bemerkung, daß es deshalb auf § 237 I KO nicht ankomme); OLG Düsseldorf RheinArch 108, 286 (mit zusätzlicher — auf das „Territorialitätsprinzip" gestützter — Begründung aus § 237 I KO).
[6]) Zur Erstreckung der Regeln über die örtliche Zuständigkeit auf die internationale Zuständigkeit in der KO vgl.: Anm. 80—82; 119; 147—159.
[7]) Ebenso Jaeger-Weber, § 146 Anm. 48 (Nr. 2): „ Da . . . die . . . Feststellung einer bestrittenen Forderung für den Inlandskonkurs . . . zur inländischen Gerichtsbarkeit gehört, muß der Gläubiger einer im Ausland anhängigen bestrittenen Konkursforderung die Feststellung durch Klage (Abs. I) bei dem nach Abs. II zuständigen inländischen Gericht betreiben".
[8]) Über das weitere Schicksal entscheidet das zuständige ausländische Prozeßrecht [vgl. auch Jaeger-Weber, § 146 Anm. 48 Nr. 1].

rechtskräftiger Schiedsspruch ist und wenn die Entscheidung nach § 328 I ZPO bzw. § 1044 II ZPO (oder auf Grund eines zwischenstaatlichen Vertrages) in Deutschland anerkannt wird[1]). Danach kommen — abgesehen von der „Verfolgung des Widerspruchs" durch Anträge auf Wiederaufnahme des Verfahrens, die im Ausland zu stellen und nach ausländischem Prozeßrecht zu beurteilen sind — nur die besonderen Schutzmittel in Betracht, die auch gegenüber rechtskräftigen deutschen Endurteilen ergriffen werden können: Konkursanfechtung und Vollstreckungsgegenklage vor dem nach § 146 II 2 zuständigen Gericht[2]).

Sind bei einem in Deutschland eröffneten nicht beschränkten Konkurs [Anm. 411
161] Massegegenstände im Ausland belegen und läßt der Belegenheitsstaat die Zwangsvollstreckung in diese Gegenstände zu, so nimmt das deutsche Recht mit dem Ausbau von § 237 I zur allseitigen Kollisionsnorm [Anm. 222—232] nicht nur die Zwangsvollstreckung als solche, sondern auch die durch sie bewirkte ungleichmäßige Befriedigung eines Konkursgläubigers hin. Auch die gerichtliche Geltendmachung der Konkursforderung im Ausland (etwa in einem Gerichtsstand des Vermögens) ist daher vom deutschen Recht aus unbedenklich [vgl. Anm. 211 a. E.]. Eine andere Frage ist jedoch, ob deshalb nach deutscher Auffassung die Regelung des deutschen Rechts über die Prozeßführung in Ansehung der Konkursmasse im Ausland unbeachtet bleiben kann. Da der Konkursgläubiger in diesem Falle mit der Klage einen Vollstreckungstitel erlangen will, der ihm die Zwangsvollstreckung in Massegegenstände erlaubt, ist die Konkursmasse von diesem Rechtsstreit ganz ebenso berührt, wie wenn es sich um die Durchsetzung einer Masseschuld, also um einen Teilungsmassegegenstreit (§ 11 I) handelte. Nach deutscher Auffassung muß daher dasselbe wie für diese Rechtsstreitigkeiten gelten [vgl. Anm. 413—417].

Ist im Ausland Konkurs eröffnet worden, so stellt sich zunächst die Frage, ob 412
ein § 12 entsprechendes Verbot des ausländischen Konkursrechts der gerichtlichen Geltendmachung einer Konkursforderung vor deutschen Gerichten entgegensteht. Die Frage ist nach Sinn und Zweck von § 237 I, der nicht auf die Zwangsvollstrekkung aus titulierten Forderungen beschränkt werden darf, zu verneinen[3]) [Anm. 211 a. E.]. Eine ganz andere Frage ist es, gegen wen Klage erhoben werden muß, wenn im Falle des Obsiegens des Konkursgläubigers aus dem Urteil in Massegegenstände vollstreckt werden soll (: ob zur Vollstreckung in inländische Gegenstände, die zur Konkursmasse eines Auslandskonkurses gehören, ein Titel gegen den Gemeinschuldner oder ein Titel gegen den Konkursverwalter erforderlich und genügend ist). Diese Frage wirft das Problem auf, wer im Inland in Ansehung inländischer Gegenstände für die Konkursmasse des Auslandskonkurses prozeßführungsbefugt ist, das für alle Streitigkeiten in Ansehung der Konkursmasse einheitlich zu behandeln ist [vgl. Anm. 413—417].

3. Prozeßführungsbefugnis in Ansehung der Konkursmasse

Das deutsche Recht gibt dem Konkursverwalter für Rechtsstreitigkeiten in 413
Ansehung der Konkursmasse die „Prozeßstandschaft", d. h.: es gibt dem Konkursverwalter die Stellung einer Partei mit der Maßgabe, daß die Konkursmasse „Streitvermögen" ist[4]) (bedeutsam vor allem für die Fragen, in welches Vermögen eine Zwangsvollstreckung in der Hauptsache oder wegen der Kosten erfolgen kann, und wer — im Sinne von §§ 239 I, 325 I, 727 I ZPO — „Rechtsnachfolger" der Partei ist), und es läßt die Masse nur „Streitvermögen" sein (: es erlaubt eine Zwangsvollstreckung in die Masse nur), wenn der Konkursverwalter als solcher Partei ist.

Diese Regelung ist für die ordnungsmäßige Wahrnehmung der Aufgaben des 414
Konkursverwalters von so entscheidender Bedeutung, daß sie nach deutscher Auf-

[1]) Jaeger-Weber, § 146 Anm. 48 (Nr. 1) mit weit. Nachw.
[2]) Im ganzen ebenso Jaeger-Weber, § 146 Anm. 48 (Nr. 1) und 39—40.
[3]) Im Ergebnis ebenso RGZ 14, 409; Jaeger, § 237 Anm. 4; Mentzel-Kuhn, § 237 Anm. 4. Ebenso ist nach deutscher Auffassung die Erlangung eines Vollstreckungsurteils im Ausland auch nach Konkurseröffnung zulässig [vgl. OLG Hamburg LZ 1909, 713].
[4]) S. Anm. 382[8].

fassung in Ansehung der gesamten Teilungsmasse, also bei nicht beschränktem Konkurs [Anm. 161] auch außerhalb Deutschlands zu beachten ist. Von einer Anerkennung des deutschen Konkurses kann daher nicht mehr die Rede sein, wenn ein ausländischer Staat bei „grundsätzlicher" Anerkennung der Konkurseröffnung in Deutschland für Prozesse in seinem Gebiet dem Gemeinschuldner die Prozeßführung in Ansehung der Teilungsmasse nur deshalb überließe, weil dem Prozeßrecht dieses Staates die Rechtsfigur der Prozeßstandschaft unbekannt ist. Die Anerkennung des deutschen Konkurses erforderte in diesem Falle eine „Anpassung" der deutschen Regelung an das Prozeßrecht des Prozeßstaates, bei der die deutsche Regelung so weit aufrechtzuerhalten wäre, wie dies bei Fehlen einer Prozeßstandschaft möglich ist (Behandlung des Verwalters als gesetzlicher Vertreter des Gemeinschuldners in Ansehung der Masse oder Parteifähigkeit der Konkursmasse; notfalls: Behandlung des Verwalters als „normale" Partei). Die Rechtslage ist insoweit nicht anders als hinsichtlich eines nach deutschem Recht (als Erbstatut) berufenen verwaltenden Testamentsvollstreckers, für dessen Rechtsstellung auch im Ausland deutsches Recht maßgeblich ist[1]), was zur Folge hat, daß auch sein Recht aus § 2212 BGB im Ausland beachtet werden muß.

415 Für die Stellung, die dem Konkursverwalter eines im Ausland eröffneten Konkurses vor deutschen Gerichten zukommt, kann nichts anderes gelten. Verfolgt der ausländische Konkursverwalter mit seiner Klage vor einem deutschen Gericht ein Recht, das zur Zeit der Eröffnung des Auslandskonkurses im Konkursstaat belegen war, so spielt der Streit um das „Territorialitätsprinzip" und die Auslegung von § 237 I [Anm. 178—212] keine Rolle [Anm. 143—146 und 175]. Die prozeßrechtliche Stellung des Verwalters bestimmt sich nach dem Konkursrecht des Konkursstaates, soweit diese mit deutschem Prozeßrecht vereinbar ist; notfalls ist im Wege der „Anpassung" zu helfen.

416 Was für Prozesse über Gegenstände, die zur Zeit der Eröffnung eines nicht beschränkten Auslandskonkurses in Deutschland belegen waren, zu gelten hat, ist demnach kein spezielles Problem der Prozeßführungsbefugnis in Ansehung von außerhalb des Konkursstaates belegenen Massegegenständen, sondern ein Teilaspekt des Problems der Anerkennung konkurstypischer Rechtsfolgen eines nicht beschränkten Auslandskonkurses [Anm. 178—213]. Daß der Gemeinschuldner und nicht der Konkursverwalter eines Auslandskonkurses hinsichtlich einer zur Zeit der Konkurseröffnung in Deutschland belegenen pfändbaren Forderung prozeßführungsbefugt sei[2]), daß ganz allgemein der Auslandskonkurs die Prozeßführungsbefugnis in Ansehung inländischer Massegegenstände nicht vom Gemeinschuldner auf den Konkursverwalter übertrage[3]), sind Meinungen zur angeblichen allgemeinen „Territorialität" des Auslandskonkurses, keine spezifischen Stellungnahmen zu dem Problem der Prozeßführungsbefugnis eines ausländischen Konkursverwalters in Ansehung inländischer Massegegenstände.

417 Ist demnach die Prozeßführungsbefugnis in Ansehung von Massegegenständen in jedem Falle nach dem Konkursrecht des Konkursstaates zu beurteilen (wobei ein Unterschied zwischen der verbreiteten Auffassung zur „Territorialität" des Auslandskonkurses [Anm. 172—195] und der hier vertretenen Meinung [Anm. 196—212] nur hinsichtlich des zur Zeit der Konkurseröffnung in Deutschland belegenen Vermögens besteht[4])), so bleibt für jede Meinung die Frage, ob § 240 ZPO auch bei Auslandskonkurs gilt. Die Frage ist nach Sinn und Zweck der Vorschrift zu bejahen, wenn die Eröffnung des Auslandskonkurses einen im Inland anerkannten Wechsel der Prozeßführungsbefugnis in Ansehung des Streitgegenstandes (der nicht notwendig zum inländischen Vermögen gehört) zur Folge hat.

---

[1]) Soergel-Kegel, Vorbem. 24 vor Art. 7 mit weit. Nachw.
[2]) So BGH NJW 1962, 1511 = BGH KTS 1962, 173.
[3]) So Jaeger, § 237 Anm. 4; Mentzel-Kuhn, § 237 Anm. 4.
[4]) Hier vertretene Meinung: Maßgeblichkeit des Konkursrechts des Konkursstaates, soweit mit deutschem Prozeßrecht vereinbar [Anm. 414—415]; Gegenmeinung: keine Prozeßführungsbefugnis des Konkursverwalters, es sei denn, der Auslandskonkurs sei ein Gesellschaftskonkurs [Anm. 24 und 207].

4. Zusammenfassung

418 Die Vorschriften über die Unterbrechung von Rechtsstreitigkeiten des Gemeinschuldners durch Konkurseröffnung (§ 240 ZPO) und über die Fortsetzung solcher Rechtsstreitigkeiten (§§ 10, 11, 146 III) enthalten allgemeines Zivilprozeßrecht, gelten also nur für Verfahren vor deutschen Gerichten[1]).

419 Ob die Eröffnung eines Konkurses in Deutschland Verfahren unterbricht, die vor einem Gericht eines ausländischen Staates anhängig sind, bestimmt sich nach dem Prozeßrecht dieses Staates[2]).

420 Zur Entscheidung über Klagen auf Feststellung einer Forderung zur Konkurstabelle sind, wenn Deutschland Konkursstaat ist, die deutschen Gerichte ausschließlich zuständig. Ist die Forderung durch eine ausländische Entscheidung (Endurteil oder Schiedsspruch), die in Deutschland anerkannt wird, rechtskräftig festgestellt, so gilt für den Widerspruch gegen die Anmeldung § 146 VI[3]).

421 Ist nach dem Recht des Belegenheitsstaates die Zwangsvollstreckung in Massegegenstände zulässig, die in diesem Staat belegen sind, so können Konkursgläubiger ihre Forderungen in diesem Staat auch außerhalb des Konkursverfahrens gerichtlich geltend machen[4]). Die Klage ist gegen den Konkursverwalter zu richten, wenn bei Obsiegen in Gegenstände vollstreckt werden soll, deren Zugehörigkeit zur Konkursmasse im Belegenheitsstaat anerkannt wird [Anm. 422—424].

422 Für alle Rechtsstreitigkeiten in Ansehung der Konkursmasse (Teilungsmassestreitigkeiten, Teilungsmassegegenstreitigkeiten und Schuldenmassestreitigkeiten) bestimmt sich die Prozeßführungsbefugnis nach dem Konkursrecht des Konkursstaates. Dem deutschen Konkursverwalter kommt daher auch für Prozesse vor ausländischen Gerichten „Prozeßstandschaft" zu. Die nach ausländischem Konkursrecht bestehende Regelung der Prozeßführungsbefugnis in Ansehung der Konkursmasse eines Auslandskonkurses ist auch bei Verfahren vor deutschen Gerichten zu beachten. Ist die Regelung des Konkursrechts des Konkursstaates mit dem Prozeßrecht des Prozeßstaates nicht vereinbar, so ist im Wege der „Anpassung" zu helfen[5]).

423 Die Regelung der Prozeßführungsbefugnis in Ansehung der Konkursmasse durch das Konkursrecht des Konkursstaates ist außerhalb dieses Staates soweit zu beachten, wie die Zugehörigkeit eines Gegenstandes zur Konkursmasse anerkannt wird[6]).

424 Soweit das deutsche Recht einem Auslandskonkurs Rechtsfolgen hinsichtlich von Vermögen zuerkennt, das zur Zeit der Konkurseröffnung Gegenstand eines Rechtsstreits vor einem deutschen Gericht (nicht notwendig: in Deutschland belegen) ist und das Konkursrecht des ausländischen Konkursstaates an die Konkurseröffnung einen Wechsel der Prozeßführungsbefugnis in Ansehung dieses Vermögens knüpft, wird der Rechtsstreit vor dem deutschen Gericht nach § 240 ZPO unterbrochen[7]).

H. Zwangsvergleich

425 Das deutsche Konkursrecht knüpft an einen Zwangsvergleich — von den Auswirkungen auf das Konkursverfahren abgesehen — Rechtsfolgen in Ansehung der Konkursforderungen (regelmäßig: Teilerlaß und Stundung) und — bei Gesellschaftskonkurs — Rechtsfolgen in Ansehung der persönlichen Haftung der Gesellschafter[8]) (§ 211 II); die persönliche Haftung von Mitschuldnern und Bürgen sowie die Haftung aus Realsicherheiten wird durch Erlaß oder Stundung von Konkursforderungen nicht berührt (§ 193 S. 2). Den Rechtsfolgen des Zwangsvergleichs in Ansehung der Konkursforderungen entsprechen in manchen Auslandsrechten Rechtsfolgen, die auch ohne Zustimmung der Gläubiger oder von Mehrheiten der

[1]) Vgl. Anm. 406.
[2]) Vgl. Anm. 409 a. E.
[3]) Vgl. Anm. 410.
[4]) Vgl. Anm. 411—412.
[5]) Vgl. Anm. 413—416.
[6]) Vgl. Anm. 416.
[7]) Vgl. Anm. 417.
[8]) Vgl. dazu Anm. 435—436.

Gläubiger für einen Ausfall gelten oder jedenfalls gelten können: etwa gewisse Einschränkungen der Geltendmachung der Restforderung (so der „Verlustschein" des schweizerischen Rechts[1]) oder die gerichtliche Entlastung des Schuldners von der Restschuld (so die *discharge* im Recht Englands und der USA)[2]).

426 Die Rechtsfolgen des Zwangsvergleichs in Ansehung der Konkursforderungen, von denen der Teilerlaß die weitaus bedeutsamste ist, sollen — wie § 193 S. 1 zweifelsfrei erkennen läßt und wie allein Sinn und Zweck der Vorschrift entspricht — für alle Konkursforderungen ohne Rücksicht darauf eintreten, nach welchem Recht als Schuldstatut sie sich bestimmen, und ohne Rücksicht darauf, ob das für eine Konkursforderung als Schuldstatut maßgebliche Recht einen im deutschen Zwangsvergleich vorgesehenen Teilerlaß anerkennt. Der Erlaß durch Zwangsvergleich wird also deutlich vom rechtsgeschäftlichen Erlaß abgegrenzt, über dessen Rechtsfolgen nach deutscher Auffassung das für die betroffene Forderung maßgebliche Schuldstatut entscheidet[3]). Die in § 193 S. 1 vorgesehene Nichtberücksichtigung der Auffassung des Schuldstatuts hinsichtlich der Wirksamkeit eines Teilerlasses durch Zwangsvergleich kann also allenfalls bei hoheitlichen Eingriffen in Forderungsrechte eine Parallele haben. Für solche Eingriffe wird nach deutscher Auffassung der Staat der Belegenheit der Forderung (: der Staat, in dem der Schuldner der Forderung seinen Wohnsitz oder seinen Sitz hat) als kompetent angesehen[4]), ohne Rücksicht darauf, ob diese Auffassung vom Schuldstatut geteilt wird. Wäre uneingeschränkte Geltung gewollt, so strebte demnach § 193 S. 1 hinsichtlich der Konkursforderungen eine Wirkung an, wie sie internationalrechtlich nach deutscher Auffassung sonst nur[5]) im Wege der Pfändung oder der Enteignung von Forderungen herbeigeführt werden kann, die in Deutschland belegen sind.

427 Diese Voraussetzung ist beim beschränkten Inlandskonkurs regelmäßig nicht erfüllt. Die Eröffnung eines solchen Konkurses setzt ja nach § 238 I und § 238 II 1 voraus, daß der Schuldner der Konkursforderungen in Deutschland keinen allgemeinen Gerichtsstand (: nicht seinen Wohnsitz oder seinen Sitz) hat. Die Konkursforderungen sind also alle nicht in Deutschland belegen. § 193 S. 1 soll aber bei beschränktem Konkurs — was die Nichtberücksichtigung der Auffassung des Schuldstatuts angeht — ganz ebenso gelten wie bei nicht beschränktem Konkurs. Eine angestrebte uneingeschränkte Geltung ließe sich also nicht allgemein aus einer nach deutscher Auffassung dem deutschen Recht zukommenden Kompetenz zu hoheitlichen Eingriffen in die Konkursforderungen als inländisches Vermögen begründen. Ein uneingeschränkter Teilerlaß aller Konkursforderungen ohne Rücksicht auf Belegenheit und Schuldstatut stünde daher mit keiner anderen internationalrechtlichen Wertentscheidung des deutschen Rechts in Einklang.

428 Eine solche Regelung stünde darüber hinaus mit der Wertentscheidung im Widerspruch, die den Ausbau von § 237 I zur allseitigen Kollisionsnorm [Anm. 222—232] trägt. Stellt die während eines nicht beschränkten Konkurses in Deutschland im Ausland über den Betrag der deutschen Konkursdividende hinaus zwangsweise erlangte Befriedigung keine ungerechtfertigte Bereicherung des Konkursgläubigers auf Kosten der Konkursmasse oder der anderen Konkursgläubiger dar, so kann für eine nach Beendigung des deutschen Konkurses im Ausland über den Betrag der deutschen Vergleichsquote hinaus zwangsweise erlangte Befriedigung schwerlich etwas anderes gelten [vgl. Anm. 431].

429 Diese Erwägungen [Anm. 426—428] weisen auch den Weg, auf dem die gebotene Einschränkung von § 193 S. 1 zu suchen ist. Der Teilerlaß durch Zwangsvergleich erfaßt die Konkursforderungen nur insoweit, als in Deutschland belegenes Ver-

---

[1]) Vgl. Lukes bei Jaeger-Lent, S. LXVf.; Jahr bei Jaeger-Weber, § 164 Anm. 15.
[2]) Vgl. Jahr bei Jaeger-Lent, S. LXXV und LXXVII; Jahr bei Jaeger-Weber, § 164 Anm. 15.
[3]) Raape, § 52 I.
[4]) Vgl. die Nachw. bei Soergel-Kegel, Vorbem. 512, 516, 537 vor Art. 7; a. A. (Zuständigkeit jeden Staates hinsichtlich des in ihm belegenen Schuldnervermögens): Soergel-Kegel, Vorbem. 542 vor Art. 7.
[5]) Eine Kompetenz des Rechts des Konkursstaates als „Gesamtstatut" [Anm. 209] kommt — anders als für die pfändbaren Vermögensgegenstände des Gemeinschuldners, die durch Einheit des Rechtsträgers und einheitliche Zweckbestimmung (Objekte gemeinschaftlicher Befriedigung der Konkursgläubiger) zu einer Gesamtheit zusammengefaßt werden [Anm. 209] — für die Konkursforderungen nicht in Betracht.

mögen in Betracht kommt, d. h.: hinsichtlich einer Zwangsvollstreckung aus den Konkursforderungen in Vermögen, das in Deutschland belegen ist.

Diese Auffassung steht mit den Meinungen im Einklang, die zu den Rechts- **430**
folgen eines in einem Auslandskonkurs geschlossenen Zwangsvergleichs vertreten werden. Danach hindert ein Teilerlaß durch einen solchen Zwangsvergleich den Konkursgläubiger nicht, den erlassenen Teil seiner Forderung in Deutschland beizutreiben[1]). Die gleiche Meinung wird für die dem Zwangsvergleich hinsichtlich der Wirkungen auf Konkursforderungen entsprechenden Gestaltungen mancher Auslandsrechte[2]) (Verlustschein[3]), *discharge*[4]) [Anm. 425 a. E.]) vertreten.

Die Auffassung, ein Teilerlaß durch Zwangsvergleich beschränke die Konkurs- **431**
gläubiger nur hinsichtlich der Zwangsvollstreckung in inländisches Vermögen, entspricht schließlich auch der ganz überwiegend ohne Rücksicht auf internationalrechtliche Fragen vertretenen Auslegung von § 193 S. 1. Danach schließt der Teilerlaß durch Zwangsvergleich, wie bei „Erfüllung" des erlassenen Teils (die nicht als ungerechtfertigte Bereicherung zurückgefordert werden kann[5])) und auch in § 193 S. 2[6]) sichtbar wird[7]), nur die gerichtliche Durchsetzung des erlassenen Teils aus, d. h. die Leistungsklage[8]) und — soweit die Forderung tituliert ist — die Zwangsvollstreckung, genauer: die Einzelbefugnisse des Gläubigers, Leistungsklage zu erheben oder die Zwangsvollstreckung zu betreiben[9]).

Es bleibt die Frage, ob § 193 S. 1 nicht daneben noch eine Norm des deutschen **432**
Schuldrechts enthält, die — wenn deutsches Recht als Schuldstatut eine Konkursforderung bestimmt — die Geltendmachung des im Zwangsvergleich erlassenen Teils der Forderung schlechthin, also auch im Ausland ausschlösse[10]). Für eine solche Ausdehnung des Erlasses zum Nachteil der Gläubiger, deren Forderungen sich nach deutschem Recht beurteilen, sind jedoch keine Gründe ersichtlich.

I. Besondere Konkurse

1. Juristische Personen und Gesellschaften

Da ein nicht beschränkter Konkurs [Anm. 161] nach dem internationalen Kon- **433**
kursrecht Deutschlands nur über das Vermögen solcher juristischen Personen oder Gesellschaften eröffnet werden kann, deren Personalstatut das Recht des Konkursstaates ist (: die im Gebiet des Konkursstaates ihren Sitz haben), treten Probleme der Abgrenzung zwischen Konkursrecht und Gesellschaftsrecht (bzw. Vereinsrecht) nur bei beschränktem Konkurs [Anm. 162] auf [Anm. 22—23], für das deutsche Recht also nur in den Fällen von § 238 I und § 238 II 1. Beschränkte Konkurse über „ausländische" juristische Personen oder Gesellschaften (: juristische Personen oder Gesellschaften, deren Sitz nicht im Gebiet des Konkursstaates liegt) aber werfen eine ganze Reihe solcher Probleme auf.

---

1) RGZ 52, 155; Jaeger, § 193 Anm. 19; Mentzel-Kuhn, § 237 Anm. 12; Böhle-Stamschräder, § 237 Anm. 1. Freilich wird diese Meinung fast durchweg nicht unmittelbar auf § 237 I gestützt, sondern damit begründet, „daß der ausländische Konkurs überhaupt" keine Wirkung im Inland habe [Jaeger, aaO].

2) Ebenso Jaeger-Weber, § 164 Anm. 13.

3) Vgl. RGZ 100, 241; Mentzel-Kuhn, § 237 Anm. 16 (jeweils auf das „Territorialitätsprinzip" gestützt); anders, sofern schweizerisches Recht als Schuldstatut maßgeblich ist, OLG Hamburg BöhmsZ 18, 144; LG Mannheim Bad. Rspr. 1928, 151 = IPRspr. Sonderheft zu RabelsZ 3 Nr. 9.

4) RGZ 21, 9; RGZ 24, 383. Hinsichtlich der Stundung, die das englische Recht bei Versagung der *discharge* gewährt, führt RGZ 14, 411 in einem *obiter dictum* aus: „Richtig ist zwar, daß, wenn ein fremdes Recht wirklich materiellrechtliche Folgen zu Gunsten des Gemeinschuldners an das Konkursverfahren knüpft, die betreffenden Rechtssätze auch von dem einheimischen Richter auf solche Obligationsverhältnisse anzuwenden sind, welche überhaupt nach jenem Rechte beurteilt werden müssen."

5) Jaeger-Weber, § 193 Anm. 6 mit weit. Nachw.

6) Vgl. dazu Jaeger-Weber, § 193 Anm. 5.

7) Soweit § 193 S. 2 Realsicherheiten betrifft, kann er gar nicht weiter als für Rechte an inländischen Sachen gelten.

8) Nicht die Feststellungsklage [Jaeger-Weber, § 193 Anm. 7 mit weit. Nachw.].

9) Jahr, ZZP 79, 347 ff. (377 ff.).

10) Vgl. RGZ 14, 141 zum englischen Recht als Konkurs- oder Schuldstatut [Anm. 430[4]]; für Maßgeblichkeit schweizerischen Rechts als Schuldstatut einer Forderung aus Verlustschein die in Anm. 430[3] zitierten Entscheidungen.

434 Hinsichtlich §§ 207 I, 209 I 2 und 213 stellt sich die Frage, wie die Überschuldung festzustellen ist. Da zur Konkursmasse eines beschränkten Konkurses nur die im Konkursstaat belegenen Vermögensgegenstände des Schuldners gehören, dürfen auch nur diese Gegenstände als Aktiven in die zur Entscheidung über eine Überschuldung zu erstellende Bilanz aufgenommen werden[1]). Auf der anderen Seite bestehen aber keine entsprechenden Beschränkungen; „Konkursforderungen" sind nicht nur die im Betrieb der inländischen Niederlassung oder des inländischen Guts entstandenen Verbindlichkeiten[2]). Bilanzierung „aller im Inlandskonkurse zu berücksichtigenden Schulden"[3]) heißt daher: Bilanzierung aller fälligen und nicht von einer Konkursteilnahme ausgeschlossenen [Anm. 390—394] Forderungen gegen die ausländische juristische Person oder Gesellschaft. Eine „Überschuldung" dürfte daher sehr häufig bestehen, ohne daß es deswegen — schon angesichts der Schwierigkeiten für einen Gläubiger, den Konkursgrund glaubhaft zu machen[4]) — zu einem Konkurs kommt.

435 Hinsichtlich § 211 II, der für den Konkurs einer OHG, einer KG oder einer KGaA die Wirkungen eines Zwangsvergleichs auf die persönliche Haftung der Gesellschafter erstreckt, stellen sich zwei Fragen: Gilt diese Erstreckung auch bei beschränktem Inlandskonkurs einer „ausländischen" Gesellschaft? Gilt diese Erstreckung auch bei beschränktem Auslandskonkurs einer „inländischen" Gesellschaft?

436 Die Erstreckung erscheint als eine Konsequenz der dem Gesellschaftsrecht angehörenden Regelung der persönlichen Haftung für die Gesellschaftsschulden[5]). Sie muß daher auch im Auslandskonkurs Beachtung finden (§ 211 II enthält also eine gesellschaftsrechtliche Norm)[6]). Umgekehrt ist auch in Deutschland ausländisches Gesellschaftsrecht hinsichtlich der Regelung der Schuldenhaftung einer ausländischen Gesellschaft maßgeblich[7]). Enthält dieses Recht eine § 211 II entsprechende Regelung, so gilt bei Inlandskonkurs für die ausländische Gesellschaft nichts anderes als für die inländische. Das beruht jedoch auf einer Anerkennung der Regelung des ausländischen Gesellschaftsrechts, nicht darauf, das § 211 II auch eine konkursrechtliche Norm enthielte. Enthält das ausländische Gesellschaftsrecht keine § 211 II entsprechende Regelung, so besteht bei (beschränktem) Inlandskonkurs für eine Anwendung von § 211 II kein Anlaß. § 211 II enthält also keine konkursrechtliche Norm.

437 Hinsichtlich § 212 I, der Gesellschaftsgläubiger bei gleichzeitigem Gesellschaftskonkurs und Eigenkonkurs eines persönlich haftenden Gesellschafters im Eigenkonkurs auf den Ausfall im Gesellschaftskonkurs beschränkt (Ersetzung der Regelung des § 68 durch eine § 64 entsprechende Regelung) stellen sich andere Fragen[8]): Was gilt, wenn zwar — wie die Vorschrift voraussetzt — Gesellschaftskonkurs und Eigenkonkurs in Deutschland stattfinden, die Gesellschaft aber im Ausland ihren Sitz hat (eine „ausländische" Gesellschaft ist)? Was gilt unter der zweiten Voraussetzung, wenn nur der Eigenkonkurs in Deutschland, der Gesellschaftskonkurs im Ausland stattfindet? Gilt die Beschränkung auch, wenn der Eigenkonkurs im Ausland stattfindet, die Gesellschaft aber in Deutschland ihren Sitz hat (eine „inländische" Gesellschaft ist)?

438 Für die Entscheidung aller dieser Fragen kommt es auf Sinn und Zweck der Begünstigung an, die dem Gesellschafter durch die Beschränkung der Rechte der

---

[1]) Ebenso Jaeger, § 238 Anm. 3 a. E.; Mentzel-Kuhn, § 238 Anm. 7.
[2]) Ebenso Jaeger, § 238 Anm. 1; Mentzel-Kuhn, § 238 Anm. 6; Böhle-Stamschräder, § 238 Anm. 1; Nußbaum, S. 452.
[3]) So Jaeger, § 238 Anm. 3 a. E.
[4]) Jaeger-Weber, §§ 207, 208 Anm. 19.
[5]) Vgl. Jaeger-Weber, § 211 Anm. 3 mit weit. Nachw.
[6]) Dem steht das [Anm. 426—431] entwickelte Verständnis der Wirkungen eines Zwangsvergleiches hinsichtlich der Konkursforderungen nicht entgegen. Über „Klagbarkeit" und „Vollstreckbarkeit" einer Forderung (genauer: über Einzelbefugnisse, Klage zu erheben und die Zwangsvollstreckung zu betreiben, die neben andere Einzelbefugnisse treten und mit diesen nominal im „Forderungsrecht" zusammengefaßt werden) kann sowohl das Prozeßrecht wie das materielle Recht entscheiden [s. zum „Konkursteilnahmerecht" Anm. 391—392].
[7]) Soergel-Kegel, Vorbem. 182 vor Art. 7 mit weit. Nachw.
[8]) Nur zu einem Teil dieser Fragen Jaeger-Weber, § 212 Anm. 21.

Gesellschaftsgläubiger im Eigenkonkurs gewährt wird, weil nur von da aus sich der internationale Geltungsbereich der Regelung (: ihre Qualifikation als konkursrechtlich oder gesellschaftsrechtlich) bestimmen läßt[1]). Diese Begünstigung ist nur als Teil der materiellen Regelung der persönlichen Haftung, nicht aus spezifischen Rücksichten des Konkursverfahrens zu begreifen[2]). Die Vorschrift muß daher für alle Sachverhalte gelten, in denen deutsches Recht die persönliche Haftung eines Gesellschafters bestimmt, d. h.: sie muß gelten, wenn und soweit deutsches Recht Personalstatut der Gesellschaft ist. § 212 I enthält also eine gesellschaftsrechtliche Norm, die auch bei Auslandskonkurs Beachtung finden muß, soweit sie den Inhalt einer Konkursforderung bestimmt.

Umgekehrt ist eine inhaltsgleiche Norm eines ausländischen Gesellschaftsrechts **439**
im Inlandskonkurs zu beachten[3]), soweit sie den Inhalt einer Konkursforderung regelt (wenn der Eigenkonkurs in Deutschland stattfindet und Personalstatut der Gesellschaft, d. h.: Schuldstatut der fraglichen Konkursforderung, ein ausländisches Recht ist, das eine § 212 I entsprechende Norm enthält).

Danach lösen sich die [Anm. 437] aufgeworfenen Fragen wie folgt: § 212 I **440**
gilt für jeden Eigenkonkurs eines Gesellschafters einer inländischen Gesellschaft ohne Rücksicht darauf, wo Eigenkonkurs und Gesellschaftskonkurs stattfinden. Eine § 212 I entsprechende Regelung des für die Haftung des Gesellschafters maßgeblichen ausländischen Gesellschaftsrechts ist bei Eigenkonkurs des Gesellschafters in Deutschland zu beachten ohne Rücksicht darauf, wo der gleichzeitige Gesellschaftskonkurs stattfindet.

Nach § 213 kommt jeder juristischen Person sowie einem Verein, „der als solcher ver- **441**
klagt werden kann", K o n k u r s f ä h i g k e i t zu. Die Vorschrift knüpft also wie § 209 I 1 die Konkursfähigkeit an die Parteifähigkeit an, die nach § 50 I ZPO jeder juristischen Person (: jeder rechtsfähigen Vereinigung oder Vermögensmasse) und nach §§ 124 I, 161 II HGB den Personalgesellschaften des Handelsrechts zukommt; sie läßt dabei die nach § 50 II ZPO dem nicht rechtsfähigen Verein zuerkannte passive Parteifähigkeit genügen. Diese Entscheidungen sind, soweit die Eröffnung eines Inlandskonkurses über ausländische Personenvereinigungen oder Vermögensmassen in Betracht kommt — was nur nach § 238 I oder § 238 II 1 möglich ist [Anm. 22—23, 433] —, dahin zu verallgemeinern, daß Vereinigungen oder Vermögensmassen mit Sitz außerhalb des Konkursstaates im Konkursstaat konkursfähig sind, wenn sie nach dem Recht des Konkursstaates passiv parteifähig sind, d. h. für Deutschland: wenn sie nach ihrem Personalstatut (: dem an ihrem Sitz geltenden Recht) rechtsfähig oder auch nur passiv parteifähig[4]) sind[5]) oder wenn sie in Deutschland wie ein nach deutschem Recht zumindest passiv parteifähiges Gebilde aufgetreten sind[6]). Auf den Standpunkt des Konkursrechts des Heimatstaates kommt es dabei nicht an. Eine Gesellschaft des bürgerlichen Rechts mit Sitz in Frankreich ist in Deutschland konkursfähig, weil sie nach ihrem Personalstatut rechtsfähig ist, auch wenn in Frankreich — weil die Gesellschaft kein *objet économique* hat und kein *but lucratif* verfolgt — nicht Konkurs eröffnet werden könnte[7]). Umgekehrt wäre eine „ausländische" Gesellschaft des bürgerlichen Rechts, die nach ihrem Personalstatut weder rechtsfähig noch (passiv) parteifähig ist, in Deutschland ebensowenig konkursfähig wie eine entsprechende „deutsche" Gesellschaft[8]), selbst wenn das Konkursrecht des Personalstatuts sie als konkursfähig ansähe. Das Entsprechende gilt für rechtsfähige oder parteifähige Vermögensmassen [zu Nachlaß und Gesamtgut s. Anm. 442—524].

---

[1]) Jahr, S. 179 ff. [vgl. auch Anm. 4].
[2]) So wohl auch Jaeger-Weber, § 212 Anm. 21: „Die Kernfrage ist Haftungsfrage, nicht Verfahrensfrage."
[3]) Im Ergebnis ebenso RG Bolze 3, Nr. 797; Jaeger-Weber, § 212 Anm. 21.
[4]) Riezler, Internationales Zivilprozeßrecht (1949), S. 415 ff. mit weit. Nachw.
[5]) Zur Konkursfähigkeit „ausländischer" nicht rechtsfähiger Vereine s. Jaeger-Weber, § 213 Anm. 27.
[6]) Vgl. Soergel-Kegel, Vorbem. 160 vor Art. 7.
[7]) Vgl. Jaeger-Weber, Vorbem. 16 vor §§ 207, 208.
[8]) Vgl. Jaeger-Weber, Vorbem. 12 vor §§ 207, 208.

2. Nachlaßkonkurs

a) Internationale Zuständigkeit

442 Die Bestimmungen der KO über den Nachlaßkonkurs (§§ 214—235) nehmen in besonderem Maße auf Regelungen des deutschen bürgerlichen Rechts und Vorschriften des BGB Bezug (§§ 219 I 1, 223, 224 Nr. 1—4, §§ 225 II, 226 III 1 und IV 1, 229, 231—233). Auch für den Nachlaßkonkurs könnte daher gelten, was Bley[1]) zum Nachlaßvergleichsverfahren ausgeführt hat: „(Dieses Verfahren) ist nach Voraussetzungen, Gestaltungen und zum Teil auch seinen Wirkungen auf die Anwendbarkeit des deutschen Erbrechts zugeschnitten". Auch für den Nachlaßkonkurs stellt sich somit die Frage, die Bley für das Nachlaßvergleichsverfahren (und dessen Überleitung in den Anschlußkonkurs) bejaht: Ist dieses besondere Verfahren der Befriedigung der Nachlaßgläubiger nur zulässig (ist die internationale Zuständigkeit der deutschen Gerichte nur dann gegeben), wenn sich die Haftung des Erben (bzw.: der Erben) für die Nachlaßverbindlichkeiten nach deutschem Erbrecht beurteilt, wenn also deutsches Recht Erbstatut[2]) ist?

443 Die Bejahung dieser Frage[3]) stellt die Durchführung eines Nachlaßkonkurses den nachlaßgerichtlichen Verrichtungen gleich, für welche die deutschen Gerichte grundsätzlich[4]) nur dann international zuständig sind, wenn deutsches Recht Erbstatut ist[5]). Gerade in dieser Gleichsetzung wird jedoch schon eine Bedenklichkeit der Bejahung sichtbar: Ist deutsches Recht Erbstatut, so sind die deutschen Nachlaßgerichte für die nachlaßgerichtlichen Verrichtungen auch dann zuständig, wenn der letzte Wohnsitz des Erblassers nicht in Deutschland lag (§ 73 II FGG). In der KO (und ebenso in der Vergleichsordnung) fehlt eine vergleichbare Regelung, auch wenn — wie nach Sinn und Zweck des Gesetzes geboten[6]) — die Zuständigkeit nach § 238 I und § 238 II 1 auf den Fall des Nachlaßkonkurses erstreckt wird (: wenn über § 214 hinaus in Deutschland auch dann ein — freilich „beschränkter" — Nachlaßkonkurs eröffnet werden kann, wenn der Erblasser zur Zeit seines Todes in Deutschland eine gewerbliche Niederlassung oder einen landwirtschaftlichen Betrieb hatte). Wenn aber die KO die vom deutschen Erbrecht vorgesehene gleichmäßige Befriedigung der Nachlaßgläubiger unter Ausschluß der Eigengläubiger des Erben (*separatio bonorum*) regeln wollte, so wäre nicht erfindlich, warum diese Befriedigung nur bei letztem Wohnsitz, gewerblicher Niederlassung oder landwirtschaftlichem Betrieb des Erblassers in Deutschland stattfinden sollte. Hätte der Erblasser weder eine gewerbliche Niederlassung noch einen landwirtschaftlichen Betrieb gehabt und läge der letzte Wohnsitz in einem ausländischen Staat, so nützte es nichts, daß das Konkursrecht dieses Staates einen Nachlaßkonkurs kennt; nähme dieser Staat die gleiche Haltung ein wie Deutschland bei Bejahung der [Anm. 442 a. E.] gestellten Frage, so könnte er keinen Nachlaßkonkurs durchführen, weil ja deutsches Recht und nicht das Recht des Konkursstaates Erbstatut ist. Die Bejahung der gestellten Frage führt also notwendig dazu, daß entweder in bestimmten vom deutschen Recht als Erbstatut beurteilten Fällen der Erbenhaftung kein Nachlaßkonkurs stattfinden kann, oder daß ein solcher Konkurs nur möglich ist, wenn ein ausländischer Staat hinsichtlich des Erfordernisses der Maßgeblichkeit eigenen Erbrechts eine weniger bornierte Haltung einnimmt, als sie bei Bejahung der [Anm. 442 a. E.] gestellten Frage für das deutsche Recht angenommen wird.

---

[1]) Vergleichsordnung[2], § 113 Anm. 7 [vgl. auch Bley, KuT 1941, 24]; unverändert Bley-Mohrbutter § 113 Anm. 7.

[2]) D. h.: wenn der Erblasser Deutscher war (Art. 24 I EGBGB) oder staatenlos war und in Deutschland seinen letzten Wohnsitz hatte (Art. 29 EGBGB) oder einem Staate angehörte, dessen internationales Privatrecht deutsches Erbrecht (kraft letzten Wohnsitzes des Erblassers oder Belegenheit unbeweglicher Nachlaßgegenstände) für maßgeblich erklärt („Rückverweisung" auf deutsches Recht, die von diesem angenommen wird [Art. 27 EGBGB]).

[3]) Pinckernelle-Spreen, DNotZ 1967, S. 218, behaupten zwar: „Bei ausländischem Erbstatut lehnt die Rechtsprechung bislang die Durchführung einer Nachlaßverwaltung oder eines Nachlaßkonkurses ab", bringen aber für diese Meinung hinsichtlich des Nachlaßkonkurses keinen Beleg.

[4]) Zu den Ausnahmen vgl. Soergel-Kegel, Vorbem. 56—57 mit weit. Nachw.

[5]) Sogenannter „Gleichlauf" von materiellem Recht und Verfahrensrecht (: Maßgeblichkeit des eigenen Erbrechts und eigene internationale nachlaßgerichtliche Zuständigkeit); Soergel-Kegel, Vorbem. 56 vor Art. 24; Keidel, FGG[9], § 73 Anm. 6; beide mit weit. Nachw.

[6]) So — überzeugend — Jaeger-Weber, § 214 Anm. 38.

Schon deshalb verdient die Meinung von Bley keine Zustimmung. Sie ist darüber hinaus mit dem Wortlaut des Gesetzes nicht zu vereinbaren. Sie ist schließlich, wie ihre Begründung [vgl. Anm. 441] erkennen läßt, von einer Einschätzung der Abfassung des Gesetzes getragen, die — wenn sie verallgemeinert würde — das gesamte internationale Privatrecht erledigen müßte. Die Bestimmungen der KO über den Nachlaßkonkurs sind in der Tat so abgefaßt, als sei das für die Erbenhaftung maßgebliche Recht notwendig das deutsche. Das gilt aber entsprechend auch von den Bestimmungen über Güterstand (§ 2)[1]), Rechtshandlungen (§§ 6—8)[2]), Rechtsstreitigkeiten (§§ 10—12)[3]) und Schuldverhältnisse (§§ 17—28)[4]) des Gemeinschuldners, wie ganz allgemein nicht nur von der KO[5]), sondern auch vom BGB[6]). Die Argumentation von Bley trägt also zwar eine Kritik am historischen Gesetzgeber, vermag aber seine These nicht zu stützen. Diese These ist daher als gesetzwidrig abzulehnen[7]). **444**

Die deutschen Gerichte sind also unter den Voraussetzungen von § 214 bzw. von § 238 I oder § 238 II 1 auch dann für die Eröffnung eines Nachlaßkonkurses international zuständig, wenn ein ausländisches Recht als Erbstatut über die Haftung für die Nachlaßverbindlichkeiten entscheidet[8]). Die einseitige Kollisionsnorm des internationalen Konkursrechts Deutschlands über die internationale Zuständigkeit [Anm. 82, 119] gilt für den Nachlaßkonkurs wie für sonstige Konkurse (selbstverständlich mit der Maßgabe, daß es auf allgemeinen Gerichtsstand, gewerbliche Niederlassung oder landwirtschaftlichen Betrieb des Erblassers — statt des Schuldners — ankommt). **445**

Da keine Gründe ersichtlich sind, die dafür sprächen, den Geltungsbereich ausländischen Konkursrechts anders zu bestimmen als den des deutschen [Anm. 142], ist diese Norm zur allseitigen Kollisionsnorm auszubauen [Anm. 147—159, 254]. Nach dem internationalen Konkursrecht Deutschlands kann also ein Nachlaßkonkurs in jedem Staat eröffnet werden, in dessen Gebiet der Erblasser zur Zeit seines Todes seinen allgemeinen Gerichtsstand oder eine gewerbliche Niederlassung oder einen landwirtschaftlichen Betrieb hatte, auch wenn das Recht dieses Staates nicht Erbstatut ist. **446**

b) Zulässigkeit

Nach § 216 I wird die Eröffnung eines Nachlaßkonkurses „nicht dadurch gehindert, daß der Erbe die Erbschaft noch nicht angenommen hat, oder daß er für die Nachlaßverbindlichkeiten unbeschränkt haftet". Nach § 216 II ist bei „Vorhandensein mehrerer Erben" die Eröffnung des Nachlaßkonkurses „auch nach der Teilung des Nachlasses zulässig". Beide Vorschriften werfen die Frage auf, ob sie konkursrechtliche oder erbrechtliche Normen enthalten, d. h.: ob sie für den Inlandskonkurs auch bei Maßgeblichkeit eines ausländischen Rechts als Erbstatut gelten oder ob sie bei Maßgeblichkeit deutschen Rechts als Erbstatut auch im Fall eines Auslandskonkurses Geltung beanspruchen. **447**

Ob § 216 I und § 216 II für Inlandskonkurse auch bei Maßgeblichkeit eines ausländischen Rechts als Erbstatut gelten, ist nur eine Teilfrage aus dem weiterreichenden Problem der Relevanz eines ausländischen Rechts als Erbstatut hinsichtlich der Zulässigkeit eines Nachlaßkonkurses im Inland. Die in diesen Vorschriften genannten Umstände (Offenheit der Entscheidung über Annahme oder Ausschlagung der Erbschaft; Eintritt der unbeschränkten Haftung für die Nachlaßverbindlichkeiten; Teilung des Nachlasses bei Erbengemeinschaft) können nach ausländischem Recht gerade umgekehrt wie nach § 216 den Nachlaßkonkurs hindern. Weiter sind **448**

---

[1]) Vgl. Anm. 279—287.
[2]) Vgl. Anm. 316—318.
[3]) Vgl. Anm. 112 und 406.
[4]) Vgl. Anm. 359 und 366—374.
[5]) Vgl. Anm. 113.
[6]) Vgl. Jahr, S. 181ff.
[7]) Ebenso Jaeger-Weber, § 214 Anm. 39; im Ergebnis ebenso v. Craushaar, Die internationalrechtliche Anwendbarkeit deutscher Prozeßnormen (1961), passim.
[8]) Dies kann bei Zuständigkeit nach § 238 I oder § 238 II 1 auch dann der Fall sein, wenn der Erblasser Deutscher war, aber im Ausland seinen letzten Wohnsitz hatte, und die Erben sich gemäß Art. 24 II EGBGB „auf die an dem Wohnsitze des Erblassers geltenden Gesetze berufen" (s. dazu Soergel-Kegel, Art. 24 Anm. 2—7).

nach ausländischem Recht auch andere Umstände für die Zulässigkeit eines Nachlaßkonkurses von Bedeutung (Annahme der Erbschaft, Versäumung einer Inventarfrist u. ä.). Darüber hinaus kann das ausländische Erbrecht einen Nachlaßkonkurs schlechtweg ausschließen oder auf die Nachlässe von Kaufleuten beschränken. In allen diesen Fällen stellt sich die Frage, ob im Inland ein Nachlaßkonkurs eröffnet werden kann, wenn eine solche Eröffnung nach dem als Erbstatut maßgeblichen ausländischen Recht nicht (: überhaupt nicht, noch nicht oder nicht mehr) zulässig ist.

449 Diese Frage ist zunächst für den Fall zu erörtern, daß das als Erbstatut berufene ausländische Recht einen Nachlaßkonkurs überhaupt nicht kennt, d. h. (nach dem für unsere Frage maßgeblichen internationalrechtlichen Begriff des Konkurses [Anm. 8—9]): wenn es kein staatliches Verfahren der Verwaltung des Nachlasses im ganzen oder eines Inbegriffs von Nachlaßgegenständen (inländischer Nachlaß o. ä.) kennt, das darauf zielt, die Nachlaßgläubiger aus diesem zur vollen Befriedigung voraussichtlich unzureichenden Vermögen gleichmäßig zu befriedigen (ob dieses Verfahren die gleiche Bezeichnung trägt wie das Verfahren der Gesamtliquidation der Vermögen natürlicher oder juristischer Personen [„Konkurs" o. ä.], ist gleichgültig). Das ist regelmäßig nur dann der Fall, wenn dem Erbstatut die *separatio bonorum* als haftungsrechtliche Sonderung des Nachlasses von Eigenvermögen des Erben überhaupt unbekannt ist (ein Verzicht auf den Versuch, die Nachlaßgläubiger bei Unzulänglichkeit des Nachlasses gleichmäßig zu befriedigen, begegnet, soweit eine *separatio bonorum* anerkannt ist, regelmäßig nur bei Dürftigkeit des Nachlasses [wie § 1990 BGB]).

450 Ist dem Erbstatut die haftungrechtliche *separatio bonorum* zwecks Durchführung eines Nachlaßkonkurses unbekannt, so läge es nahe, die [Anm. 448 a. E.] aufgeworfene Frage nach der Relevanz dieser erbrechtlichen Regelung für die Zulässigkeit eines Nachlaßkonkurses außerhalb des Gebiets des Erbstatuts als Frage nach der internationalen Kompetenz zur Entscheidung über die Konkursfähigkeit des Nachlasses zu bestimmen und sie in Anknüpfung an die Regelung dieser Kompetenz hinsichtlich von Personenvereinigungen und sonstigen Vermögensmassen [Anm. 441] dahin zu beantworten, daß dem Erbstatut die gleiche Bedeutung zukomme wie dort dem Personalstatut, daß also das Erbstatut über die Konkursfähigkeit entscheide.

451 Diese Antwort übersähe jedoch einen bedeutsamen Unterschied zwischen den beiden Fallgruppen. Die Entscheidung über die Konkursfähigkeit von Personenvereinigungen und Vermögensmassen (mit Ausschluß von Nachlaß und Gesamtgut) berührt die Gläubiger, denen bestimmte Vermögensgegenstände haften, regelmäßig[1]) nur insoweit, als sie — bei Bejahung der Konkursfähigkeit — eine *par condicio creditorum* statuiert oder — bei Verneinung der Konkursfähigkeit — dem Präventionsprinzip Lauf läßt (besonders deutlich sichtbar in der Problematik der Konkursfähigkeit der Gesellschaft des bürgerlichen Rechts[2])). Diese Entscheidung betrifft nur das Verhältnis dieser Gläubiger zueinander, sie regelt nur die „interne Konkurrenz" dieser Gläubiger. Anders eine Entscheidung über die Zulässigkeit eines Nachlaßkonkurses und damit einer haftungsrechtlichen *separatio bonorum*: sie betrifft auch das Verhältnis der Nachlaßgläubiger zu den Eigengläubigern des Erben, sie regelt auch die „externe Konkurrenz" dieser Gruppen von Gläubigern. Sie regelt, wenn sie die haftungsrechtliche Sonderung von Nachlaß und Eigenvermögen des Erben ablehnt, diese Konkurrenz in der Weise, daß bei Überschuldung des Eigenvermögens die Nachlaßgläubiger infolge des Dazutretens der Eigengläubiger statt voller Befriedigung nur eine Konkursdividende oder eine geringere Dividende als ohne diese Konkurrenz erhalten und umgekehrt bei Überschuldung des Nachlasses die Eigengläubiger infolge des Dazutretens der Nachlaßgläubiger Einbußen hinsichtlich des Umfangs ihrer Befriedigung erfahren können.

452 Wenn das Kollisionsrecht Deutschlands die Konkursfähigkeit an die passive Parteifähigkeit knüpft [Anm. 441] und damit dem als Personalstatut einer Per-

---

[1]) Zu Sonderfällen vgl. Anm. 457.
[2]) Vgl. Jaeger-Weber, Vorbem. 12 vor §§ 207, 208.

sonenvereinigung oder Vermögensmasse berufenen ausländischen Recht die Kompetenz zur Entscheidung über die Konkursfähigkeit auch hinsichtlich der Eröffnung eines Konkurses in Deutschland zuerkennt, so ist damit zunächst nur die Kompetenz gemeint, die „interne Konkurrenz" der Gläubiger, denen bestimmtes Vermögen haftet [Anm. 451 a. Anf.], zu regeln (die Frage zu entscheiden: wird diese Haftung nur nach dem Präventionsprinzip realisiert oder gibt es die *par condicio creditorum*?). Ob dem ausländischen Recht auch die Kompetenz zuerkannt wird, Probleme der „externen Konkurrenz" [Anm. 451] in Fällen von Verschmelzung, Vermögensübertragungen und sonstigen Gesamtrechtsnachfolgern zu regeln, bleibt fraglich. Wenn die Aktiengesellschaft A mit Sitz im Staate X in Deutschland Vermögen hat und nach dem Recht des Staates X mit der ebenfalls dort ansässigen schwer überschuldeten Gesellschaft B verschmolzen wird, wobei nach dem Recht des Staates X ein Schutz der Gläubiger von A nicht stattfindet, so ist eine Anerkennung dieser Regelung in Deutschland nicht einfach damit zu begründen, daß das Recht des Staates X Personalstatut beider Gesellschaften ist. Was zweifelhaft bleibt, ist nicht die Kompetenz des Personalstatuts, allgemein darüber zu bestimmen, welchen Personen in Deutschland belegenes Vermögen haftet, sondern die Abgrenzung dieser Kompetenz gegenüber der Kompetenz Deutschlands als des Staates, dessen Recht als „Vollstreckungsstatut" über die Zwangsvollstreckung in die Vermögensgegenstände, die in Deutschland belegen sind, entscheidet [Anm. 190, 199, 209, 307, 316].

Die Abgrenzung der Kompetenz des Vollstreckungsstatuts von den Kompeten- **453**
zen anderer Statute wird bei Sachverhalten notwendig, die entweder eine Veränderung der „Haftungszuständigkeit" eines Vermögensgegenstandes (= eine neue Antwort auf die Frage: wessen Gläubigern haftet der Gegenstand?) oder eine Vermehrung der Haftungsberechtigungen in Ansehung eines Vermögensgegenstandes (im Regelfall: Begründung neuer Forderungsrechte gegen den Inhaber des Gegenstandes) zur Folge haben. Über eine Veränderung der Haftungszuständigkeit (: Rechtsnachfolge in das haftende Recht) entscheidet, soweit eine Gesamtrechtsnachfolge in Betracht kommt, das Gesamtstatut [Anm. 209], bei Einzelrechtsnachfolge das Sachstatut (bei Rechten an Sachen: die *lex rei sitae*, bei Forderungen das Schuldstatut [Anm. 209] usw.). Die Abgrenzung der Kompetenz des Vollstreckungsstatuts von der des Sachstatuts als Einzelstatut ist dabei nur hinsichtlich von Forderungsrechten problematisch, weil nur hier Sachstatut und Vollstreckungsstatut auseinanderfallen [vgl. Anm. 209]. Insoweit aber nimmt das deutsche Recht unzweifelhaft als Vollstreckungsstatut die Kompetenz in Anspruch, die Abtretung einer in Deutschland belegenen Forderung als anfechtbar i. S. des AnfG zu behandeln, auch wenn sich die Forderung und damit die Abtretung nach ausländischem Recht beurteilen. Über die Begründung neuer Forderungsrechte (und damit: neuer Haftungsberechtigungen auch in Ansehung von Gegenständen, die in Deutschland belegen sind) entscheidet das Schuldstatut (das Schuldvertragsstatut, das Deliktstatut, das Bereicherungsstatut o. ä.). Aber auch insoweit nimmt das deutsche Recht als Vollstreckungsstatut eine vorrangige Kompetenz in Anspruch. Nach § 3 I Nr. 3 oder 4 AnfG sind Schenkungsversprechen (deren Erfüllung im Zwangswege durchgesetzt worden ist[1])) des Vollstreckungsschuldners anfechtbar, soweit eine Zwangsvollstreckung in Deutschland in Betracht kommt, auch wenn für den Vertrag, der dem Vollstreckungsgläubiger die Konkurrenz mit einem neuen Gläubiger beschert hat, ein ausländisches Recht als Schuldvertragsstatut maßgeblich ist und die allgemeine Kompetenz des Schuldvertragsstatuts, Gläubigerrechte (und damit Haftungsberechtigungen auch hinsichtlich des in Deutschland belegenen Vermögens) zu begründen, nicht in Frage gestellt wird. Ganz ähnlich wird einer sonst anerkannten Schuldbegründung eine haftungsrechtliche Wirkung[2]) verwehrt, wenn nach § 63 Nr. 4 KO einer Forderung aus einem Schenkungsversprechen, das sich nach ausländischem Recht beurteilt, das Konkursteilnahmerecht versagt wird [Anm. 390

[1]) Vgl. Böhle-Stamschräder, Anfechtungsgesetz[2], § 3 Anm. III 5.

[2]) Zur „haftungsrechtlichen Unwirksamkeit" von anfechtbaren Rechtshandlungen (i. S. des AnfG und der §§ 29—41 KO) und Übertragungen des ganzen Vermögens (§ 419 BGB) vgl. Paulus, AcP 155, 277ff.; Jahr, ZZP 79, 370f.; Jürgen Schmidt, Aktionsberechtigung und Vermögensberechtigung (1969), S. 139f.

—391, 403]. Ganz ähnlich wird einer sonst anerkannten Abtretung eine haftungsrechtliche Wirkung) verwehrt, wenn der Erwerber einer in Deutschland belegenen, aber nach ausländischem Recht zu beurteilenden Forderung, die das gesamte Vermögen des Zedenten darstellt, der Haftung aus § 419 BGB unterworfen wird[1]).

454 Wenn das deutsche Recht als Vollstreckungsstatut Rechtsnachfolgen in haftende Rechte und Begründungen von Haftungsberechtigungen als haftungsrechtlich unwirksam behandeln kann, so ist seine Kompetenz, über die haftungsrechtliche Wirksamkeit von Rechtsnachfolgen in haftende Rechte und Begründungen von Haftungsberechtigungen zu entscheiden, nicht zu bezweifeln. Die Gesamtrechtsnachfolge einer Person, die ihre eigenen Schulden hat und Schuldner der Verbindlichkeiten wird, für die das übernommene Vermögen haftete, ist nur ein Unterfall beider Fallgruppen[2]): von den Gläubigern des Rechtsvorgängers aus gesehen ist sie Rechtsnachfolge in ihnen haftende Rechte, von den Eigengläubigern des Rechtsnachfolgers aus und im Hinblick auf das bisherige Vermögen des Rechtsnachfolgers ist sie Begründung neuer Haftungsberechtigungen. Es bleibt jedoch fraglich, ob das deutsche Recht auch die Kompetenz in Anspruch nimmt, als Vollstreckungsstatut entgegen der Auffassung des für die Gesamtrechtsnachfolge maßgeblichen Rechts über die haftungsrechtlichen Konsequenzen einer solchen Gesamtrechtsnachfolge zu entscheiden, soweit es um das in Deutschland belegene Vermögen geht.

455 Soweit das deutsche Recht selbst Probleme der „externen Konkurrenz" von Gruppen von Gläubigern im Rahmen einer von ihm geregelten Gesamtrechtsnachfolge regelt, sind diese Regelungen nicht einheitlich. Als Erbstatut gewährt das deutsche Recht den Nachlaßgläubigern eigene Rechte zur Herbeiführung der *separatio bonorum* (§ 1981 II 1 BGB: Antragsberechtigung hinsichtlich der Nachlaßverwaltung, „wenn Grund zu der Annahme besteht, daß die Befriedigung der Nachlaßgläubiger aus dem Nachlasse durch das Verhalten oder die Vermögenslage des Erben gefährdet wird"; § 217 I KO: Antragsberechtigung hinsichtlich des — Überschuldung voraussetzenden — Nachlaßkonkurses; beide Rechte sind auf zwei Jahre „seit der Annahme der Erbschaft" befristet [§ 1981 II 2 BGB; § 220 KO]), während grundsätzlich „die Verteidigung des Erbenvermögens gegen die Nachlaßgläubiger allein dem Erben anvertraut"[3]) ist (kein Recht der Eigengläubiger, Nachlaßverwaltung oder Nachlaßkonkurs herbeizuführen); nur mittelbar werden die Eigengläubiger gegen Einbußen durch die Konkurrenz mit Nachlaßgläubigern geschützt, insofern bei Eigenkonkurs des Erben und Überschuldung des Nachlasses der Konkursverwalter des Eigenkonkurses verpflichtet ist, die — auch dann noch zulässige — Eröffnung des Nachlaßkonkurses zu beantragen[4]). Anders formuliert: die Nachlaßgläubiger können die Konkurrenz anderer Gläubiger ihres (neuen) Schuldners hinsichtlich der Haftungsmasse, die zuvor ihnen allein haftete (bzw.: deren Surrogate), abwehren; die Eigengläubiger des Erben müssen die Konkurrenz der Nachlaßgläubiger (d. h. der neuen Gläubiger ihres Schuldners) hinsichtlich der Haftungsmasse, die zuvor ihnen allein haftete, hinnehmen (nur die Nachlaßgläubiger haben das *beneficium separationis*).

456 Die Separierung der bisherigen Haftungsmasse aus dem Gesamtvermögen des Übernehmers zum Schutz der Gläubiger, denen diese Masse bisher ausschließlich haftete, ist indessen nicht in jedem Falle möglich: haben bei Erbengemeinschaft die

[1]) Die Frage, für welche Sachverhalte § 419 BGB und die dazu entwickelten Rechtssätze gelten (: die Frage nach dem internationalen Geltungsbereich dieser Rechtssätze), wird — soviel zu sehen — in der Literatur nicht erörtert. Sie muß nach Sinn und Zweck dieser Sätze [vgl. dazu die in Anm. 453[2] zitierten Darlegungen] im Sinne der Ausführungen des Textes beantwortet werden.

[2]) Auch die als „Einzelrechtsnachfolge" oder „Schuldbegründung" bezeichneten Rechtsfolgen sind nicht — je für sich — Einzelrechtsfolgen, sondern umfassen ganze Bündel von Rechtsfolgen. So ist die „Schuldbegründung" Begründung einer Vielzahl von „Einzelbefugnissen" (Einziehungsbefugnis, Klagebefugnis, Vollstreckungsbefugnis, Konkursteilnahmerecht, u. U. auch Aufrechnungsbefugnis und Zurückhaltungsrecht; dazu — als „sekundäre Befugnisse" — die Befugnisse zu Abtretung, Belastung, Inhaltsänderung, Erlaß) und „Zuständigkeiten" (Empfangszuständigkeit hinsichtlich Erfüllung und Aktivlegitimation für den Anspruch aus § 816 II BGB, Haftungszuständigkeit), die international von verschiedenen nationalen Rechten bestimmt werden können (s. zum Konkursteilnahmerecht Anm. 390—394, 403; zur Aufrechnungsbefugnis Anm. 398; zu Vollstreckungsbefugnis und Haftungszuständigkeit Anm. 453).

[3]) Staudinger-Lehmann, BGB[11], § 1922 Anm. 118.

[4]) Vgl. Jaeger-Lent, § 9 Anm. 4; Jaeger-Weber, § 234 Anm. 4.

Miterben den Nachlaß geteilt, so ist eine Nachlaßverwaltung ausgeschlossen (§ 2062 BGB). Daß der Nachlaßkonkurs weiterhin möglich bleibt (§ 216 II KO), nützt den Nachlaßgläubigern nur, wenn der Nachlaß überschuldet ist (§ 215). Ist das nicht der Fall, so haben zwar auch die Miterben keine Möglichkeit mehr, die *separatio bonorum* und damit die allgemeine Haftungsbeschränkung[1]) herbeizuführen, aber die unbeschränkte Haftung der Miterben hilft den Nachlaßgläubigern nichts, wenn die Eigenvermögen der Miterben überschuldet sind [Anm. 451 a. E.]; die unbeschränkte Haftung der Miterben stellt also keinen vollwertigen Ersatz für den Verlust des *beneficium separationis* dar.

Ganz ähnlich — und ebenso unterschiedlich — behandelt das deutsche Recht 457 die Probleme der „externen Konkurrenz" von Gruppen von Gläubigern als Personalstatut juristischer Personen oder gleichgestellter Gesellschaften. Wie nach dem früheren § 306 HGB im Falle der Verschmelzung von Aktiengesellschaften ein Sonderkonkurs über das übertragene Vermögen (: das Vermögen der aufgenommenen Gesellschaft) zum Zwecke der Befriedigung der Gläubiger der aufgenommenen Gesellschaft möglich war[2]), nicht aber ein Sonderkonkurs über das frühere Vermögen der aufnehmenden Gesellschaft[3]), so ist heute bei einer sog. „vermögensübertragenden Umwandlung"[4]) nach § 8 UmwG ein Sonderkonkurs über das übernommene Vermögen, aber auch nur ein Sonderkonkurs über dieses Vermögen zulässig (den „übernommenen Gläubigern" haften übernommenes und sonstiges Vermögen des Übernehmers; die Konkurrenz der sonstigen Gläubiger des Übernehmers hinsichtlich des übernommenen Vermögens kann von den „übernommenen Gläubigern" abgewehrt werden).

Umgekehrt findet — anders als nach dem Recht des HGB [Anm. 457a. Anf.] bei 458 Verschmelzungen und Vermögensübertragungen nach §§ 339—360 AktG keine Separierung der bisherigen Haftungsmasse aus dem Gesamtvermögen des Übernehmers zum Schutze der Gläubiger, denen diese Masse bisher ausschließlich haftete, statt; die Gläubiger der übernommenen oder übertragenden Gesellschaft sind gegen einen Ausfall infolge dieser Vorgänge vielmehr nur insoweit geschützt, als der Ausfall eine persönliche Haftung der Organe der betreffenden Gesellschaft begründen kann (§§ 349, 350, 353 I, 354 II, 355 II, 356 II, 357 V, 358 II, 359, 360 II AktG)[5]): Dieser Schutz versagt bei Überschuldung der Haftenden ganz ebenso wie der Schutz der Nachlaßgläubiger durch unbeschränkte Haftung der Miterben, die den Nachlaß entgegen § 2046 I 1 BGB geteilt haben [Anm. 456 a. E.].

Die Separierung der bisherigen Haftungsmasse aus dem Vermögen, mit dem sie 459 „verschmolzen" wird, ist schließlich auch dem deutschen Güterrecht nicht bekannt. Die Gläubiger eines nicht überschuldeten Ehegatten können nicht verhindern, daß ihr Schuldner mit seinem überschuldeten Ehegatten Gütergemeinschaft vereinbart und dadurch die bisher ausschließlich ihnen haftenden Gegenstände zum Gesamtgut macht, das auch für Schulden des anderen Ehegatten haftet (§§ 1437 I, 1459 I BGB); ja sie müssen es, wenn ihr Schuldner allein oder mit seinem Ehegatten das Gesamtgut verwalten soll, hinnehmen, daß auch das Vorbehaltsgut ihres Schuldners Gläubigern seines Ehegatten haftet (§§ 1437 II 1, 1459 II 1 BGB). Daß ihnen bei Gesamtverwaltung der Ehegatte ihres Schuldners persönlich haftet, gleicht die Einbuße, die sie — wenn der Ehegatte ihres Schuldners überschuldet ist — infolge der Konkurrenz mit den Gläubigern dieses Ehegatten in Ansehung der Haftung des Vermögens ihres Schuldners erleiden, nicht aus.

Soweit das deutsche Recht im Rahmen von Gesamtrechtsnachfolgen Probleme 460 der „externen Konkurrenz" von Gruppen von Gläubigern regelt, liegt also seinen Regelungen nicht die Auffassung zugrunde, bei solchen Rechtsnachfolgen müßten die Gläubiger, denen ein „übernommenes" Vermögen bislang ausschließlich haftete,

---

[1]) Die Beschränkung der Haftung gegenüber einzelnen Nachlaßgläubigern durch Ausschluß im Aufgebotsverfahren (§ 1970 BGB) bleibt weiterhin möglich.
[2]) Vgl. Jaeger, §§ 207, 208 Anm. 21; Jaeger-Weber, §§ 207, 208 Anm. 5.
[3]) Vgl. Godin-Wilhelmi, Aktiengesetz[2], § 347 Anm. 2 (zum — seit 1937 — wesentlich veränderten Schutz der Gläubiger der übernommenen Gesellschaft): „Des Gläubigers der übernehmenden Gesellschaft nimmt sich das Gesetz nicht an, ihm wird kein Schutz gewährt . . ."
[4]) S. dazu und zu dem im Text Folgenden Jaeger-Weber, §§ 207, 208 Anm. 7.
[5]) Zu dem besonderen Verfahren nach § 350 AktG vgl. Jaeger-Weber, §§ 207, 208 Anm. 7.

in jedem Falle dieses Vermögen aus dem neuen Gesamtvermögen separieren können, um Einbußen durch die Konkurrenz mit Gläubigern zu vermeiden, denen bisher ausschließlich andere Teile dieses Gesamtvermögens hafteten. Dem entspricht es, daß in diesen Fällen eine Anwendung der Vorschriften des deutschen Rechts über die haftungsrechtliche Unwirksamkeit bestimmter Rechtshandlungen (§§ 29—42; die Bestimmungen des AnfG und § 419 BGB) nicht in Betracht kommt. Dies gilt gerade auch für die Entscheidungen des Erben oder der Erben, die eine für eine der beiden Gruppen problematische „externe Konkurrenz" von Nachlaßgläubigern und Eigengläubigern zur Folge haben. Die Annahme einer überschuldeten Erbschaft ist innerhalb und außerhalb des Konkurses unanfechtbar[1]), auch wenn durch sie die Eigengläubiger benachteiligt werden [Anm. 451 a. E.]. Annahme und Teilung einer nicht überschuldeten Erbschaft durch mehrere überschuldete Miterben sind ebenso unanfechtbar, auch wenn durch sie die Nachlaßgläubiger benachteiligt werden [Anm. 451 und 456].

461 Demnach muß angenommen werden, daß das deutsche Recht die Regelung der „externen Konkurrenz" von Nachlaßgläubigern und Eigengläubigern des Erben durch ein ausländisches Erbrecht auch dann hinnimmt, wenn diese Regelung eine haftungsrechtliche *separatio bonorum* ausschließt und so unter Umständen eine der beiden Gruppen benachteiligt. Diese Anerkennung der ausländischen Regelung mag in Einzelfällen zu unbilligen Konsequenzen führen, aber solche Konsequenzen sind auch bei Anwendung des deutschen Rechts denkbar, soweit dieses eine haftungsrechtliche *separatio bonorum* nicht kennt [Anm. 456, 458, 459]. Die Anwendung des ausländischen Erbrechts kann daher nicht mit der Begründung abgelehnt werden, sie verstoße gegen den deutschen *ordre public*. Da ein Nachlaßkonkurs die unterschiedliche Behandlung von Nachlaßgläubigern und Eigengläubigern in Ansehung der Haftung des ererbten Vermögens des Erben voraussetzt, ist ein Nachlaßkonkurs unzulässig, wenn das als Erbstatut kompetente Recht eine solche unterschiedliche Behandlung nicht vorsieht[2]).

462 Daß die Eröffnung eines Nachlaßkonkurses in Deutschland unzulässig ist, wenn das als Erbstatut maßgebliche Recht keine haftungsrechtliche *separatio bonorum* von Nachlaß und Eigenvermögen des Erben kennt, hindert nicht in jedem Falle der Maßgeblichkeit eines solchen Rechts die Durchführung eines Nachlaßkonkurses in Deutschland. Ist über das Vermögen eines Angehörigen des Staates, dessen Recht eine haftungsrechtliche *separatio bonorum* nicht kennt, in Deutschland Konkurs eröffnet worden und stirbt der Gemeinschuldner, so kommt eine Beendigung oder eine Unterbrechung des Konkurses ebensowenig in Frage, wie in dem Fall, daß sich die Beerbung des Gemeinschuldners nach deutschem Recht beurteilt[1]); der Konkurs muß vielmehr wie eine vor dem Tode des Schuldners begonnene Einzelzwangsvollstreckung (§ 779 I ZPO) fortgesetzt werden. Er ist damit im Ergebnis „übergeleiteter Nachlaßkonkurs"[3]), d. h. ein Konkurs, auf den hinsichtlich der Stellung des Erben als Gemeinschuldner und hinsichtlich der Stellung eines Testamentvollstreckers[4]) die Vorschriften über den Nachlaßkonkurs anzuwenden sind. Daß das Erbstatut haftungsrechtliche *separatio bonorum* und Nachlaßkonkurs nicht kennt, bleibt notwendig außer Betracht[5]). Die Konkurrenz der Eigengläubiger des Erben mit den Gläubigern des Erblassers wird durch das Konkursrecht (§ 3 I) ausgeschlossen.

463 Noch deutlicher wird die Verdrängung des Erbrechts durch das Konkursrecht, wenn der Erbfall zwischen Konkursantrag und Konkurseröffnung eingetreten (und dem Konkursgericht unbekannt geblieben) ist[6]). Ist der Eröffnungsbeschluß rechtskräftig geworden und wird er vom Erben nicht mit der (wegen Nichtvertretung auch

---

[1]) Jaeger-Lent, § 29 Anm. 13.
[2]) Im Ergebnis ebenso Jaeger-Weber, § 214 Anm. 39 a. E.
[3]) S. dazu Jaeger-Weber, § 214 Anm. 21.
[4]) S. dazu Jaeger-Weber, § 214 Anm. 20.
[5]) Hinsichtlich etwaigen Neuerwerbs des Erblassers zwischen Konkurseröffnung und Erbfall stellt sich die Frage nach der Zulässigkeit der Eröffnung eines weiteren Konkurses [Anm. 46] als sog. „ergänzender Nachlaßkonkurs" [Jaeger-Weber, § 214 Anm. 23], die nicht anders zu behandeln ist als die Frage nach der Zulässigkeit der Eröffnung eines „normalen "Nachlaßkonkurses.
[6]) S. dazu Jaeger-Weber, § 214 Anm. 21 (3. Abs.) und Anm. 24 a. E.

nach Ablauf der Beschwerdefrist zulässigen[1])) Beschwerde angefochten, so kann die Unzulässigkeit der Konkurseröffnung nicht mehr berücksichtigt werden. Der Konkurs muß jedoch auf das Vermögen des Erblassers beschränkt bleiben, denn über das Eigenvermögen des Erben ist weder Konkurs beantragt noch eröffnet worden (darüber hinaus könnte es insoweit — etwa bei allgemeinem Gerichtsstand des Erblassers im Inland, allgemeinem Gerichtsstand des Erben im Ausland und Fehlen der Voraussetzungen von § 238 I oder § 238 II 1 für beide — an der internationalen Zuständigkeit [Anm. 254] fehlen). Aus den gleichen Gründen kann dem Erben nicht die Stellung eines Gemeinschuldners im Normalkonkurs zukommen. Der Konkurs ist also insoweit im Ergebnis echter „Nachlaßkonkurs", denn er erfaßt — anders als bei Tod des Gemeinschuldners während des Konkurses [Anm. 462] — das gesamte Vermögen des Erblassers. Darüber hinaus aber muß dem Umstand, daß der Konkurs als Maßnahme gegen den Erblasser eröffnet worden ist (an den die besondere Stellung des Erben als Gemeinschuldner und die Beschränkung der Rechtsfolgen des Konkurses auf einen Teil des Vermögens des Erben knüpfen), auch die Bedeutung zukommen, den Kreis der Konkursgläubiger zu bestimmen; Konkursgläubiger sind nicht alle Gläubiger des Erben, denen die Konkursmasse haftet (das wären — von Sonderfällen vereinbarter Haftungsbeschränkungen o. ä. abgesehen — alle seine Gläubiger), sondern nur die Gläubiger des Erben, deren Haftungsberechtigung in Ansehung der Konkursmasse in einem Verhältnis zu dem (zunächst als Gemeinschuldner bezeichneten) Erblasser begründet ist, d. h.: die Gläubiger, die Nachlaßgläubiger wären, wenn dem Erbstatut eine *separatio bonorum* bekannt wäre. Da für die Befriedigung dieser Gläubiger § 226 gelten muß[2]), ist der Konkurs in jedem Sinne „Nachlaßkonkurs" und als solcher ohne Rücksicht auf die Tatsache durchzuführen, daß dem Erbstatut die haftungsrechtliche *separatio bonorum* unbekannt ist.

Die Verdrängung des Erbrechts durch das Konkursrecht in den zuletzt [Anm. 464
462—463] erörterten Fällen ist eine Folge verfahrensrechtlicher Regelungen des deutschen Rechts; sie ändert nichts an der Entscheidung, daß ein Nachlaßkonkurs in Deutschland unzulässig ist, wenn das als Erbstatut maßgebliche Recht eine haftungsrechtliche Sonderung von Nachlaß und Eigenvermögen des Erben nicht kennt. Wird aber dem Erbrecht diese umfassende Kompetenz zuerkannt, so liegt es nahe, seine Regelung auch insoweit als für das Konkursrecht maßgeblich anzusehen, als das Erbrecht die haftungsrechtliche Sonderung von Nachlaß und Eigenvermögen des Erben aus anderen als rein verfahrensrechtlichen Gründen befristet oder sonst beschränkt (Zulässigkeit erst nach Eintritt bestimmter Umstände oder Unzulässigkeit bei Eintritt bestimmter Umstände). Solche Regelungen sind, da hinsichtlich der Relevanz der erbrechtlichen Entscheidung über Zulässigkeit des Nachlaßkonkurses für das Konkursrecht zwischen „überhaupt nicht" einerseits und „noch nicht" oder „nicht mehr" andererseits nicht sinnvoll zu unterscheiden ist, für das Konkursrecht ebenso zu bewerten wie der völlige Ausschluß einer haftungsrechtlichen *separatio bonorum.*

Die Regelungen in § 216 I und 216 II enthalten Entscheidungen über B e g i n n 465
u n d E n d e d e r Z u l ä s s i g k e i t einer haftungsrechtlichen *separatio bonorum.* Sie müssen nach ihrem Sinn und Zweck auch bei Konkurseröffnung im Ausland gelten, wenn das deutsche Recht Erbstatut ist, enthalten also erbrechtliche Normen. Umgekehrt ist kein Grund ersichtlich, der für ihre Anwendung im Inlandskonkurs spräche, wenn ein ausländisches Recht als Erbstatut eine abweichende Regelung trifft. § 216 I und § 216 II enthalten also keine konkursrechtlichen Normen. Soweit ein ausländisches Recht als Erbstatut zwar (durch Zulassung einer haftungsrechtlichen *separatio bonorum*) einen Nachlaßkonkurs erlaubt, die Zulässigkeit aber mit dem Eintritt bestimmter Umstände (Teilung des Nachlasses, „Einantwortung" des Nachlasses[3])) enden läßt, ist nach Eintritt eines solchen Umstandes die Eröffnung eines Nachlaß-

[1]) Jaeger-Weber, § 214 Anm. 21 (3. Abs.).
[2]) S. Anm. 495, 500, 505.
[3]) So — jedenfalls im Regelfall — das österreichische Recht, das noch die *hereditas iacens* („ruhende Verlassenschaft") kennt [vgl. v. Craushaar, Die internationalrechtliche Anwendbarkeit deutscher Prozeßnormen, 1961, S. 17 und 70].

konkurses in Deutschland unzulässig[1]) (tritt der Umstand nach Konkurseröffnung oder zwischen Konkursantrag und Konkurseröffnung ein, so gilt das gleiche wie bei Tod des Erblassers[2]) in einem dieser Zeitpunkte[3])).

c) Konkursgrund

466 Nach § 215 setzt die Eröffnung des Nachlaßkonkurses die Überschuldung des Nachlasses voraus. Die Zahlungsunfähigkeit hinsichtlich des Nachlasses (bedeutsam vor allem bei nichthaftungsrechtlicher Vermögenssonderung, also bei Erbengemeinschaft und verwaltender Testamentsvollstreckung) ist kein Konkursgrund; liegt sie vor, so „soll die einfachere und billigere Nachlaßverwaltung der Schuldenbereinigung dienen"[4]) — eine rechtspolitisch nicht unbedenkliche und eher kritisch zu wertende[5]) Entscheidung des deutschen Rechts.

467 Diese Entscheidung wirft die Frage auf, ob in Deutschland Nachlaßkonkurs eröffnet werden kann, wenn Zahlungsunfähigkeit ohne Überschuldung vorliegt und das als Erbstatut maßgebliche ausländische Recht die Zahlungsunfähigkeit als Konkursgrund kennt[6]). Diese Frage erlangt besondere Schärfe, wenn dem Erbstatut das Ersatzmittel einer Nachlaßverwaltung unbekannt ist, der Nachlaßkonkurs also das einzige Mittel haftungsrechtlicher *separatio bonorum* darstellt. Zumindest in diesem Falle ist daran zu denken, § 215 durch die ausländische Regelung zu ersetzen, also einen Inlandskonkurs auch bei Zahlungsunfähigkeit zuzulassen.

468 Für diese Entscheidung sprächen zunächst Erwägungen international-rechtlicher Gerechtigkeit: der Staat des Erbstatuts und der Konkursstaat sehen haftungsrechtliche *separatio bonorum* und speziell einen Nachlaßkonkurs vor, aber dem Staat des Erbstatuts fehlt die internationale Zuständigkeit zur Konkurseröffnung, während der zuständige Konkursstaat nur aus Gründen, die auf der Regelung des eigenen Erbrechts beruhen (Möglichkeit einer Nachlaßverwaltung) und die in diesem Falle nicht zum Tragen kommen können (das eigene Erbrecht ist nicht maßgeblich und das Erbstatut kennt das Ersatzmittel nicht), den vom Erbstatut vorgesehenen Konkursgrund nicht kennt. Daß deshalb gar keine haftungsrechtliche *separatio bonorum* stattfinden sollte, ist schwerlich einzusehen. Das Dilemma zu überwinden, bieten sich zwei Wege: Zuerkennung der internationalen Zuständigkeit an den Staat des Erbstatuts oder Rezeption des Konkursgrundes des Erbstatuts in das Konkursrecht des Konkursstaates. Der zweite Weg ist mit den Wertentscheidungen des deutschen Rechts weit eher vereinbar als der erste, verdient also den Vorzug. Für diese Entscheidung spräche weiter die Überlegung, daß der vom ausländischen Recht bestimmte und nach diesem Recht „konkursfähige" Nachlaß einem Sondervermögen gleichgeachtet werden kann, das nach dem maßgeblichen Recht passiv parteifähig und daher in Deutschland konkursfähig ist [Anm. 441], über das aber nach §§ 213, 207 I sowohl bei Überschuldung wie bei Zahlungsunfähigkeit Konkurs eröffnet werden kann (ein „Normalkonkurs" über ein nach dem Erbstatut rechtsfähiges Sondervermögen „Nachlaß" ist im Inland jedenfalls nach § 238 I oder § 238 II 1 möglich).

d) Antragsrechte

469 Auch die Vorschriften über das Recht, die Eröffnung eines Nachlaßkonkurses zu beantragen (§§ 217—220, 232—233), sind überwiegend auf deutsches Erbrecht abgestellt (besonders deutlich § 219 I 1, der auf § 1974 BGB verweist). Diese Vorschriften enthalten jedoch unzweifelhaft insoweit konkursrechtliche Normen, als der Nachlaßkonkurs ein gerichtliches Verfahren ist und nur das Verfahrensrecht selbst das Recht, ein von ihm geregeltes Verfahren in Gang zu setzen, gewähren kann. Die Vorschriften, die das Antragsrecht gewähren (§§ 217 I, 218 I, 232—233), gelten also auch, wenn ein ausländisches Recht Erbstatut ist, und werfen insoweit eine Reihe

---

[1]) Im Ergebnis ebenso v. Craushaar, aaO.
[2]) S. Anm. 462—463.
[3]) Eine Zusammenfassung der Ergebnisse der Ausführungen in Anm. 447—465 enthält Anm. 512.
[4]) Jaeger-Weber, § 215 Anm. 1.
[5]) So auch Jaeger-Weber, § 215 Anm. 1 a. E.
[6]) So etwa das österreichische Recht (§ 69 öst. KO).

von Auslegungsproblemen auf: ist der Antragsteller „Erbe“, „Nachlaßverwalter“, „ein anderer Nachlaßpfleger“, „ein Testamentsvollstrecker, dem die Verwaltung des Nachlasses zusteht“, ein „Nachlaßgläubiger“, Ehegatte eines Erben in „Gütergemeinschaft“ mit diesem, Erbschaftskäufer?

Diese Probleme sind Fragen der Auslegung materiellrechtlicher (: nicht kollisionsrechtlicher) Normen des deutschen Rechts, spezieller: Fragen nach der Verwirklichung von Tatbestandsmerkmalen materiellrechtlicher (: nicht kollisionsrechtlicher) Normen des deutschen Rechts durch Sachverhalte, die von einem ausländischen Recht bestimmt werden. Sie sind hier nicht anders zu behandeln als in sonstigen Bereichen des deutschen Rechts; ob die von einem ausländischen Recht bestimmte Rechtsstellung einer Person, die beim Tode eines anderen *ipso iure* einen Nießbrauch an einem Drittel des Vermögens der anderen Person erworben hat, als Rechtsstellung eines „Erben“ zu bestimmen ist, muß auch im deutschen Sachenrecht (§ 857 BGB), im deutschen allgemeinen Zivilprozeßrecht, im deutschen Steuerrecht usw. entschieden werden. Spezielle Probleme des Konkursrechts oder gar des internationalen Konkursrechts treten insoweit nicht auf[1]). 470

Ein Antragsrecht hinsichtlich eines Nachlaßkonkurses in Deutschland kommt danach nur solchen Personen zu, deren von einem ausländischen Recht bestimmte Rechtsstellung einer der in § 217 I, 218 I, 232 und 233 bezeichneten Rechtsstellungen inhaltlich entspricht (in jedem Falle sind die verfahrensrechtlichen Vorschriften in §§ 217 II, 217 III und 218 II zu beachten, wobei, wenn die Zahlungsunfähigkeit als Konkursgrund anerkannt wird [Anm. 467—469], auf diese abzustellen ist [vgl. § 210 II 1]). Es fragt sich jedoch, ob das Antragsrecht auch dann besteht, wenn das als Erbstatut maßgebliche ausländische Recht an die entsprechende Rechtsstellung kein Antragsrecht knüpft (diese Frage kann insbesondere bei Nachlaßpflegern, Erbschaftskäufern und speziellen Nachlaßgläubigern — etwa Personen, die nur berechtigt sind, die Vollziehung einer Auflage zu fordern — praktisch werden). Daß ein das deutsche Konkursgericht bindendes Antragsrecht nur nach Maßgabe des deutschen Konkursrechts bestehen kann [Anm. 469], hindert eine Maßgeblichkeit ausländischen Rechts hinsichtlich der Versagung des Antragsrechts nicht (wenn nach deutschem Recht nur die Nachlaßgläubiger, nicht auch die Eigengläubiger des Erben antragsberechtigt sind, so heißt das nicht notwendig, daß alle Nachlaßgläubiger antragsberechtigt sein müssen). Wenn nach deutschem Recht auf das Antragsrecht wirksam verzichtet werden kann[2]), so ist dem ausländischen Erbrecht, das die Rechtsstellung der vom Erbfall betroffenen Personen bestimmt, auch die Möglichkeit einzuräumen, in der Bestimmung des Inhalts dieser Rechtsstellung das Antragsrecht auch mit Wirkung für das deutsche Konkursrecht auszuschließen. Das Antragsrecht kommt daher nur Personen zu, die nach dem maßgeblichen ausländischen Erbrecht eine Rechtsstellung innehaben, die einer der in §§ 217 I, 218 I, 232 und 233 bezeichneten Rechtsstellungen inhaltlich entspricht, es kommt diesen Personen aber nur zu, soweit das Erbrecht nichts Gegenteiliges bestimmt. 471

Die genannten Vorschriften bestimmen gleichzeitig den Inhalt, der den dort bezeichneten Rechtsstellungen bei Maßgeblichkeit deutschen Erbrechts zukommt. Sie gelten daher bei Maßgeblichkeit dieses Rechts auch im Auslandskonkurs, soweit das ausländische Konkursrecht nichts Gegenteiliges bestimmt, enthalten also auch erbrechtliche Normen. 472

Das Antragsrecht wird in anderen Bestimmungen beschränkt: in § 219 I (Beschränkung auf den Fall des Eigenkonkurses des Erben für bestimmte Nachlaßgläubiger, nämlich: im Aufgebotsverfahren ausgeschlossene Gläubiger; nach § 1974 BGB wegen Verschweigung gleichgestellte Gläubiger; Vermächtnisnehmer und Personen, die die Vollziehung einer Auflage fordern können), § 220 (allgemeine Befristung des Antragsrechts der Nachlaßgläubiger auf zwei Jahre seit der Annahme der Erbschaft) und § 232 II 1 und 2 (Beschränkung des Antragsrechts des Erben nach Verkauf der Erbschaft). Auch diese Bestimmungen stellen auf deutsches Erb- 473

[1]) Vgl. auch Anm. 16 a. E., Anm. 301 a. E.
[2]) Vgl. Jaeger-Weber, §§ 217—220, Anm. 12.

recht oder auf sonstige Regelungen des deutschen Rechts ab („Aufgebotsverfahren“, § 1974 BGB, „Vermächtnisnehmer“, „Auflage“, „Annahme der Erbschaft“, „Gesamtgut, das von dem anderen Ehegatten allein verwaltet wird“, „Konkursverfahren über das Gesamtgut“, Verkauf der Erbschaft). Auch für diese Bestimmungen stellt sich die Frage, inwieweit sie bei Maßgeblichkeit ausländischen Erbrechts gelten (: konkursrechtliche Normen enthalten) oder bei Maßgeblichkeit deutschen Erbrechts auch im Auslandskonkurs Geltung beanspruchen (: erbrechtliche Normen enthalten).

474 Die Vorschriften bestimmen wie §§ 217 I, 218 I, 232 I und 233 [Anm. 474] den Inhalt, der bestimmten Rechtsstellungen nach deutschem Erbrecht zukommt. Sie gelten daher bei Maßgeblichkeit deutschen Erbrechts auch im Auslandskonkurs, enthalten also erbrechtliche Normen.

475 Auf der anderen Seite kommt § 219 I und § 232 II keine spezielle verfahrensrechtliche Relevanz zu. Die dort angeordneten Beschränkungen des Antragsrechts sind nicht unmittelbar verfahrensrechtliche Folgen der in den Vorschriften genannten Sachverhalte (Ausschluß im Aufgebotsverfahren, Verschweigung, Verkauf der Erbschaft), sondern ausschließlich Konsequenzen der Wertung dieser Sachverhalte durch das deutsche Erbrecht (Beschränkung der Erbenhaftung gegenüber ausgeschlossenen oder gleichgestellten Gläubigern, Gemeinschuldnerstellung des Erbschaftskäufers an Stelle des Erben[1])). Sie treten daher, wenn ein ausländisches Recht als Erbstatut maßgeblich ist, nur ein, wenn dieses Recht die genannten Sachverhalte ebenso wertet wie das deutsche Recht. Sie müssen aber auch auf Grund anderer Sachverhalte eintreten, soweit diese nach dem ausländischen Erbrecht eine Einschränkung des Rechts, die haftungsrechtliche *separatio bonorum* herbeizuführen, zur Folge haben, und solche Regelungen des ausländischen Erbrechts sind in Deutschland auch dann zu beachten, wenn sie andere als die in § 219 I und § 232 II bestimmten Beschränkungen vorsehen[2]). Diese Vorschriften enthalten also nur erbrechtliche Normen. An ihrer Stelle sind bei Maßgeblichkeit ausländischen Erbrechts im Inlandskonkurs die Vorschriften des Erbrechts anzuwenden, die das gleiche Sachproblem (Beschränkung einzelner Antragsrechte) regeln.

476 Für § 220 dürfte anderes gelten, weil die dort vorgesehene Befristung des Antragsrechts aller Nachlaßgläubiger auch verfahrensrechtliche Gründe haben kann. In jedem Falle geht jedoch eine kürzere Fristbestimmung des als Erbstatut maßgeblichen ausländischen Rechts vor, weil sie ein Teil der dem Erbstatut obliegenden Bestimmung über die Dauer der Zulässigkeit eines Nachlaßkonkurses [Anm. 464] ist. § 220 enthält also eine konkursrechtliche Norm, deren Fristbestimmung durch die des maßgeblichen Erbrechts ersetzt werden kann, wenn die Frist des Erbrechts kürzer ist[3]).

e) Konkursmasse

477 Für die Konkursmasse des Nachlaßkonkurses gilt nach deutschem Recht hinsichtlich der **internationalen Sachregelungskompetenz** des Konkursstaates nichts anderes als für den Normalkonkurs: hatte der Erblasser zur Zeit seines Todes seinen allgemeinen Gerichtsstand in Deutschland, so erfaßt der Nachlaßkonkurs alle pfändbaren Nachlaßgegenstände [Anm. 171]; hatte der Erblasser zur Zeit seines Todes in Deutschland lediglich eine gewerbliche Niederlassung oder einen landwirtschaftlichen Betrieb, so erfaßt der Nachlaßkonkurs nur die im Inland belegenen pfändbaren Nachlaßgegenstände [Anm. 122]. Auch hinsichtlich des Ausbaus zur Allseitigkeit und der Lösung der dabei auftretenden Konkurrenzprobleme gilt für den Nachlaßkonkurs nichts anderes als für den Normalkonkurs. Die Kollisionsnormen des internationalen Konkursrechts Deutschlands über die internationale Sachregelungskompetenz [Anm. 257—264] gelten also auch für den Nachlaßkonkurs mit der Maßgabe, daß es auf allgemeinen Gerichtsstand, gewerbliche Niederlassung oder landwirtschaftlichen Betrieb des Erblassers zur Zeit seines Todes ankommt.

---

[1]) Der dies bestimmende § 232 I ist — zumindest auch — erbrechtliche Norm [Anm. 472].
[2]) Im Ergebnis ebenso v. Craushaar, aaO. [Anm. 465[8]], S. 94.
[3]) Zusammenfassung der Ergebnisse der Erörterungen in Anm. 469—476 in Anm. 514—515.

Im übrigen wirft der Nachlaßkonkurs besondere Probleme der Massezugehörigkeit[1]) nur insoweit auf, als er die (bei Konkurseröffnung noch im Vermögen des Erben vorhandenen pfändbaren) Nachlaßgegenstände umfaßt[2]). Ob ein Vermögensgegenstand Nachlaßgegenstand ist, insbesondere: in welchem Umfang eine vom Erbstatut als Gesamtstatut angeordnete dingliche Surrogation (wie nach §§ 2019 I, 2041 S. 1 oder 2111 BGB) oder Zurechnung eines Erwerbs durch Testamentsvollstrecker u. ä. anzuerkennen ist, wenn sie dem Sachstatut für den betroffenen Gegenstand als Einzelstatut widerspricht, ist jedoch keine speziell konkursrechtliche Frage, sondern ein allgemeines Problem des internationalen Erbrechts, das daher hier nicht weiter zu erörtern ist. 478

f) Konkurse über Teilnachlässe

Kann im Inland trotz Maßgeblichkeit eines ausländischen Rechts als Erbstatut Nachlaßkonkurs eröffnet werden [Anm. 445], so ist im Inland Nachlaßkonkurs auch in den Fällen zulässig, in denen für Teile des Vermögens des Erblassers verschiedene Erbrechte gelten, wozu Art. 27 und 28 EGBGB führen können[3]) (häufigster Fall: Vererbung des unbeweglichen Vermögens nach der *lex rei sitae*; Vererbung des beweglichen Vermögens nach dem Personalstatut des Erblassers [Recht des letzten Wohnsitzes oder der letzten Staatsangehörigkeit][4])). Die Maßgeblichkeit verschiedener Rechte für verschiedene Teile des Vermögens des Erblassers ist von erheblicher praktischer Bedeutung, soweit — was eher die Regel als die Ausnahme ist — die beteiligten Rechtsordnungen verschiedene Personen oder dieselben Personen in verschiedener Weise als Erben berufen (Hauptfälle: unterschiedliche Behandlung letztwilliger Erbeinsetzungen, des gesetzlichen Ehegattenerbrechts und des Pflichtteilrechts[5])), Nachlaßpflegschaften, Testamentsvollstreckung u. ä. unterschiedlich regeln oder unterschiedliche Bestimmungen hinsichtlich von Nachlaßverbindlichkeiten treffen. Daß für die Erbfolge in verschiedene Teile des Vermögens des Erblassers verschiedene Rechte maßgeblich sind, führt also zu einer N a c h l a ß s p a l t u n g, zu der Zerlegung des Vermögens des Erblassers in mehrere Massen, die als „Teilnachlässe" (BGHZ 24, 355 spricht von „Nachlaßteilen") bezeichnet werden können und für die sich die Frage stellt, ob sie nach deutschem Recht je für sich Gegenstand besonderer Nachlaßkonkurse sein können oder sein müssen. 479

Da die internationale Zuständigkeit zur Eröffnung eines Nachlaßkonkurses von allgemeinem Gerichtsstand, gewerblicher Niederlassung oder landwirtschaftlichem Betrieb des Erblassers im Konkursstaat abhängt [Anm. 445—446], kommt dem zuständigen Konkursstaat regelmäßig (außer in dem Falle, daß nur nach § 238 I oder § 238 II 1 Konkurs eröffnet werden kann und das „inländische Vermögen" i. S. dieser Vorschriften nur gerade zu einem Teilnachlaß gehört [alle inländischen Nachlaßgegenstände sind beweglich oder alle sind unbeweglich]) die internationale Sachregelungskompetenz [Anm. 477] hinsichtlich aller Teilnachlässe zu (nicht territorial beschränkt bei allgemeinem Gerichtsstand des Erblassers im Konkursstaat; territorial beschränkt — regelmäßig nur hinsichtlich des „beweglichen Teilnachlasses" von Interesse — in den sonstigen Fällen). Die Entscheidung der Frage, ob in Deutschland bei Nachlaßspaltung mehrere Nachlaßkonkurse eröffnet werden können oder eröffnet werden müssen, wird daher durch die Kollisionsnormen über die internationale Zuständigkeit und die internationale Sachregelungskompetenz hinsichtlich eines Nachlaßkonkurses nicht präjudiziert. 480

---

[1]) Zu § 221 I s. Anm. 485—487.

[2]) Zur Nachlaßspaltung kraft des internationalen Erbrechts Deutschlands s. Anm. 479—484.

[3]) Vgl. Soergel-Kegel, Vorbem. 2 und 94 vor Art. 24.

[4]) So bestimmt sich die Beerbung eines Schweizers mit Wohnsitz in der Schweiz und gewerblicher Niederlassung sowie beträchtlichem beweglichem und unbeweglichem „inländischem Vermögen" (§ 238 I), was dieses Vermögen angeht, hinsichtlich der beweglichen Vermögensgegenstände nach schweizerischem Recht, hinsichtlich der unbeweglichen Vermögensgegenstände nach deutschem Recht [vgl. Soergel-Kegel, Vorbem. 85 vor Art. 24 mit weit. Nachw.].

[5]) Wenn im Falle der vorausgehenden FN die überlebenden Verwandten des Erblassers weder nach deutschem noch nach schweizerischem Recht pflichtteilsberechtigt sind und der nach beiden Rechten zum Alleinerben berufene Ehegatte durch Verfügung von Todes wegen enterbt worden ist, so beträgt der Pflichtteil des Ehegatten nach beiden Rechten die Hälfte, aber nach deutschem Recht hat der Ehegatte ein Forderungsrecht in dieser Höhe, nach schweizerischem Recht ist der Ehegatte (jedenfalls im praktischen Ergebnis) Miterbe neben dem testamentarisch eingesetzten Erben (Art. 470f., 522—533 ZGB).

481 Daß die Teilnachlässe verschiedenen Personen oder denselben Personen in verschiedener Weise zustehen oder jedenfalls zustehen können, brauchte die Eröffnung eines „Einheitskonkurses" (wofür Deutschland ebenso international zuständig wäre wie für die Eröffnung mehrerer Nachlaßkonkurse über die verschiedenen Teilnachlässe) nicht zu hindern, sowenig ein „normaler" Nachlaßkonkurs ausgeschlossen ist, wenn die Miterben den Nachlaß geteilt haben (§ 216 II) oder wenn das als Erbstatut maßgebliche Recht Erbeinsetzungen *ex re certa* zuläßt oder kraft Gesetzes die Nachlaßgegenstände auf die Miterben aufteilt (etwa nach der Regel: *paterna paternis, materna maternis*). Jedem Erben könnte, auch wenn er nur an einem Teilnachlaß beteiligt ist, die verfahrensrechtliche Stellung eines Miterben als Gemeinschuldner zukommen; für die Antrags-, Beschwerde- und Anhörungsrechte dieser Personen wäre die gegenständliche Beschränkung ihrer Berechtigung nicht notwendig von Bedeutung. Gegen einen solchen „Einheitskonkurs" spricht jedoch die Erwägung, daß das Erbrecht im Nachlaßkonkurs über die Behandlung der Nachlaßverbindlichkeiten wesentlich mitbestimmt [Anm. 488—505] und daß diese Behandlung in den verschiedenen maßgeblichen Erbrechten Unterschiede aufweisen kann, die im Ergebnis doch zu einer „Spaltung" der Konkursmasse nötigen (Befriedigung oder vorrangige Befriedigung einzelner Gläubiger aus einem Teilnachlaß, Ausgleichung zwischen den Teilnachlässen[1]) u. ä.). Die Vorteile eines „Einheitskonkurses" fallen demgegenüber nicht entscheidend ins Gewicht; sie können im übrigen zu einem großen Teil auch bei mehreren Konkursen dadurch erreicht werden, daß — es ist ja dasselbe Konkursgericht für alle Konkurse zuständig — in allen Konkursen dieselbe Person als Konkursverwalter eingesetzt wird.

482 Für die demnach gebotene Lösung, nur eine Mehrheit von Nachlaßkonkursen (: für jeden Teilnachlaß einen besonderen Nachlaßkonkurs) zuzulassen, spricht weiter die Überlegung, daß die Teilnachlässe außerhalb des Konkurses je „als selbständig anzusehen" sind (BGHZ 24, 355). So werden die in § 224 Nr. 1, 5 und 6 bezeichneten Nachlaßverbindlichkeiten (Kosten der Nachlaßverwaltung) als Verbindlichkeiten des betroffenen Teilnachlasses begründet. So ist für die Zwangsvollstreckung in einen Teilnachlaß ein Titel gegen die Rechtsträger dieses Teilnachlasses (bzw. gegen den diesen Teilnachlaß verwaltenden Testamentsvollstrecker) erforderlich und genügend; ob eine Forderung i. S. von § 146 VI „tituliert" ist, ist also bei Konkurs über den Teilnachlaß einfach zu beantworten, während bei „Einheitskonkurs" wiederum „interne Spaltungen" vorgenommen werden müßten („tituliert" gegenüber den an diesem Teilnachlaß beteiligten Personen, nicht tituliert gegenüber den nur am anderen Teilnachlaß beteiligten Personen), die nicht einmal alle Probleme zu lösen vermöchten (was gilt bei Widerspruch des Konkursverwalters?). Auch andere Sachverhalte, die im Falle des Nachlaßkonkurses besondere Rechtsfolgen haben, werden außerhalb des Konkurses nur für einen Teilnachlaß vorgenommen (so etwa ein Aufgebot der Nachlaßgläubiger), was wiederum bei „Einheitskonkurs" eine Fülle von Schwierigkeiten auslösen kann. Es spricht daher alles dafür, einen solchen „Einheitskonkurs" auszuschließen und nur Nachlaßkonkurse für jeden Teilnachlaß zuzulassen.

483 Ist freilich der Erblasser zwischen Konkursantrag und Konkurseröffnung verstorben und bleibt es bei der Rechtskraft des Eröffnungsbeschlusses [Anm. 463 und 465 a. E.], so muß ein „Einheitskonkurs" durchgeführt werden, der freilich hier doch weniger Probleme macht als bei Eröffnung einige Zeit nach Erbfall (die in Anm. 482 erörterten Probleme können nicht entstehen; die Probleme hinsichtlich der Stellung als Gemeinschuldner sind leicht zu lösen [Anm. 481 a. Anf.]; schwierig bleibt die Behandlung der Nachlaßverbindlichkeiten, für die nur je ein Teilnachlaß haftet oder die Teilnachlässe in verschiedener Weise haften [Anm. 481], doch ist die

---

[1]) S. dazu Soergel-Kegel, Vorbem. 96 vor Art. 24 mit weit. Nachw.

danach intern durchzuführende Spaltung im deutschen Recht des Nachlaßkonkurses nicht ohne Parallele[1])).

484 Werden die mehreren Nachlaßkonkurse über die Teilnachlässe gleichzeitig durchgeführt, so gilt, da die Teilnachlässe für „gemeinschaftliche" Nachlaßverbindlichkeiten wie Gesamtschuldner haften[2]), in jedem Konkurs § 68. Für die Ausgleichung zwischen den Konkursmassen gilt das gleiche wie für die Ausgleichung zwischen den Teilnachlässen außerhalb des Konkurses (Ausgleichung nach übereinstimmender Regelung der beteiligten Erbrechte; bei Fehlen einer solchen Regelung Ausgleichung *pro rata* der Nachlaßwerte[3]))[4]).

g) Abgesonderte Befriedigung

485 Nach § 221 I gewährt eine zwischen Erbfall und Eröffnung des Nachlaßkonkurses erfolgte „Maßregel der Zwangsvollstreckung oder der Arrestvollziehung" kein Recht auf abgesonderte Befriedigung. Die zwangsweise Sicherung ihrer Forderung wird also für Nachlaßgläubiger wie für Eigengläubiger durch den Nachlaßkonkurs unwirksam; die zwangsweise Befriedigung eines Nachlaßgläubigers in diesem Zeitraum bleibt dagegen, soweit nicht die Konkursanfechtung möglich ist, wirksam, während die zwangsweise Befriedigung eines Eigengläubigers aus dem Nachlaß nach Eröffnung des Nachlaßkonkurses vom Konkursverwalter als ungerechtfertigte Bereicherung zurückgefordert werden kann[5]). Der zwangsweisen Befriedigung eines Nachlaßgläubigers aus dem Nachlaß werden rechtsgeschäftliche Sicherung und Befriedigung von Nachlaßgläubigern und Eigengläubigern aus dem Nachlaß gleichgestellt (arg. § 222; die durch rechtsgeschäftliche Befriedigung von Einzelgläubigern aus dem Nachlaß erlangte Befreiung von einer Verbindlichkeit begründet nach § 1978 I BGB eine Forderung des Nachlasses [§ 1978 II BGB] gegen den Erben).

486 Die unterschiedliche Behandlung zwangsweiser und rechtsgeschäftlicher Befriedigung von Eigengläubigern aus dem Nachlaß (dort Haftung des Gläubigers, hier Haftung des Erben) ist in ihrer Gesetzmäßigkeit nicht unumstritten[6]) (der Bereicherungsanspruch im ersten Falle erscheint überaus problematisch), unbestreitbar aber entspricht zumindest die unterschiedliche Behandlung zwangsweiser und rechtsgeschäftlicher Sicherung von Nachlaßgläubigern dem Gesetz. Diese Differenzierung hinsichtlich einer Rückziehung der Konkursfolgen auf den Zeitpunkt des Erbfalls dürfte zwar nur sehr schwer überzeugend zu begründen sein, ist aber trotzdem geltendes Recht. Sie enthält eine Einschränkung subjektiver Vollstreckungsrechte, für die das deutsche Recht zunächst insoweit kompetent ist, als es Vollstreckungsstatut ist [Anm. 199, 209, 307, 316, 452—453].

487 § 221 I gilt daher unzweifelhaft, wenn sich die „Maßregel der Zwangsvollstreckung oder Arrestvollziehung" nach deutschem Recht beurteilt, insoweit aber wohl ohne Rücksicht darauf, welches Recht als Erbstatut maßgebend ist. Findet die Zwangsvollstreckung in einem ausländischen Staat statt, so kann § 221 I wie § 14 I und § 237 I bei Ausbau zur allseitigen Kollisionsnorm [Anm. 225—229] und wie die Vorschriften über die abgesonderte Befriedigung [Anm. 350] nicht die Zulässigkeit einer abgesonderten Befriedigung durch zwangsweise Verwertung im Ausland (: Fortsetzung der Zwangsvollstreckung im Ausland), sondern nur die ma-

[1]) Bei Konkurs über das Gesamtvermögen eines Miterben und Ausschluß von Nachlaßkonkurs (keine Überschuldung) und Nachlaßverwaltung (der Konkursverwalter kann sie nicht allein beantragen [§ 2062 BGB], niemand sonst will sie beantragen) haftet, wenn der Konkursverwalter die Rechte des Miterben aus § 2059 I 1 BGB ausübt, den Nachlaßgläubigern, denen gegenüber keine unbeschränkte Haftung eingetreten ist, nur der Erbteil (da dieser als Vermögen des Gemeinschuldners auch den Eigengläubigern haftet, sind aus ihm alle Konkursgläubiger zu befriedigen; aus dem sonstigen Vermögen des Miterben aber nur die Eigengläubiger und die Nachlaßgläubiger, denen gegenüber der Gemeinschuldner unbeschränkt haftet). Zu dieser „Sonderbehandlung des Erbteils im Eigenkonkurs" s. Jaeger-Weber, § 235 Anm. 4.

[2]) Staudinger-Raape, BGB[9] VI 2 (1931), S. 687.

[3]) Soergel-Kegel, Vorbem. 96 vor Art. 24, mit der zutreffenden Bemerkung, daß die Ausgleichung *pro rata* der Nachlaßwerte auf einem Rechtssatz beruht, der in keinem der beteiligten Erbrechte gilt, sondern im internationalen Privatrecht Deutschlands zu bilden ist.

[4]) Eine Zusammenfassung der Erörterungen in Anm. 479—484 enthält Anm. 517.

[5]) S. Jaeger-Weber, § 221 Anm. 1—6.

[6]) Vgl. die Nachw. bei Jaeger-Weber, § 221 Anm. 6.

teriellrechtliche Wirksamkeit dieser Verwertung betreffen. Dann aber müßte § 50 S. 1 eingreifen, der unzweifelhaft für diesen Fall nicht gilt. § 221 I gilt demnach nur für die Zwangsvollstreckung oder Arrestvollziehung im Inland[1]).

h) Masseschulden und Konkursforderungen

488 Was den Nachlaßkonkurs vom „Normalkonkurs" wesentlich unterscheidet, ist nicht die besondere Stellung des Erben oder der Erben als Gemeinschuldner; diese Stellung ist der der geschäftsführenden Gesellschafter im Konkurs einer Personalgesellschaft oder der des vertretungsberechtigten Organs im Konkurs juristischer Personen und sonstiger konkursfähiger Vereinigungen oder Vermögensmassen vergleichbar. Kennzeichnend für den Nachlaßkonkurs ist vielmehr die besondere Regelung der Rangfolge der Befriedigung der Verbindlichkeiten, für die der Nachlaß haftet.

489 Das deutsche Recht trifft diese Regelung in §§ 224 und 226. Danach sind die Nachlaßverbindlichkeiten entweder Masseschulden (§ 224: die Ansprüche der den Nachlaß vor Konkurseröffnung verwaltenden Personen auf Ersatz von Aufwendungen und ggf. auf Vergütung; die Kosten der Beerdigung und einer Todeserklärung des Erblassers; die Nachlaßkosten; die Ansprüche aus Rechtsgeschäften von Nachlaßpflegern und Testamentsvollstreckern) oder vollberechtigte Konkursforderungen (nach § 61 Nr. 1 bis 5 bevorrechtigte oder gewöhnliche) oder minderberechtigte (den vollberechtigten im Rang nachstehende) Konkursforderungen (§ 226 II und III 1 mit der Rangfolge: Zinsen der vollberechtigten Konkursforderungen seit Konkurseröffnung; gegen den Erblasser erkannte Geldstrafen u. ä.; Forderungen aus einer Freigebigkeit des Erblassers unter Lebenden; Pflichtteilsrechte und Vermächtnisse an Pflichtteilsberechtigte im Wert des Pflichtteils; sonstige Vermächtnisse und den Erben beschwerende Auflagen; Erbersatzberechtigungen). Gläubiger, die im Aufgebotsverfahren ausgeschlossen worden sind oder solchen Gläubigern nach § 1974 I 1 BGB gleichstehen, rangieren vor den Pflichtteilsrechten, soweit ihre Forderung diesen gegenüber vorrangig ist, sonst in der Rangklasse ihrer Forderung, aber mit der Maßgabe, daß sie erst nach den sonstigen Forderungen dieser Rangklasse befriedigt werden (§ 226 IV 1). Innerhalb der Rangklasse der Vermächtnisse und Auflagen ist eine Rangbestimmung, die der Erblasser durch letztwillige Verfügung getroffen hat, zu beachten (§ 226 III 2).

490 Erhebt der Erbe die Dürftigkeitseinrede oder macht er bei Überschuldung durch Vermächtnisse und Auflagen von seinem Recht aus § 1992 S. 1 BGB Gebrauch, so hat er „die Verbindlichkeiten aus Pflichtteilsrechten, Vermächtnissen und Auflagen" (auf Erbersatzansprüche sind nach § 1934b II 1 BGB die für den Pflichtteil geltenden Vorschriften — mit hier nicht in Betracht kommenden Ausnahmen — anzuwenden) auch außerhalb des Konkurses „so zu berichtigen, wie sie im Falle des Konkurses zur Berichtigung kommen würden" (§ 1991 IV BGB). Die Zurücksetzung von Verbindlichkeiten aus Pflichtteilsrechten und Auflagen hinter Gläubiger, die im Aufgebotsverfahren ausgeschlossen worden sind oder diesen nach § 1974 I 1 BGB gleichstehen, gilt auch außerhalb des Konkurses (§ 1973 I 2 BGB); ebenso ist das konkursrechtliche Rangverhältnis innerhalb dieser Klasse (Vorrang der nicht ausgeschlossenen oder gleichgestellten Gläubiger) auch außerhalb des Konkurses zu beachten (§ 1974 II BGB).

491 Dieser Befund legt die Annahme nahe, die Vorschriften über die Minderberechtigung von Pflichtteilsrechten, Vermächtnissen, Auflagen und Erbersatzansprüchen (§ 226 II Nr. 4 bis 6) gälten bei Maßgeblichkeit des deutschen Rechts als Erbstatut auch für den Nachlaßkonkurs im Ausland, enthielten also erbrechtliche Normen. Für diese Annahme spricht weiter die Erwägung, daß Pflichtteilsberechtigte, Vermächtnisnehmer, Auflage- und Erbersatzberechtigte gegenüber anderen Gläubigern aus den gleichen Gründen zurückzusetzen sind wie Erben. Was diese Personen in ihrer Gesamtheit von Todes wegen erhalten können, ist immer nur: das Reinvermögen des Erblassers. Das Erbrecht mag die Rechtsstellungen verschieden ausge-

---

[1]) Eine Zusammenfassung der Erörterungen in Anm. 485—487 enthält Anm. 518.

stalten, zwischen dinglich wirkender Gesamtzuwendung (nach deutschem Recht: Erbeinsetzung) und obligatorisch wirkender Einzelzuwendung (nach deutschem Recht: Vermächtnis) unterscheiden, das Pflichtteilsrecht als Forderung oder als Noterbteil auffassen, das alles kann nichts daran ändern, daß die Schuldenhaftung des Nachlasses diesen Rechtsstellungen vorgeht (es liegt nicht in der Macht des überschuldeten Erblassers, den Nachlaß bis auf verschwindend kleine Bruchteile seinen Gläubigern dadurch zu entziehen, daß er sie einer Konkurrenz mit märchenhaft hohen Vermächtnissen aussetzt). Die Minderberechtigung der in § 226 II Nr. 4 bis 6 behandelten Rechtsstellungen gegenüber den vollberechtigten Konkursforderungen stellt eine notwendige Ergänzung der Regelung dar, die für diese Rechtsstellungen im BGB getroffen worden ist; § 226 II Nr. 4 bis 6 enthalten insoweit also erbrechtliche Normen.

Auch die Regelung des Rangverhältnisses zwischen den verschiedenen in § 226 492
II Nr. 4 bis 6 behandelten Rechtsstellungen und die Gleichstellung eines Vermächtnisses, „durch welches das Recht des Bedachten auf den Pflichtteil nach § 2307 des Bürgerlichen Gesetzbuches ausgeschlossen wird", mit dem Pflichtteil (§ 226 III 1) sind Ergänzungen der Regelung dieser Stellungen im BGB. Daß der als Erbe berufene Pflichtteilsberechtigte, der seinen vollen gesetzlichen Erbteil erhält, aber mit Vermächtnissen oder Auflagen beschwert ist, den Erbteil ausschlagen und den Pflichtteil verlangen kann (§ 2306 I 2 BGB), wäre sinnlos und unverständlich, wenn Vermächtnisse und Auflagen im Nachlaßkonkurs dem Pflichtteilsrecht vorgingen oder mit ihm konkurrierten. Der Ausschluß des Pflichtteilsrechts nach § 2307 I 2 BGB („soweit der Wert des Vermächtnisses reicht") wäre unvertretbar, wenn das den Pflichtteil ausschließende Vermächtnis im Nachlaßkonkurs nicht den gleichen Rang wie der Pflichtteil hätte. § 226 II Nr. 4 bis 6 enthalten also auch insoweit ebenso wie § 226 III 1 erbrechtliche Normen.

Ebenso muß die Vorschrift des § 226 III 2, die einer Rangbestimmung des Erb- 493
lassers für die Befriedigung von Vermächtnissen und Auflagen auch für den Fall des Nachlaßkonkurses (sonst vgl. § 2189 BGB) Verbindlichkeit zuerkennt, bei Maßgeblichkeit deutschen Rechts als Erbstatut auch im Ausland Geltung beanspruchen (diese einseitige Bestimmung steht der Vereinbarung eines „Rangrücktritts" [Anm. 395—396] gleich). Auch § 226 III 2 enthält also eine erbrechtliche Norm.

Ist bei einem Nachlaßkonkurs im Inland ein ausländisches Recht als Erbstatut 494
berufen, so bestimmt dieses Recht den Inhalt der Rechtsstellung der letztwillig bedachten und der im weitesten Sinne erbberechtigten Personen. Behandelt es den Pflichtteil als Noterbteil, so wird es bei übermäßiger Beschwerung eines Erbteils mit Vermächtnissen oder Auflagen eine Herabsetzung der Beschwerung entsprechend § 2306 I 1 BGB anordnen oder erlauben. Nichtehelichen Kindern kann es an Stelle eines „Erbersatzanspruchs" ein normales Pflichtteilsrecht gewähren und umgekehrt anderen Personen einen „Erbersatzanspruch" einräumen. Gestaltet es den Pflichtteil als Forderung, so kann es anders als das deutsche Recht (§ 2306 I 1 und § 2307 I 2 BGB) bei Einsetzung eines Pflichtteilsberechtigten auf einen Erbteil, der den Pflichtteil nicht übersteigt, und Beschwerung des Erbteils Ausschlagung und Wahl des Pflichtteils gestatten (der dann den Vermächtnissen vorgehen wird) oder bei Aussetzung eines Vermächtnisses im Wert des Pflichtteils nur die Ausschlagung gestatten und von einer Gleichstellung des Vermächtnisses mit dem Pflichtteil absehen. In jedem Falle trifft es eine Bestimmung des Inhalts der Rechtsstellungen der letztwillig bedachten oder der im weitesten Sinne erbberechtigten Personen, die auch bei einem Nachlaßkonkurs in Deutschland zu beachten ist. § 226 II Nr. 4 bis 6 sowie § 226 III 1 und 2 werden also bei Maßgeblichkeit ausländischen Erbrechts durch die Bestimmungen dieses Rechts ersetzt, die das gleiche Sachproblem (Rangverhältnis der das „Reinvermögen" betreffenden Zuwendungen und Macht des Erblassers, über dieses Verhältnis zu bestimmen) betreffen.

Sollte ein ausländisches Erbrecht die letztwillig bedachten und die sonst im 954
weitesten Sinne erbberechtigten Personen („Nachlaßbeteiligte"[1]) nicht gegenüber

[1]) Staudinger-Lehmann, BGB[11], § 1972 Anm. 1.

den Gläubigern zurücksetzen, dem Erblasser also mehr als die Zuwendung von Reinvermögen erlauben, so verstieße die Anwendung dieser Regelung in Deutschland „gegen die guten Sitten" (Art. 30 EGBGB). Deshalb kann keine ausländische erbrechtliche Regelung in Deutschland anerkannt werden, die Rechtsstellungen, die den in § 226 II Nr. 4 bis 6 bezeichneten entsprechen, den gegenüber dem Erblasser begründeten Forderungen gleichstellte. § 226 II Nr. 4 bis 6 enthalten also, insoweit sie Verbindlichkeiten aus letztwilligen Zuwendungen und Erbberechtigungen hinter die sonstigen Schulden des Nachlasses zurücksetzen (: nur die Zuwendung von Reinvermögen erlauben), auch eine konkursrechtliche Norm.

496 Auch die Vorschriften über die Minderberechtigung der im Aufgebotsverfahren ausgeschlossen und der diesen nach § 1974 I 1 BGB gleichgestellten Gläubiger die nicht Nachlaßbeteiligte sind (§ 226 IV I), sind so eng mit Regelungen des BGB verflochten (Abstellen auf § 1974 BGB in § 226 IV 1; Zurücksetzung dieser Forderungen auch außerhalb des Konkurses nach § 1973 I BGB [Anm. 490] und wohl auch bei der Befriedigung nach § 1990 BGB[1])), daß angenommen werden muß, sie seien bei Maßgeblichkeit deutschen Rechts als Erbstatut auch im Auslandskonkurs anzuwenden, enthielten also erbrechtliche Normen. Umgekehrt ist die Minderberechtigung im Konkurs nur die Konsequenz der Wertungen der in § 226 IV 1 genannten Sachverhalte durch das deutsche Erbrecht. Diese Sachverhalte haben daher, wenn ein ausländisches Recht als Erbstatut maßgeblich ist, nur dann eine Minderberechtigung der betroffenen Forderungen zur Folge, wenn das maßgebliche Erbrecht sie ebenso wertet wie das deutsche Recht, und das maßgebliche Erbrecht kann an andere Sachverhalte die gleichen Rechtsfolgen knüpfen. § 226 IV 1 enthält also nur erbrechtliche Normen. An seine Stelle treten bei Maßgeblichkeit ausländischen Erbrechts im Inlandskonkurs die Regelungen des Erbrechts, die das gleiche Sachproblem (Beschränkung einzelner gegen den Erblasser begründeter Forderungen infolge Nichtgeltendmachung trotz Aufforderung, binnen bestimmter Fristen u. ä.) regeln.

497 Durch die Zurücksetzung der in § 226 IV 1 bezeichneten Forderungen wird nach § 226 IV 2 an der für die zurückgesetzten Forderungen bestehenden „Rangordnung nichts geändert". Damit ist die Rangordnung gemeint, die sich aus § 61 und § 226 II Nr. 1 bis 3 ergibt. Außerhalb des Konkurses dagegen, bei der Befriedigung nach § 1973 I BGB oder § 1990 BGB, spielt diese Rangordnung ebensowenig eine Rolle wie § 61 für das Verhältnis vollberechtigter Forderungen zueinander. § 226 IV 2 ist also hinsichtlich der Frage „erbrechtliche Norm oder konkursrechtliche Norm?" nicht anders zu behandeln als § 61 und § 226 II Nr. 1 bis 3, insoweit diese Vorschriften die Rangordnung von Forderungen im Nachlaßkonkurs bestimmen [s. dazu Anm. 501—505].

498 Die sonstigen minderberechtigten Konkursforderungen (§ 226 II Nr. 1 bis 3: Zinsen der vollberechtigten Konkursforderungen; gegen den Erblasser erkannte Geldstrafen u. ä.; Forderungen aus einer Freigebigkeit des Erblassers unter Lebenden) wären im „Normalkonkurs" nach § 63 Nr. 1, 3 und 4 ohne Rücksicht auf den Standpunkt des Schuldstatuts von der Konkursteilnahme ausgeschlossen (§ 63 Nr. 1, 3 und 4 enthalten konkursrechtliche Normen [Anm. 390—391 und 403]). Die Behandlung dieser Forderungen im Nachlaßkonkurs ist also von der Erwägung bestimmt, daß die Gläubiger dieser Forderungen nicht besser gestellt werden sollen, als wenn Konkurs über das Vermögen des Erblassers eröffnet worden wäre, daß sie aber — wenn ein Überschuß verbleibt — konkursmäßig befriedigt werden sollen[2]), und zwar mit Vorrang vor ausgeschlossenen oder gleichgestellten Gläubigern [Anm. 496] und vor Gläubigern, die „Nachlaßbeteiligte" sind [Anm. 491—495].

499 § 226 II Nr. 2 gilt nur für Geldstrafen deutscher Gerichte u. ä., da „ausländische" Strafen im Inland ebensowenig vollstreckt werden können, wie eine inländische Zwangsvollstreckung wegen ausländischer Abgaben zulässig ist [Anm. 34 und 394], d. h.: § 226 II Nr. 2 gilt nur, wenn deutsches Recht „Schuldstatut" [Anm. 103] der dort bezeichneten Forderungen ist. In diesem Falle muß § 226 II Nr. 2 aber bei

[1]) Staudinger-Lehmann, BGB[11], § 1991 Anm. 11 mit weit. Nachw.
[2]) Jaeger-Weber, §§ 226, 227 Anm. 2 und 21.

jedem Inlandskonkurs gelten, auch wenn das als Erbstatut maßgebliche ausländische Recht eine Haftung des Nachlasses für Geldstrafen u. ä. nicht kennen sollte (für die Vollstreckung einer Geldstrafe in den Nachlaß [§ 30 StGB] kann die Staatsangehörigkeit des Verurteilten, an die die Bestimmung des Erbstatuts anknüpft, keine Rolle spielen). Umgekehrt kommt eine Vollstreckung deutscher Geldstrafen u. ä. im Ausland nicht in Betracht. § 226 II Nr. 2 gilt daher nur bei Inlandskonkurs, enthält also nicht nur hinsichtlich der Zurücksetzung der dort bezeichneten Forderungen, sondern auch hinsichtlich Konkursteilnahme und Rang dieser Forderungen nur konkursrechtliche Normen.

Daraus folgt jedoch nichts für die Entscheidung der Frage, ob § 226 II Nr. 1 und 500
3 im Inlandskonkurs auch bei Maßgeblichkeit eines ausländischen Rechts als Erbstatut gelten (: konkursrechtliche Normen enthalten) und ob sie bei Maßgeblichkeit deutschen Rechts als Erbstatut auch im Auslandskonkurs Geltung beanspruchen (: erbrechtliche Normen enthalten). Diese Frage stellt sich für die beiden Inhalte der genannten Vorschriften (Zurücksetzung bestimmter Forderungen hinter sonstige gegen den Erblasser begründete Forderungen — Konkursteilnahme als minderberechtigte Forderungen und interne Rangordnung) verschieden. Die Zurücksetzung muß, da sie die Gläubiger ebenso behandeln will, wie sie im Normalkonkurs über das Vermögen des Erblassers stünden [Anm. 498], ohne Rücksicht auf den Standpunkt des als Erbstatut maßgeblichen ausländischen Rechts stattfinden (dem Erbrecht kommt hinsichtlich der Gewährung eines Konkursteilnahmerechts keine größere Kompetenz zu als dem Schuldstatut; wenn das deutsche Konkursrecht Forderungen aus Schenkungsversprechen im Normalkonkurs ohne Rücksicht auf den Standpunkt des als Schuldstatut maßgeblichen Rechts das Konkursteilnahmerecht versagt, so kann es solche Forderungen im Nachlaßkonkurs nicht aus Rücksicht auf das als Erbstatut maßgebliche Recht als vollberechtigte Konkursforderungen behandeln). Die Zurücksetzung ist also ebenso wie die Versagung des Konkursteilnahmerechts im Normalkonkurs eine rein konkursrechtliche Regelung.

Es bleibt daher nur fraglich, ob die in § 226 II Nr. 1 und 3 bezeichneten Forde- 501
rungen auch dann als minderberechtigte Konkursforderungen am Konkurs teilnehmen und in dem sich aus § 226 II Nr. 1 und 3 ergebenden Rangverhältnis zueinander stehen, wenn das als Erbstatut maßgebliche ausländische Recht eine Konkursteilnahme überhaupt ausschlösse oder nur mit niedrigerem Rang vorsähe (immer unter der Voraussetzung, daß ein Konkursteilnahmerecht nicht schon durch das Schuldstatut ausgeschlossen wird [Anm. 392—393 und 403]).

Ob das Erbrecht einer gegen den Erblasser begründeten Forderung die Konkurs- 502
teilnahme mit Wirkung für das Konkursrecht anderer Staaten versagen kann, wäre leicht (mit einem *argumentum a maiore ad minus*) zu beantworten, wenn dem Erbrecht die Kompetenz zukäme, die Haftung gegenüber einer solchen Forderung überhaupt auszuschließen. Diese Kompetenz kommt indessen nach deutscher Auffassung dem Erbrecht nicht zu. War der Erblasser Schuldner und findet überhaupt ein Übergang der Schuld von Todes wegen statt (: ist das Schuldverhältnis passiv vererblich), worüber das Schuldstatut und nicht das Erbstatut entscheidet[1]), so kann das Erbstatut die „Haftungsverstrickung“[2]) des auf den Erben übergehenden Vermögens, einen „Übergang der Haftung“[3]), eine Behandlung der „Schulden des bisherigen Vermögensinhabers“ als „Lasten des übernommenen Vermögens“[4]) nicht ausschließen (eine dahingehende Regelung würde in Deutschland wegen Verstoßes gegen den *ordre public* nicht anerkannt). Wenn dem Erbstatut die Kompetenz zuerkannt wird, die „Haftung für Nachlaßschulden“ zu regeln[5]), so ist damit hinsichtlich der Haftung des auf den Erben übergehenden Vermögens nicht das Ob, sondern das

[1]) Vgl. Jahr, S. 186ff.
[2]) Staudinger-Boehmer, BGB[11], § 1922 Anm. 83.
[3]) Staudinger-Boehmer, aaO. Anm. 84.
[4]) Staudinger-Boehmer, aaO. Anm. 89.
[5]) So Soergel-Kegel, Vorbem. 22 vor Art. 24; präziser BGHZ 9, 154: „Haftung der Erben für die Nachlaßverbindlichkeiten“.

Wie[1]) gemeint[2]), im übrigen aber die — von der „Haftung“ dieses Vermögens zu trennende[3]) — Belastung des Erben mit „persönlichen Leistungspflichten“[4]) („Schulden“ als Gegensatz zur „Haftung“), von der das Erbrecht ganz absehen könnte, ohne daß dadurch die Anerkennung seiner Regelung in Deutschland berührt würde (auch nach deutschem Recht findet nicht bei jedem Vermögensübergang eine solche Belastung des Erwerbers statt [vgl. § 419 II BGB]).

503 Die Frage, ob das Erbrecht über Konkursteilnahme und Rang einer gegen den Erblasser begründeten Forderung entscheiden kann, ist auch nicht durch den Hinweis darauf zu erledigen, daß dem Erbrecht die Kompetenz zukommt, über Konkursteilnahme und Rang von „Nachlaßbeteiligungen“ zu entscheiden [Anm. 491—494]. Diese „Beteiligungen“ entstehen kraft Erbrechts und es steht dem Erbrecht unzweifelhaft frei, sie nicht als Forderungen, sondern als Anteilsrechte auszugestalten und so mit Sicherheit von jeder Konkursteilnahme auf der Seite der Gläubiger auszuschließen. Die Kompetenz des Erbrechts hinsichtlich der Behandlung von „Nachlaßbeteiligungen“, die als Forderungen ausgestaltet sind, bietet daher kein Argument für die Lösung der Frage, ob das Erbrecht ebenso über Forderungen entscheiden kann, die bereits gegen den Erblasser begründet waren, also nicht kraft Erbrechts entstanden sind.

504 Über solche Forderungen entscheidet das Erbrecht jedoch insoweit mit Wirkung für das Konkursrecht, als es an die Nichtgeltendmachung der Forderung trotz öffentlicher Aufforderung, binnen bestimmter Fristen o. ä. Rechtsfolgen hinsichtlich der Haftung des Nachlasses knüpft [Anm. 496], deren Geltung als eine Änderung dieser Haftung und damit im Ergebnis (zumindest wenn der Erbe die „Einreden“ aus §§ 1973, 1974 BGB geltend gemacht hat) als Änderung des Inhalts der betroffenen Forderung[5]) bestimmt werden kann. Diese Änderung erfolgt freilich erst, wenn die Nichtgeltendmachung als „Verschweigen“ gewertet werden kann; sie soll dem Erben oder den sonst den Nachlaß verwaltenden Personen den Übergang von einer Periode der Abwicklung der Rechtsverhältnisse des Erblassers in die freie Verfügung über den Nachlaß ermöglichen. Nur unter jener Voraussetzung und nur aufgrund dieser Zweckrichtung ist die Kompetenz des Erbrechts zu dieser Änderung zu begründen. Für eine Änderung der Haftung des Nachlasses, die weder aus dem Gesichtspunkt der Verwirkung gerechtfertigt werden kann, noch der Periode der Abwicklung der Rechtsverhältnisse des Erblassers ein Ende setzen soll, bietet daher die Kompetenz des Erbrechts zu der erörterten Inhaltsänderung kein Argument.

505 Da andere Argumente für eine weiterreichende Kompetenz des Erbrechts nicht ersichtlich sind[6]), kommen dem Erbrecht nur die Kompetenzen zu, über Konkursteilnahme und Rang von Nachlaßbeteiligungen zu entscheiden [Anm. 491—494, 503] und Forderungen, die gegen den Erblasser begründet worden sind, unter dem Gesichtspunkt der Verwirkung und zwecks Ermöglichung eines Abschlusses der Abwicklung der Rechtsverhältnisse des Erblassers inhaltlich zu ändern [Anm. 496, 504]. Ob eine danach nicht der Regelung durch das Erbrecht unterliegende Forderung nach deutschem Konkursrecht minderberechtigt ist oder nicht, kann keinen Unterschied machen. Der Regelung des Erbrechts gehen also nicht nur § 226 II Nr. 1 und 3 vor, sondern auch § 61, soweit er die Rangordnungen der Konkursforderungen im Nachlaßkonkurs betrifft. Und diese Vorschriften beanspruchen umgekehrt bei Maßgeblichkeit des deutschen Rechts als Erbstatut keine Geltung für den Auslandskonkurs. § 226 II Nr. 1 und 3 enthalten daher ebenso wie § 61 nur *konkursrechtliche Normen*.

[1]) Soergel-Kegel, aaO: „Voraussetzungen und Eintritt der beschränkten Haftung“.
[2]) Schon die Bezeichnung der vom Erbrecht zu regelnden Materie als „Haftung für Nachlaßschulden“ o. ä. läßt erkennen, daß die Fortdauer der Haftung des Nachlasses nicht in Zweifel gestellt wird.
[3]) S. dazu Staudinger-Boehmer, BGB[11], § 1922 Anm. 77—97.
[4]) S. dazu Staudinger-Boehmer, aaO, Anm. 97.
[5]) Vgl. Anm. 436[6] und 454[2].
[6]) Eine Kompetenz des Erbstatuts als „Gesamtstatut“ [Anm. 209] kommt — anders als für die vererblichen Vermögensgegenstände des Erblassers, die durch Einheit des Rechtsträgers und einheitliche Zweckbestimmung zu einer Einheit zusammengefaßt werden — für die Nachlaßverbindlichkeiten nicht in Betracht [vgl. auch Anm. 426[5]].

Für die Vorschriften, die bestimmte Nachlaßverbindlichkeiten zu besonderen Masseschulden des Nachlaßkonkurses bestimmen (§ 224), kann nichts anderes gelten als für die Vorschriften, die bestimmten aus der Konkursmasse zu berichtigenden Verbindlichkeiten für Normalkonkurs und Nachlaßkonkurs die „Eigenschaft" zuerkennen, Masseschuld zu sein (§§ 59, 60)[1]), und für die Vorschriften, die die Rangordnung der vollberechtigten Konkursforderungen im Nachlaßkonkurs festlegen (§ 61)[2]). Gerade an den besonderen Masseschulden des Nachlaßkonkurses [Anm. 489] wird sichtbar, daß die Zuerkennung der Eigenschaft, Masseschuld zu sein, eine Rangbestimmung (: die Einräumung eines Vorrangs) gegenüber sonstigen aus der Konkursmasse zu berücksichtigenden Verbindlichkeiten (im Normalkonkurs: „Konkursforderungen"; im Nachlaßkonkurs: „sonstige Nachlaßverbindlichkeiten") enthält, die nur aus verfahrensrechtlichen Gründen (keine Verweisung auf das Feststellungsverfahren u. ä.) nicht als „bloße" Rangbestimmung einer „Konkursforderung" gefaßt ist. Im übrigen läßt § 224 deutlich das Bestreben erkennen, das auch für die Zurücksetzung der in § 226 II Nr. 1 bis 3 bezeichneten Forderungen maßgeblich ist [Anm. 498]: das Bestreben, die Gläubiger so zu stellen, wie sie stünden, wenn der Konkurs noch über das Vermögen des Erblassers eröffnet worden wäre (dann wären die in § 224 bezeichneten Verbindlichkeiten schon nach §§ 58, 59 Massekosten oder Masseschulden, die in § 226 II Nr. 1 bis 3 bezeichneten Verbindlichkeiten von der Konkursteilnahme ausgeschlossen; der Auffassung des als Erbstatut maßgeblichen Rechts käme — wie die Behandlung des „übergeleiteten Nachlaßkonkurses" [Anm. 462] zeigt — für die Rangordnung der „Nachlaßverbindlichkeiten" keine Bedeutung zu). Auch dieses Bestreben spricht für die Annahme, § 224 gelte nur für Inlandskonkurse, insoweit aber ohne Rücksicht auf die Auffassung des als Erbstatut maßgeblichen Rechts. Auch die Vorschriften über die besonderen Masseschulden des Nachlaßkonkurses enthalten also nur konkursrechtliche Normen. 506

Im übrigen gilt für diese Schulden sinngemäß, was zu den Masseschulden des Normalkonkurses ausgeführt worden ist [Anm. 376—378, 387]: das Konkursrecht des Konkursstaates entscheidet darüber, ob eine Nachlaßverbindlichkeit Masseschuld ist; ob eine Verbindlichkeit Nachlaßverbindlichkeit ist (: ob der Nachlaß haftet), entscheidet das Erbstatut. Ist dieses ein ausländisches Recht, so wirft § 224 Fragen der Auslegung auf (besonders deutlich § 224 Nr. 1, wo auf §§ 1978, 1979 BGB verwiesen wird), die ebenso anzugehen sind wie die entsprechenden Fragen hinsichtlich der das Antragsrecht regelnden Vorschriften [Anm. 469—470][3])). 507

f) Eigenkonkurs des Erben

Nach § 234 I kann bei Nachlaßkonkurs oder Nachlaßverwaltung (die Vorschrift gehört also nicht in das Recht des Nachlaßkonkurses) im „Konkursverfahren über das Vermögen des Erben" (Eigenkonkurs) ein Nachlaßgläubiger, dem gegenüber der Erbe unbeschränkt haftet (andere Nachlaßgläubiger sind im Eigenkonkurs nicht Konkursgläubiger), nur den Ausfall im Nachlaßkonkurs geltend machen. Diese Vorschrift wirft ähnliche Probleme auf wie § 212 I, der Gesellschaftsgläubiger im Eigenkonkurs eines persönlich haftenden Gesellschafters auf den Ausfall im Gesellschaftskonkurs beschränkt [Anm. 437—440]. Wie bei § 212 I, so bestimmt sich auch bei § 234 I der internationale Geltungsbereich der Regelung nach Sinn und Zweck der mit ihr dem Schuldner gewährten Begünstigung: diese Begünstigung ist nur als Teil der materiellen Regelung der unbeschränkten Erbenhaftung zu verstehen, nicht aus speziellen Rücksichten des Konkursverfahrens zu begreifen. § 234 I gilt daher, wenn und soweit deutsches Recht die Haftung des Erben für die Nachlaßverbindlichkeiten bestimmt, also auch im Auslandskonkurs: § 234 I enthält eine erbrechtliche Norm. 508

Umgekehrt ist eine inhaltsgleiche Norm des als Erbstatut maßgeblichen Erbrechts auch im Inlandskonkurs (Eigenkonkurs des Erben im Inland) zu beachten, da sie den Inhalt einer Konkursforderung regelt. Das bedeutet jedoch nicht Anwen- 509

---

[1]) S. dazu Anm. 375—377, 386.
[2]) Vgl. Anm. 505.
[3]) Eine Zusammenfassung der Ergebnisse der Erörterungen in Anm. 488—507 enthalten Anm. 519—521.

dung von § 234 I. Diese Vorschrift gilt also nicht, wenn ausländisches Recht als Erbstatut maßgeblich ist; sie enthält keine konkursrechtliche Norm.

j) Zusammenfassung

510 Für den Nachlaßkonkurs gelten hinsichtlich der internationalen Zuständigkeit und der internationalen Sachregelungskompetenz die allgemeinen Vorschriften mit der Maßgabe, daß es auf den allgemeinen Gerichtsstand, eine gewerbliche Niederlassung oder einen landwirtschaftlichen Betrieb des Erblassers zur Zeit des Erbfalls ankommt[1]).

511 Die Eröffnung des Nachlaßkonkurses setzt nicht voraus, daß das Recht des Konkursstaates auch als Erbstatut berufen ist[2]).

512 Die Eröffnung des Nachlaßkonkurses ist unzulässig, wenn dem über die Haftung für die Nachlaßverbindlichkeiten entscheidenden Erbrecht eine haftungsrechtliche Sonderung von Nachlaß und Eigenvermögen des Erben unbekannt ist. Das Erbrecht bestimmt ebenso über Beginn und Ende der Zulässigkeit eines Nachlaßkonkurses. § 216 I und § 216 II enthalten solche erbrechtlichen Bestimmungen und keine konkursrechtlichen Normen[3]).

513 Ist dem als Erbstatut maßgeblichen Recht nur der Nachlaßkonkurs als Mittel haftungsrechtlicher Sonderung von Nachlaß und Eigenvermögen des Erben bekannt, und ist nach diesem Recht auch die Zahlungsunfähigkeit Konkursgrund, so kann in Deutschland auch bei Zahlungsunfähigkeit ohne Überschuldung Nachlaßkonkurs eröffnet werden[4]).

514 Das Antragsrecht kommt für einen Inlandskonkurs nur den Inhabern der in §§ 217 I, 218 I, 232 und 233 bezeichneten Rechtsstellungen zu, soweit diese Personen auch nach dem als Erbstatut maßgeblichen Recht antragsberechtigt sind. Die Inhaber dieser Rechtsstellungen sind bei Maßgeblichkeit deutschen Rechts als Erbstatut auch für einen Auslandskonkurs antragsberechtigt, soweit das ausländische Konkursrecht nichts Gegenteiliges bestimmt[5]).

515 Die Beschränkungen des Antragsrechts in § 219 I und § 232 II sind erbrechtliche Regelungen, gelten also nur bei Maßgeblichkeit deutschen Rechts als Erbstatut, insoweit aber auch für Auslandskonkurse. Im Inlandskonkurs gelten bei Maßgeblichkeit ausländischen Erbrechts an ihrer Stelle die Vorschriften des Erbrechts, die das gleiche Sachproblem regeln. Dagegen gilt § 220 für den Inlandskonkurs mit der Maßgabe, daß die in ihm bestimmte Frist durch die des maßgeblichen Erbrechts ersetzt werden kann, wenn die Frist des Erbrechts kürzer ist[6]).

516 Die Zugehörigkeit eines Vermögensstandes zum Nachlaß und damit zur Konkursmasse ist im Nachlaßkonkurs nicht anders zu bestimmen als außerhalb des Konkurses[7]).

517 In den Fällen der Nachlaßspaltung sind in Deutschland nur Konkurse über die durch die Spaltung entstandenen Teilnachlässe zulässig[8]).

518 Das Verbot abgesonderter Befriedigung auf Grund zwangsweiser Sicherung einer Forderung in der Zeit zwischen Erbfall und Konkurseröffnung (§ 221 I) gilt nur bei Zwangsvollstreckung oder Arrestvollziehung im Inland, insoweit aber ohne Rücksicht darauf, welches Recht als Erbstatut maßgeblich ist[9]).

519 Die Vorschriften über die Minderberechtigung von Pflichtteilsrechten, Vermächtnissen, Auflagen und Erbersatzansprüchen („Nachlaßbeteiligte") enthalten, soweit sie Konkursteilnahme und Rang regeln (§ 226 II Nr. 4 bis 6), nur insofern konkursrechtliche Normen (: gelten im Inlandskonkurs bei Maßgeblichkeit eines ausländischen Rechts als Erbstatut nur insofern), als Gläubiger kraft „Nachlaßbeteiligung" gegenüber allen sonstigen Gläubigern zurückgesetzt werden. Auch das

[1]) Anm. 442—443, 477.
[2]) Anm. 443—446.
[3]) Anm. 447—465.
[4]) Anm. 466—468.
[5]) Anm. 469—472.
[6]) Anm. 473—476.
[7]) Anm. 478.
[8]) Anm. 479—484.
[9]) Anm. 485—487.

Verbot, diese Forderungen aus Gegenständen zu befriedigen, die durch Konkursanfechtung in die Konkursmasse gelangt sind (§ 228 I), gilt nur bei Inlandskonkurs, insoweit aber ohne Rücksicht auf das als Erbstatut maßgebliche Recht, enthält also nur eine konkursrechtliche Norm. Im übrigen, insbesondere in der Bestimmung der internen Rangordnung der Nachlaßbeteiligten enthalten § 226 II Nr. 4 bis 6 erbrechtliche Normen (: beanspruchen diese Vorschriften bei Maßgeblichkeit deutschen Rechts als Erbstatut Geltung auch im Auslandskonkurs). Ebenso enthalten § 226 III 1 und 2 sowie § 226 IV, soweit diese Vorschrift das Rangverhältnis ausgeschlossener oder gleichgestellter Nachlaßbeteiligter betrifft, nur erbrechtliche Normen[1]).

Die Vorschriften über die Minderberechtigung von ausgeschlossenen und gleichgestellten Gläubigern, die nicht Nachlaßbeteiligte sind (§ 226 IV 1 und § 228 II), enthalten erbrechtliche Normen, gelten also bei Maßgeblichkeit deutschen Rechts als Erbstatut auch im Auslandskonkurs. An ihre Stelle treten bei Maßgeblichkeit ausländischen Erbrechts im Inlandskonkurs die Regelungen des Erbrechts, die das gleiche Sachproblem regeln[2]). 520

Im übrigen bestimmt über die Rangordnung der Nachlaßverbindlichkeiten einschließlich ihrer Behandlung als Masseschulden oder als Konkursforderungen das Konkursrecht des Konkursstaates. § 224, § 61 (soweit er die Rangordnung der vollberechtigten Konkursforderungen im Nachlaßkonkurs festlegt) und § 226 II Nr. 1 bis 3 sowie § 226 IV 2 enthalten nur konkursrechtliche Normen[3]). 521

Die Bestimmungen der Rechte des Erben als Nachläßgläubiger (§ 225) enthalten als Teile der Regelung der haftungsrechtlichen Sonderung von Nachlaß und Eigenvermögen des Erben einerseits („Wegfall der Konfusion" [vgl. § 1976 BGB]) und der Konsequenzen unbeschränkter Haftung des Erben andererseits nur erbrechtliche Normen[4]). 522

Die Beschränkung der Rechte der Nachlaßgläubiger im Eigenkonkurs des Erben (§ 234 I) ist eine erbrechtliche Regelung, gilt also bei Maßgeblichkeit deutschen Rechts als Erbstatut auch im Auslandskonkurs. Bei Eigenkonkurs des Erben im Inland und Maßgeblichkeit eines ausländischen Rechts als Erbstatut gilt die Regelung, die dieses Recht für das in § 234 I behandelte Problem trifft. § 234 I enthält also nur eine erbrechtliche Norm[5]). 523

3. Gesamtgutskonkurse

Der Konkurs über das Gesamtgut einer fortgesetzten Gütergemeinschaft (§ 236) und der Konkurs über das Gesamtgut einer ehelichen Gütergemeinschaft mit gemeinschaftlicher Verwaltung (§§ 236a—236c) werfen keine internationalrechtlichen Probleme auf, die nicht schon an anderer Stelle erörtert worden sind. Der Konkurs über das Gesamtgut einer fortgesetzten Gütergemeinschaft ist praktisch ein besonderer Nachlaßkonkurs (auf ihn finden ja auch §§ 214—234 entsprechende Anwendung), für den die Feststellungen zum Nachlaßkonkurs [Anm. 442—522, insbesondere Anm. 510—522] mit der Maßgabe gelten, daß statt der Worte „Nachlaß" „Erbrecht" und „Erbstatut" die Worte „Gesamtgut", „Güterrecht" und „Güterstatut" gelesen werden müssen. Der Konkurs über das Gesamtgut einer ehelichen Gütergemeinschaft mit gemeinschaftlicher Verwaltung weist eine enge Verwandtschaft zum Konkurs der offenen Handelsgesellschaft auf[6]), wie allein die fast völlige Übereinstimmung der Fassungen von §§ 211—212 einerseits und §§ 236b—236c andererseits offensichtlich macht. Für den Zwangsvergleich und das Verhältnis von Gesamtgutskonkurs und Eigenkonkurs eines Ehegatten gilt daher sinngemäß, was zu den entsprechenden Fragen hinsichtlich des Gesellschaftskonkurses festgestellt worden ist [Anm. 435—440]: § 236 II (Beschränkung der persönlichen Haftung der Ehegatten durch einen Zwangsvergleich im Gesamtgutskonkurs) und § 236c (Be- 524

[1]) Anm. 491—495.
[2]) Anm. 496 und 504. Die Qualifikation von § 228 II als erbrechtliche Norm bedarf keiner näheren Begründung.
[3]) Anm. 497—507.
[4]) Im Ergebnis ebenso v. Craushaar, aaO [Anm. 465[3]], S. 45.
[5]) Anm. 508—509.
[6]) Ebenso Jaeger-Weber, §§ 236a—236c Anm. 4.

schränkung der Gesamtgutsgläubiger im Eigenkonkurs eines Ehegatten auf den Ausfall im Gesamtgutskonkurs) enthalten nur güterrechtliche Normen.

4. Aussteller von Dollarbonds

525 § 238 wird ergänzt durch Art. 3 I und II des Gesetzes vom 26. April 1961 zum zweiten Abkommen vom 26. August 1960 zwischen der Bundesrepublik Deutschland und den Vereinigten Staaten von Amerika über gewisse Angelegenheiten, die sich aus der Bereinigung deutscher Dollarbonds ergeben (BGBl 1961 II 461):

„Konkursrechtliche Vorschriften

526 (1) Über das im Geltungsbereich dieses Gesetzes befindliche Vermögen von juristischen Personen, die am 8. Mai 1945 ihren Sitz im Deutschen Reich innerhalb seiner Grenzen vom 31. Dezember 1937 gehabt haben und die im Geltungsbereich dieses Gesetzes weder eine gewerbliche Niederlassung noch einen allgemeinen Gerichtsstand haben, findet ein Konkursverfahren auch dann statt, wenn die Voraussetzungen des § 238 Abs. 2 der Konkursordnung nicht gegeben sind. Für das Verfahren ist das Amtsgericht ausschließlich zuständig, in dessen Bezirk sich das Vermögen befindet.
(2) Vorschriften, die eine Inanspruchnahme des Schuldners wegen seiner Verbindlichkeiten bis auf weiteres ausschließen, bleiben unberührt.
(3) Die Kosten der Bereinigung, die von den Ausstellern von Auslandsbonds nach §§ 63, 64 des Bereinigungsgesetzes für deutsche Auslandsbonds vom 25. August 1952 (Bundesgesetzbl. I S. 553) zu tragen sind, gelten im Falle der Konkurseröffnung über das Vermögen der Aussteller als Massekosten im Sinne des § 58 Nr. 2 der Konkursordnung."

V. Das sogenannte „interzonale Konkursrecht"

527 Da das Außenwirtschaftsgesetz für den sogenannten „interzonalen Rechtsverkehr" nicht gilt (§ 4 I Nr. 1, § 47 I Nr. 1 AWG), ist noch das Gesetz Nr. 53 der amerikanischen und britischen Militärregierungen (: Verordnung Nr. 235 des französischen Hohen Kommissars) samt den dazu ergangenen Durchführungsbestimmungen in Kraft. Nach der 3. DVO der Alliierten Hohen Kommission zu diesem Gesetz sind Maßnahmen eines auswärtigen Konkursgerichts oder Konkursverwalters in bezug auf die im Geltungsbereich des Gesetzes belegenen Vermögenswerte ohne Wirkung. Die Frage, ob einem in der DDR eröffneten Konkurs im Geltungsbereich des Grundgesetzes Wirkungen zukommen, kann sich daher nur stellen, soweit nicht schon Unwirksamkeit nach Gesetz Nr. 53 gegeben ist[1]).

528 Ob danach dem „Ost-Konkurs" Wirkungen im „Westen" zukommen, war zunächst zweifelhaft. Die Frage wurde bejaht von OLG Bamberg[2]), OLG Frankfurt[3]), LG Hanau[4]), und — im Grundsatz — von Würdinger[5]), der jedoch die Wirksamkeit für den Fall verneinte, daß der Konkurs eine Enteignung verdeckt[6]). Die Bejahung ist alsbald kritisiert worden[7]). Nachdem einzelne Gerichte die Frage schon früher verneint hatten[8]), hat sich dann die Ablehnung von „Westwirkungen" allgemein durchgesetzt[9]).

529 Die Nichtanerkennung von „Westwirkungen" des „Ost-Konkurses" wird damit begründet, daß die DDR zwar nicht Ausland im Sinne des § 237 KO sei[10]), daß aber

---

[1]) Ebenso Böhle-Stamschräder, Einl. V 3.
[2]) SJZ 1949, 487 = BB 1949, 431.
[3]) SJZ 1950, 347=BB 1950, 5.
[4]) NJW 1949, 673.
[5]) SJZ 1950, 90.
[6]) Vgl. Anm. 198.
[7]) Scheuch, SJZ 1949, 488, unter Berufung auf das Gesetz Nr. 52 der Militärregierungen; Fröhler, BB 1949, 431, mit der Meinung, der „Ost-Konkurs" sei einem Auslandskonkurs gleichzustellen.
[8]) AG Sinzheim, E 45/49, und AG Landau/Isar, C 171/49, zit. nach Böhle-Stamschräder, KO[8], Einl. V.
[9]) LG Stuttgart, BB 1950, 409 = SJZ 1950, 589 m. zust. Anm. v. Beitzke; OLG Frankfurt, NJW 1951, 722; OLG Stuttgart, BB 1950, 545 = DRZ 1950, 369 = SJZ 1950, 593 = RPfl 1950, 471 m. zust. Anm. v. Oswald; OLG Celle, BB 1951, 711; OLG Frankfurt, MDR 1952, 625; LG Mannheim, WM IVB 1954, 659; LG Berlin, JR 1957, 106; Beuck, BB 1950, 632; Braga, NZ 1949, Nr. 161; Jansen, NJW 1953, 1132; Hoffmann, JR 1953, 158; Hahnenfeld, NJW 1956, 165; Raape, S. 157; Mentzel-Kuhn, § 237 Anm. 16; Böhle-Stamschräder, KO[8], Einl. V.
[10]) BGHZ 4, 62.

die tatsächlichen Rechtsverschiedenheiten, die Schwierigkeiten der Rechtsverfolgung, die Möglichkeit der unterschiedlichen Beurteilung und das Fehlen eines einheitlichen Gerichts für alle deutschen Lande die entsprechende Anwendung der zu § 237 entwickelten Auffassungen [vgl. Anm. 172] erforderten[1]).

West-Berlin hat durch Gesetz über die Vollstreckung von Entscheidungen aus- 530
wärtiger Gerichte vom 31. Mai 1950 (VOBl S. 179) — mit Änderungsgesetz vom 26. Februar 1953 (VOBl S. 151) — die „Inlandswirkung" von Konkursen, die von deutschen Gerichten außerhalb des Geltungsbereichs der in West-Berlin zur Anwendung kommenden Gerichtsverfassung eröffnet sind (= Gerichte der DDR), besonders geregelt. Diese Konkurse sollen keine „Inlandswirkungen" haben, wenn die Konkurseröffnung oder deren Folgen gegen die verfassungsmäßigen Grundsätze, gegen die guten Sitten oder gegen den Zweck bestehender Rechtsvorschriften verstoßen; liegen diese Voraussetzungen nicht vor, so kann die Vollziehung der konkursgerichtlichen Maßnahmen durch besondere Anordnung des LG zugelassen werden[2]).

[1]) Mentzel-Kuhn, § 237 Anm. 16.
[2]) Vgl. dazu Hoffmann, JR 1959, 162; Jansen, NJW 1953, 1132.

Sachregister der Sonderausgabe

Gesetzesregister der Sonderausgabe

Kolibri 360 GmbH
Ferdinand-Jühlke-Straße 7
99095 Erfurt, Deutschland
produktsicherheit@kolibri360.de